華志文化

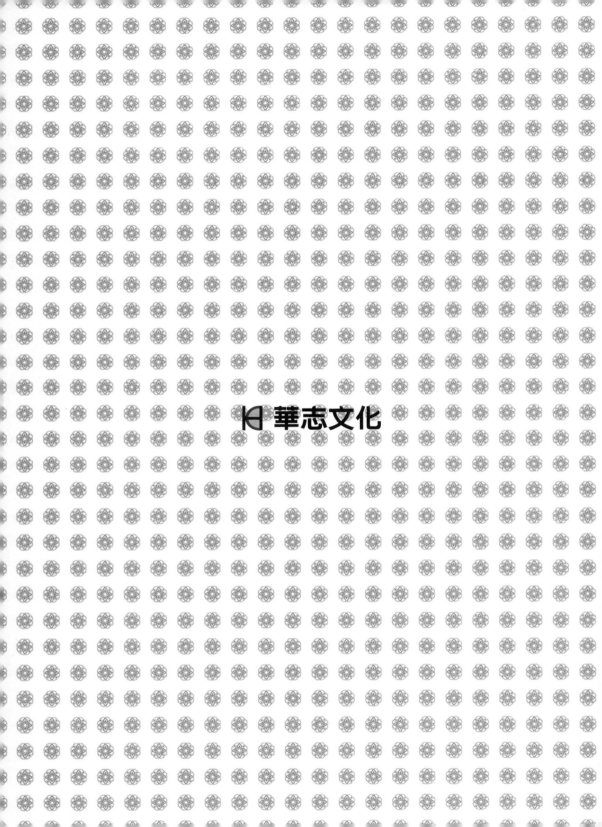

華志文化

全世界都在學的
逆境智商

前言

人生是處理一連串難題的過程

美國著名作家、精神科醫師斯科特·貝克說：「人生是一連串的難題，生命的真諦就在於面對與解決問題的過程。」面對問題，並尋求解決之道，這是一個痛苦的過程，但同時，這也恰恰是一個成長的過程，而這種讓人直面黑暗以解決問題，獲得突破黑暗的力量來走向陽光的素質，就是逆境智商。

逆商，意即逆境智商，簡而言之，它是指人們在面對逆境或失敗時的反應能力，是一種不敗於任何逆境的生活態度和思考方式。此概念最初是於 20世紀90年代中期，由美國著名學者、白宮知名商業顧問保羅·史托茲教授在其風靡世界的著作《世界最偉大的情緒智商》中首次提出，認為它是衡量人們克服不順境遇時的應對智慧及能力。

在當今這個瞬息萬變、逆境環生的多元化時代，失敗、逆境出現的頻率更高。在面對逆境的挑戰時，大多數人在沒有嘗試達到自己的極限，沒有完全奉獻自己能力的情況下就停止了，甚至有些人在諸如雪崩似的一連串變化面前倒了下去。人們隨時隨地會陷入逆境，因此，學會應對失敗、走出逆境是時代變遷的迫切需要，是人們贏得成功的首要條件。克服逆境，最關鍵的就是要提高每個人的逆商。

　　本書以保羅‧史托茲教授的逆商理論為基礎，總結了逆商的最新研究成果，詳細闡述了當人們遇到各種變動、失敗和挫折時，容易掉進哪些導致失敗的陷阱。您將學會辨別遇難而退者、中途而止者和攀登者的特徵，並更加精確地認識自己。本書還提供了實際有效的應付逆境方法和提升逆商技巧，教您學會運用逆商這一行之有效的工具去增強自己處理逆境的能力，使自己在急劇變動的社會環境中變得更有生產力、創造力和競爭力。

目錄
Contents

第四章　任何逆境都不在控制之外

第五章　逆境中的堅守

第一章

逆商的形成

　　克服逆境，最關鍵的就是要提高每個人的逆商。我們正生活在逆境時代，失敗、逆境出現的頻率更高。在面對逆境的挑戰時，大多數人在沒有嘗試達到自己的極限，沒有完全奉獻自己能力的情況下就停止了，因此，學會應對失敗、走出逆境是時代變遷的迫切需要，是人們贏得成功的首要條件。

一、逆商的形成

　　逆商對於一個人能否在逆境中充滿希望，能否度過難關，是一個決定性的變數。戰勝逆境是由你的逆商決定的，所以切不可忽視逆商對成功所造成的巨大作用。

«««關於狗的電擊實驗

　　西里格曼是美國一位心理學家，他曾做過一個著名的實驗。

　　他先將一個鐵籠子一分為二，保持各自的穩定，中間留出不大的空隙。然後，他把幾隻狗放進籠子的一邊，一旦籠子底部通電，狗就會受到電擊的刺痛，很快跳到籠子的另一邊去，以躲避電擊。而在另一邊通電時，這些狗又會很迅速地跳回來，逃到沒有通電的一邊。

　　然而，另外的幾隻狗被放進籠子中受到電擊時，牠們不做任何跳躍和掙扎，只會渾身發抖，低聲哀鳴。

　　為什麼這些狗會表現出任人宰割的慘相呢？原來，西里格曼曾把這些狗拴在一根鐵柱上，時不時地用電來刺激牠們。狗最初受到電擊後，立刻會跳躍、掙扎，但是無論牠們怎樣跳躍和掙扎，都擺脫不了電擊的折磨。經過12天數十次的電擊和無效的跳躍、掙扎後，這些狗都放棄了努力，開始自暴自棄。這時，再把這些狗放進鐵籠中，牠們習慣了挫敗，對這種輕輕一躍就能擺脫的電擊刺痛，竟然逆來順受了。

　　西里格曼把這種動物遇到挫折就表現出退縮、絕望和放棄的現象，稱為「習得的無助」，這是一種最終損毀牠們的行動動機的行為。

受到西里格曼的啟示，奧勒岡大學的一個研究生唐納德‧西洛托做了一個關於人的「習得的無助」的實驗。

他將一群人關在一間屋子裡，然後打開噪音音響。接著，他給這些人一個任務：學會停止噪音。這些人嘗試了儀錶盤上幾乎所有按鈕的所有組合，但就是關不掉噪音。其實根本沒有方法可以讓噪音停下來。

另一組則可以透過按鈕的正確組合來停掉噪音。與以往一樣，第三組是不施加噪音。就像西里格曼一樣，西洛托將這些人帶入另一間屋子裡，讓這些人各自將手逐一地放在梭子盒裡。如果他們的手放在盒子的某一邊，噪音就會繼續。如果他們的手放到另一邊，噪音就會停止。

原來那組其實根本無法停止噪音的人，即使在時間、地點、條件改變了的情況下也仍舊坐在那裡，就和實驗狗的反應一樣，他們根本不去嘗試結束痛苦。原來能控制噪音的第二組則透過在盒子裡移動他們的手來關掉噪音。

許多科學家在相關的實驗中都得出了相似的結果。

紐約州立大學阿爾巴尼分校的霍華德‧特南和桑德拉‧艾勒用49個學生做了一次研究。這項研究結果表示，給予無法解決的難題能使人習得無助。同被給予可解決的難題的實驗參照組相比，變得無助的那組後來的表現非常差。「習得的無助」使人喪失對於不利事件的既得控制力。

維克特‧弗蘭克爾，納粹集中營的倖存者，本世紀傑出的心理學家之一，他的經歷可以稱得上是一個鮮明的「習得的無助」的例子。

維克特‧弗蘭克爾是一位受過精神分析大師佛洛伊德洗禮的決定論者。佛洛伊德認為，人的性格在幼年時期就已經定型，而且會影響人的一生，日後改變的可能性微乎其微。

弗蘭克爾身為猶太裔心理學家，第二次世界大戰期間被關進納粹

集中營，遭遇極其悲慘。他的父母、妻子和兄弟均死於納粹的魔掌，只剩下一個妹妹。他本人更是受到嚴刑拷打，朝不保夕。

有一天，他赤身獨處囚室，忽然之間頓悟，產生了一種全新的感受——日後命名為「人類終極的自由」。當時他只知道這種自由是納粹永遠也無法剝奪的。從客觀環境上來看，他完全受制於人，但自我意識卻是獨立的，超脫於肉體束縛之外。他可以自行決定外界的刺激對本身的影響程度。換句話說，在刺激與外界之間，他發現自己還有選擇如何反應的自由與能力。

他在腦海裡設想各式各樣的情景。譬如，獲釋後將如何站在講台上，把在這一段痛苦折磨中學得的寶貴教訓，傳授給自己的學生。

憑著想像與記憶，他不斷鍛鍊自己的意志，直到心靈的自由終於超越了納粹的禁錮。他的這種超越也感染了其他的囚犯，甚至獄卒。他協助獄友在苦難中找到活著的意義，尋回自尊。處在最惡劣的環境中，弗蘭克爾運用難得的自我意識天賦，發掘了人性中最為可貴的一面，那就是人有「選擇的自由」。

這種來自人類特有的天賦，除了自我意識，還有「想像力」，能超出現實之外；有「認知」，能明辨是非和善惡；更有「獨立意志」，能夠不受外力影響，自行其是。

弗蘭克爾的例子表示，個人行動取決於人本身，而不是外在環境，人有能力也有責任為自己創造有利的外部環境。也就是說，習得的無助並不是不可以改變的。無數的例子證明，甚至在絕境裡，只要努力，就能克服這種習得的無助感，最終戰勝似乎不可克服的困難。

美國體育運動史上偉大的長跑選手——格倫・康寧漢，在8歲那年曾意外遭遇一場爆炸事故，致使雙腿嚴重受傷，而且腿上沒有一塊完整的肌膚。醫生曾斷言他此生再也無法行走。

面對黯然神傷的父母，康寧漢沒有哭泣，而是大聲宣誓：「我一定要站起來！」

　　康寧漢在床上躺了兩個月之後，他便嘗試著下床了。為了不讓父母看見傷心，康寧漢總是背著父母，拄著父親為他做的那兩根小拐杖在房間裡挪動。鑽心的疼痛把他一次次擊倒，他跌得遍體鱗傷也毫不在乎，他堅信自己一定可以重新站起來，重新走路奔跑。

　　幾個月後，康寧漢的兩條傷腿可以慢慢屈伸了。他在心底默默為自己歡呼：「我站起來了！我站起來了！」

　　於是，康寧漢又想起了離家兩英里的一個湖泊。他喜歡那裡的藍天碧水，他喜歡那裡嬉戲奔跑的同伴們。康寧漢就心向湖泊，更加頑強地鍛鍊著自己，他要自己走著去看那片美景！

　　兩年後，他憑藉自己的堅韌和毅力，走到了湖邊！從此，康寧漢又開始練習跑步，他把農場上的牛馬作為追逐對象，數年如一日，寒暑都不放棄。後來，他的雙腿就這樣「奇蹟」般地強壯了起來。

　　再後來，令人驚歎的是，康寧漢透過不斷的挑戰，成了美國歷史上有名的長跑運動員！

　　由此可見，並不是所有的人都受到習得的無助的影響，雖然助長無助感的機會無處不在，但仍然有很多人學會了免疫。

　　其實，就是在西里格曼的關於狗的電擊實驗中，他發現，儘管大多數狗習慣性地不去嘗試，但有些狗卻不，牠們透過某種方法獲得免疫力。西里格曼探究了到底是什麼造成這種不同的反應。他發現有些狗在早些時期就學會了堅信牠們的行動可以發揮作用，結果，這些狗在其他狗放棄後，仍堅持嘗試很長時間，實際上牠們從未停止過努力。

　　為什麼實驗中有的狗不會停止努力，為什麼現實中有的人不會受到習得的無助的影響？所有的這些都在一定程度上證明，與逆境有關的個人素質，在預測一類人能否成功中發揮重要的作用，這也為「逆商」這一概念和理論的誕生，提供了實踐上的有力支持。

《《逆商的內容

透過幾年時間的研究和醞釀，1997年，美國職業大師保羅‧史托茲提出了逆境商數這一概念，簡稱逆商，英文簡稱是AQ（Adversity Quotient）。

之前，人們已熟悉了智商（IQ）和情商（EQ）兩個概念，它們成了衡量一個人素質的重要工具。保羅‧史托茲在此基礎上提出「逆商」的概念：「為什麼在智力、資本和機遇相同的條件下，有的人能步步高升，而有的人卻一敗塗地呢？歸根結柢在於他們迎接挑戰、克服困難的能力，即逆商的不同。」

所謂AQ（逆商），簡單來說就是當個人或組織面對逆境時，以其獨特的方式對逆境的不同反應，高AQ（逆商）的人在面對逆境時從不退縮，他們會把逆境當作自己向前衝的墊腳石，即使在極端困難的時期，他們仍會幹勁十足，直到收穫他們的成功。

而低AQ（逆商）的人在面對逆境時，則認為自己前方路上障礙太多而且又看不到盡頭，進而喪失前進的信心與動力，從而使自己滑落下來。

逆商主要來自三個方面的科學：認識心理學、神經病免疫學和神經生理學。逆商具有任何實踐概念的兩個基本成分：科學理論和實際應用。這裡出現的概念，都是經過來自世界許多組織的成千上萬人的實際應用的磨礪而得來的。

毫無疑問，逆商的研究成果是人類成功學的重大突破。人們的日常工作、日常生活的成功，最主要取決於逆商。逆商具有以下三個方面的涵義：

1.逆商告訴人們如何在逆境中生存，並如何戰勝它而取得成功。

2.逆商可以預測在逆境中，人們所持的態度。

3.逆商預測人們在逆境中能否充分發揮自己的潛力。

首先，逆商是關於理解和增強成功的各方面要素的一個概念構架。逆商是許多傑出科研的結果。它將為人們提供一個全新的知識寶庫，這些知識都是成功所必需的。

其次，逆商是一個量尺，標示人們面對逆境時的反應如何。生命中的這些潛意識型態，從未被檢測過，現在破天荒第一次，我們將能測量它們，理解並改變它們。

逆商還是一套有科學依據的工具，幫助人們提高面對逆境的反應能力，其結果是提高個人和職業的整體效用。一個人面對越困難的環境，卻越有超越的能力，這個人就叫作高AQ（逆商）的人。

可口可樂公司總裁古茲・維塔是古巴人，40年前全家人匆匆地逃離古巴，來到美國。身上只帶了40塊美金，加上100張可口可樂的股票。40年後的這個人，竟然能夠領導可口可樂公司，讓這家公司在他退休的時候成長7倍，而整個可口可樂股票的價值成長了30倍！

他講了一句話是這樣的：「一個人即使走到了絕境，只要你有堅定的信念，抱著必勝的決心，你仍然還有成功的可能！」

許多成功者的人生都證明，逆商在瞬息萬變、險象環生的逆境時代顯得格外重要，沒有永遠的失敗，只有暫時的不成功。應付逆境的能力更能展現一個人的生命價值，使你以不變的心境應萬變的逆境，從而立於不敗之地。因此，逆商概念的提出具有非常重要的現實意義。

依據保羅・史托茲的逆商理念，人們處於逆境的耐挫抗爭心態和堅韌前行力度，恰似登山攀高，逆水行船，乃人生征途命運之旅中正常摩擦係數的主觀體驗及其承受統合。

2000年，史托茲出版了《工作中的逆商》一書，從此以後，AQ成了職場培訓中的重要概念。

專家認為，AQ不只是衡量一個人超越工作挫折的能力，它還是衡量一個人超越任何挫折的能力。同樣的打擊，AQ高的人產生的挫折感低，甚至是零；而AQ低的人就會產生強烈的挫折感，甚至會因為一件小事而產生天塌下來的感覺。

研究也證實了這一點。美國SBC電信公司的銷售資料表示，高AQ員工比低AQ員工的銷售額高出141%。其他研究也發現，高AQ員工的生產能力、創造力和溝通能力，也顯著地高於低AQ員工。並且，高AQ的病人在手術後恢復得也遠比低AQ的病人快。

二、生活在逆境時代

　　我們正生活在逆境時代，世界發生著翻天覆地的變化。如果你仔細地看看周圍，你會看見失望的情緒在不斷地噬取一些公司、機構、家庭、學校和孩子的精力，而很多人也就此埋沒在失敗中了。

　　2006年，美國有關部門曾對200多位中老年人進行了一項調查，調查圍繞著「您覺得現在的生活比您年輕時更輕鬆嗎？」這一主題。結果令許多人感到驚訝：他們居然對過去經濟蕭條的艱難生活不覺得辛苦，反而覺得如今的生活比以前更困苦更艱難。

　　其中一位說：「要是在今天，我才不會去工作。競爭、資訊、疾病、環境……步調的變化越來越快了，我經常得努力擠出時間同家人朋友相聚，人們恨不得一天有48個小時。」

　　還有一位說：「唉，現在艱難得多！要是在今天，我真不會去做母親，現在養孩子太難了，為了養活他，雙親都必須得工作，在過去哪有這樣的事！」

　　隨後的30個月，幾百位公務人員、公司老闆以及成千上萬的各階層人士都接受了調查。幾乎佔90%的被調查者認為，生活很艱難，而且越來越難。

　　面對日漸累積的逆境，是很殘酷的現實。工作熱情的消褪、經濟危機的加劇、環境的惡化……你一定領略到了天長日久累積的慢慢變化的力量，也就是逆境的力量。所有這些，沒有一樣是一夜變成的，而是逐漸變化的結果，只是我們平時不覺得而已。

　　很多人認為，到了一定的年紀，差不多平均一天會攤上多達20件的倒楣事。看看你自己，看看你周圍的人們，你一定會有同樣的感覺。

　　也許，早上八點以前，當你打開報紙，卻發現報紙上登的都是這些新聞：有些「巨鱷」正對收購或兼併公司表現出興趣；另一則新聞報導則宣布，現在的孩子平均一星期要接觸到47個小時的不良訊息，這讓你馬上想到了自己的公司及兒女。

　　也許，不管你如何動足腦筋設計交通線路，卻總會發現到哪裡都會遭遇塞車、道路整修，這簡直就是一場災難。或者是停車場上已經塞了個水洩不通，而一向誤點的航班依舊讓你沒辦法，一場約會就這樣泡湯了。

　　也許，你來到辦公室後，卻發現有很多電子郵件和電話留言正等著你，很多棘手的檔案和其他雜務需要你去處理。

　　也許，你晚上回到家，草草地吃完晚飯後，坐下來翻翻報紙，這時聽見兒子在咳嗽，他的病情看樣子在加重。或者是兒子在一旁不安分的大叫大嚷，吵得你無法安心……

　　我們應該清楚地認識到，我們正生活在逆境時代，世界發生著翻天覆地的變化。如果你仔細地看看周圍，你會看見失望的負面情緒在不斷地嚙取一些公司、機構、家庭、學校、孩子的精力，而很多人也就此被埋沒在逆境中了。

　　每個人都知道，在嚴寒的冬天，自然界的許多生物都會死去，牠們或者是自身無法抵禦寒冷，或者是因為賴以生存的食物消失了。寒冷與動植物存活之間有一個反比的關係，這正如逆境與成功者之間的關係一樣。環境越惡劣，迎接挑戰的人越少。也就是說遇到的問題越大越困難，那麼，能解決它，願意解決它的人就越少。

　　在逆境面前，很多人選擇了放棄。他們不僅放棄了可以經由努力獲得的成功，而且放棄了對未來的希望。放棄和喪失希望，將會給任何一個人帶來更大的逆境，因為現在的逆境會變得越來越糟糕。這樣惡性循環，以至於越來越少的人願意去跨越看似越來越厚重的逆境之牆。

三、逆境有三個層次

　　逆境在生活中是真實存在、不可避免的，先從個人開始，然後不斷累積，影響到你的工作環境，最後達到全社會的範圍。

≪≪ 社會逆境

　　我們生活的世界正在經歷著一場巨大的變動。災難、對未來的不確定感、犯罪、經濟安全、金融危機等日益讓人擔心，史無前例的環境破壞、家庭的破裂、社會的道德危機、恐怖襲擊、對法律和教育體制喪失信心等所有變動，統稱為社會逆境。

　　犯罪是許多人首要關注的問題。據美國《亞特蘭大月報》統計，在20世紀末和21世紀初，暴力犯罪成為許多美國人十分關注的問題，有四分之一的美國人將成為3次或更多暴力犯罪的受害者。作為對此事的反應，柯林頓總統在任時通過一項犯罪議案，在全社會增派10萬名員警；而需要新增500萬名員警，才能符合美國在1960年享有的員警與罪犯的比例。

　　更值得注意的是青少年犯罪。學校不再是孩子們的安全避難所，每天，美國有20%的高中生帶有武器，槍枝更是氾濫成災。據《今日美國》報導，42%的高中生暴力行為增加，25%的高中生經常擔心他們的安全。這個問題對於10歲到20歲之間的女性更為嚴重，其中30%的人受到性侵害。

　　家庭既是社會逆境不斷上升的原因，又是它的癥結。今天，世界上越來越多的新婚夫婦將以離婚或分居而告終，雙親加孩子的傳統家庭佔所有家庭的比例在急速下降，而單親家庭的比例在急速上升。

孩子的道德培養也很欠缺。三分之二的美國青年不信十戒律，不信任何對錯原則，76%的美國人認為社會道德在日趨衰落。

許多人向教育制度尋找答案。然而，到底是誰在教育孩子們呢？學齡前兒童平均每天看4個小時電視，十幾歲少年平均每禮拜花1.8小時閱讀書刊，5.6小時做作業，21小時看電視。平均每天花5分鐘與父親相處，花20分鐘與媽媽相處。由於電視節目檢查不夠嚴格，大多數孩子到上完小學時至少觀看了10萬次暴力行為。

對許多人來說，教育並沒給人帶來希望。大約有35%的大學畢業生從事的工作並不需要大學學歷，這比5年前上升了15%。

所有這些，都讓人們感受到了越來越嚴峻的社會逆境。

»»» 工作逆境

社會發展越快，生活就越發讓人無奈。許多曾經為了希望而打拚的人們臉上不再有微笑，眼裡流露出的也不再是自信和堅定。當你開始無法完成曾經可以輕鬆做完的工作，身體與精神上承受無法抑制的疲勞與焦躁，開始徹夜失眠，記憶力衰退，有時甚至有輕生的念頭，讓你無法正常應對工作或者生活中的更多挑戰，不管你相不相信，工作逆境正一步步侵蝕你完美生活的構想。

在辦公室中忙碌工作的祕書，他們的任務就是影印、回應電話和替總經理處理一切瑣事，或者是像啄木鳥似地在打字機和終端機前敲打著，他們並不需要做粗重的工作或思考一些重大的決策，而且他們的工作場合有冷氣設備，十分現代化，且鋪設著柔軟的地毯，甚至還放著優美輕快的音樂。

也許你會認為他們在從事著舒服的工作，但若觀察一下健康統計數字，看看哪些員工隨著薪水把胃潰瘍和心臟病的問題一起帶回家了，你將會發現，這些祕書和文書行政職員高居首位。

　　我們通常認為，那些最危險或最有壓力的工作，是必須與有毒化學藥物為伍、消耗體力，或困難重重的高層管理決策工作。這些工作毋庸置疑的有他們的壓力和危機，但是，有許多細微的因素，可以將那些最微不足道的工作轉變成激烈痛苦的經驗，帶給成千上萬的人。

　　例如，你的工作若強迫你必須配合電子或機械設備速度的話，你可能就會感到有壓力了，同樣的情形也發生在那些反覆且枯燥的工作上。如果你的工作非常有意義，責任很大，回饋很少，你也會感到有壓力。如果你的老闆每分鐘都釘著你工作，如果你的工作整天都坐著或站著，或需晚上工作──所有這些情況都可能造成較大的壓力。

　　美國的史密斯博士說，高壓力工作的一般特徵是，工作時間長、薪水低以及工作速度必須由機器或主管決定，自己根本無控制力可言。

　　工作壓力著實是一個最複雜、最令人棘手的重要壓力，因為它牽動了許多不同類的壓力──環境的、生理的、人際的，再加上一般的決策壓力、限期和限額壓力。

　　在這個用秒來衡量時間的黃金時代，大多數人總在茫然地重複著「忙」的口吻，卻不知道自己到底在忙些什麼。很多人總是或多或少有著這樣的感受，壓力越來越沉重，自己卻無法擺脫，都市中辦公室裡的這一群體，尤其成為壓力追逐的對象。

　　你是不是也在每天工作8小時，做一件自己討厭的事情，然後再睡8小時，然後利用剩餘的可憐的8小時來恢復，試圖忘記一天累積起來的壓力和挫折感呢？

　　而當金融危機或經濟危機降臨的時候，對許多上班族而言，則意味著更大的、更不確定的工作逆境。

«««個人逆境

在逆境展現層面中，從上往下，從社會逆境到工作逆境，最底層就是個人逆境。任何思維和變動都是先開始於個人的，也只有在這個層面上，個人才能產生作用，面對日積月累的逆境，這是一個很殘酷的現實。

個人所面臨的逆境可能會表現為：體重增加、頭髮變白，甚至開始脫落、朋友關係冷淡、父母親衰老、鄰里關係不好、家庭矛盾頻繁、經濟糾紛等等，這些緩慢但在強烈增加的逆境，當累積到一定程度顯現出來時，就會嚇你一大跳！

逆境在日常生活中日積月累，一個最有意義的事實是：6歲的小孩平均每天笑300次，而成年人則平均只有17次，這就是逆境天長日久的累積效應。對大多數人而言，生活似乎已經沒有什麼可讓人高興的了。

你也許會想：「我知道情況確實很糟，但是……」或許你也會問自己：「這一切究竟是怎樣發生的呢？」或許，你一直都沒有逃脫逆境的掌控。

有一個人，一生落魄，孤獨而又自卑地生活在自己構建的王國裡，得不到別人的任何承認。

28歲的時候，他愛上了他的表姐，一個剛剛守寡的孕婦。為了表達對她的愛意，他把自己的手掌伸進熊熊的爐火中，以致嚴重受傷，差點殘廢。

可是那位表姐不理解他這種獨特的表達愛情的方式，拒絕了他。為此，他差點走上絕路。

他喜歡作畫，而且是個天才的畫家。但是，沒有一個人能讀懂他的畫，知道他作品的價值。他的畫只能在弟弟的小畫廊裡寄售，幾年來，沒有售出過一幅。那位管理小畫廊的弟弟差點被老闆炒了魷魚。

　　他一生中大概只售出過一幅畫，題目叫作《紅色的葡萄園》，價值是4英鎊。這幅畫是他的弟弟和朋友為了幫助他而買下的。

　　他最大的希望是能找一家咖啡館展出自己的作品，可是，到死也沒有一家咖啡館願意展出他的畫作。

　　在絕望中，他朝自己腹部開了一槍，卻不足以致命。他對趕來的醫生說：「看來，這次我又沒有做好。」

　　他就是偉大的畫家梵谷，他死在絕望和曠世孤獨中，他的安葬儀式也極其簡單。

　　就是這樣一個天才的畫家，他的一生從來都沒有真的逃離逆境的羈絆，但同樣也是逆境成就了他的偉大。

　　個人逆境對人的一生影響極大，人的一生不可能不經歷各種各樣的逆境，逆境已經是我們生活中實實在在、不可避免的一部分了。正因為這樣，如何對待和突破逆境，是所有人都必須面臨和關注的問題。

四、智商、情商和逆商

什麼東西也不能代替毅力。才智不能，有才能而不成功的人隨處可見；天才不能，沒有成就的天才比比皆是；教育也不能，這世上到處都是受過教育而無所事事的人。缺乏逆境生存能力，即使你是天才，即使你具備再高的情商，也一樣不會成功。

——喀爾文・吉利

◀◀◀ 他們為什麼成功

美國總統尼克森在他成名前的許多日子，都是在逆境中度過的。

小時候，尼克森常常為家裡的店舖工作。早晨四點起床，趕著馬車來回走兩個小時的路程，買回新鮮的蔬菜水果，並把它們洗淨、分類，然後再去上學。

即使是假期，他也要到游泳池當守衛、到雞鴨店拔雞鴨毛。幼時的尼克森就在這樣的磨練中一天天地成長。

1934年大學畢業後，尼克森進入了條件比較艱苦的杜克大學深造。在一間小木屋裡，四人合睡兩張鐵架床，冬天燒廢紙取暖。為了省錢，他早上只吃一塊糖。為此，他在學校裡找了些事做，以改善自己的生活狀況。

畢業後緊接而來的就是找工作，成績名列前茅的他此時並未得到命運之神的眷顧。在紐約，他四處碰壁，只好回到了惠蒂爾，在老家當律師。為了獲得州律師資格，他花了六個星期準備，學習那些他從未學過卻要考試的東西。幾經波折，他終於獲得了錄取通知書。命運之神也終於向他敞開了大門。

當然，尼克森以後的日子也不是一帆風順的，反而充滿了更多的挫折。

1960年，尼克森在總統競選中遭到了令他遺憾終生的慘敗。競選雙方的選票是有史以來最接近的一次。如果能在伊利諾、密蘇里、特拉華和夏威夷再獲得一些選票，那麼美國歷史就會改寫。

兩年後，出現另一次更慘重的失敗──競選加州州長的失敗。尼克森責罵了新聞界，同時，也遭到了以美國廣播公司為首的新聞界的抵制。新聞媒體的宣傳幾乎結束了尼克森的政治生命和前途。

歷經了失敗後，尼克森並未因此而氣餒，他掛牌開張當律師，加強對金融界和企業界的了解；幾次親赴越南了解局勢；撰文寫稿發表自己對內外政策的看法。

就這樣，8年後，尼克森又走上了總統競選台。這一次，經過充分準備的尼克森終於獲得了成功，他充滿信心地登上了總統的寶座。

尼克森之所以成功，就在於他即使處在絕境中仍然始終堅持不輕易放棄的精神，在逆境中他依然會穿過重重烏雲，看到陽光，看見希望，依靠努力奮鬥最終走向成功。

反觀那些淪落貧民窟的悲慘的人們，他們的年齡、宗教信仰、教育背景上存在許多差異，這些居民有些相當年輕，有些很老，有少部分是大學畢業生，有相當多的居民未受過任何正規教育。有的是結過婚的，有的則沒有。

但是，住在貧民窟的居民都有個共同特點：他們每個人都是被生活擊倒的，每個人都至少遭到過一次打擊，每個人都渴望告訴別人是什麼摧毀了他們，他們人生的「滑鐵盧」是如何發生的。他們的人生經歷是「我太太背棄了我」、「我失去了一切，走投無路」、「我做了一些壞事，遭到社會的唾棄，於是我淪落至此」。

眾多平庸者也同樣有理由來解釋他們的平庸，他們帶著彷彿難以醫治的傷痕，對打擊記憶猶新。現在他們變得特別謹慎，他們蹣跚而

行，生怕再冒險。他們對自己不滿，充滿了挫折感，似乎下半輩子只能忍受平庸，因為他們已經認命了。

　　貧民窟的人和平庸者以不同的方式向挫折或逆境投降，而像尼克森一樣的成功者同樣來自不同的地方，擁有不同的背景。他們常常已經是公司主管、首席牧師、政府官員和各行各業的頂尖人物，他們來自貧窮之家、富有之家、破碎之家、拾棉花之家，也有的來自貧民區。這些人物與貧民窟的平庸者一樣，經歷過至少一次打擊，他們的困境甚至比普通人還要糟糕。

　　在年齡、智力、背景、國籍等方面，貧民窟居民、平庸者與成功者沒有什麼不同，因為人大體上都差不多。但是，其中有一點卻是截然不同的，那就是他們對待逆境的態度，也就是他們具有截然不同的對待逆境的反應。

««成功的綜合預測因數

　　毋庸置疑，有些人生來就比其他人有天分，他們一出生或是有超常的智力，或是有特別的技能，或是有強健的體魄，或是有富裕的家庭。可是，儘管擁有這些優勢，仍然有許多有天分的人不能發揮自己的潛能，成為毫不出眾的平庸者，這令許多人迷惑不解。

　　其實，這些人缺少了成功一項重要的因素——AQ（逆商）。無數事實證明，高智商只是成功的一個有利因素，但絕不是決定性的因素，高智商並不一定能成功。

　　過去傳統的觀點一直認為，智商受遺傳因素影響，經過後天的提高發展，能夠透過智商的測量來量度一個人的能力，進而把它當作是一個成功的確定性的預示因素。然而，這個世界卻到處都是這樣的例子：高智商的人並沒能發揮其潛能，一些才華橫溢的人對社會所做的貢獻，比那些智力平凡者要少得多。

在一項稱作「沒有爆炸的原子彈」的調查中，就有這樣一個極端的例子。

有一個叫泰德・卡因斯基的人，各種跡象表示這個人智商很高。少年時，他就異常聰明。儘管年齡很小，他還是以飛快的速度念完中學。16歲時，進入哈佛大學，20歲畢業。爾後，在密西安大學獲得數學碩士、博士學位。

接著，他到世界上第一流的加州柏克萊大學數學系任教，教學可以說是卡因斯基對社會做的最有意義的貢獻。然而，兩年後，他便結束了教書生涯。

成長過程中，卡因斯基的智力不斷發展，然而他卻從未培養自己的社會技能和情感商數。他沒有同任何人交往，整天與孤獨相處。

卡因斯基的一個大學室友帕里克這樣說道：「他具有一種特殊才能避免同任何人交往，他飛速經過人群，然後砰的一聲將門關上。」

蒙大拿的市民則認為他被社會所拋棄。在大學裡，人們送他一個綽號──「哈佛隱士」。

儘管卡因斯基在逃避法律責任、非法製造炸彈方面顯示了極大的能耐，但是他在社會方面卻是無能兒。他不但沒有對社會做出積極的貢獻，還用他的智慧殺死了3人，傷了22人。

顯然，智商遠非成功的預示因素。

丹尼爾・戈爾曼，美國著名的情商專家，他在暢銷書《情感智商》中很有見地地解釋了為什麼有些智商很高的人失敗了，而許多智力平凡的人成功了。

戈爾曼引入了一個在科學基礎上發展壯大的智力概念。他提供了強而有力的證據表示，人們除了智商之外，還有情商，也就是情感商數。情感商數是一個假設量度。戈爾曼認為，一個人的情商反映他以下方面的能力：重視他人，延遲滿足，抑制衝動，保持清醒頭腦，堅持不懈，有效地同他人交往等。

　　戈爾曼透過幾個例子有力地說明，在人的一生中，情商比智商重要得多。然而，與智商比起來，人們並沒充分利用情商，從而沒能充分發揮其潛能，而實際上他們有這種能力。但由於缺乏一個有效的數據和一個確實方法去認識情商，它對我們來說有點神祕，難以捉摸。

　　但戈爾曼也忽視了一個方面，有些人智商高，也具備很不錯的情商，然而卻仍然未能發揮其潛能，達到成功。其實，智商和情商都不能決定一個人的成功，不過，兩者都在發揮作用。問題是，為什麼在智力差不多，情商也差不多的情況下，有些人能堅持到底，而有些人卻停滯不前，甚至有些人放棄了呢？

　　AQ（逆商）則清楚地回答了這個問題。具有高AQ（逆商）的人，自然能夠在任何情況下都秉承自己的信念，堅持到成功為止，而低AQ（逆商）的人則沒有這種堅持到底的勇氣與毅力。

　　既然逆商在一個人的成功中如此重要，那麼，它究竟是怎樣形成的呢？

五、衡量逆商的指標

　　按照史托茲的理論，可以從四個方面考察一個人的逆商：控制、歸因、延伸和忍耐。

⟨⟨⟨ 控制

　　所謂控制，即你能在多大程度上控制逆境的局勢。

　　史托茲認為，我們的控制能力來自我們的控制感。控制感是指人們對周圍環境的信念控制能力。面對逆境或挫折時，具有高逆商和低逆商的人，在這個要素上的反應有很大的不同。

　　那些具有較高逆商的人，他們在生活和工作中能感覺到更多的控制力。於是他們就勇於採取行動，這些行動反過來又使他們獲得更多的控制。

　　低逆境控制力的人在面對逆境時可能會這麼想：

　　這件事情對我來說太難了，這是我力不能及的；
　　對這樣的情況我無能為力；
　　何必太認真呢？能過去就算了；
　　我不能這樣做；
　　我做什麼也不會有作用，又何必白費力氣呢？
　　這種任務根本就無法完成。

　　在面對逆境時，高逆境控制力的人可能會這麼想：

這件事情的確很難辦，但我做過比這更難辦的事情；

一定有辦法的，我才不相信我對它無能為力呢；

我總會想出辦法的；

我寧願冒一次險，也要把這件事辦成；

我一定要找到一條出路。

由此可見，即便面臨重大的挫折，具有高逆境控制力的人仍然相信自己能控制局勢。當別人都以為大勢已去的時候，高逆境控制力的人總能透過種種消極因素，看到積極的、自己可以做主的機會，而絕不輕言放棄。但控制力低的人在掌握著很多資源的時候，仍然很容易覺得「大勢已去」了。

華特是密西根州立大學的教授，當學生們和他打招呼的時候，他會高抬起頭，不做任何回應高傲地擦肩而過。知道了他這個習慣後，絕大多數學生都不再主動和他打招呼。

然而，一個叫莉塔的女生就不這麼做。一開始，她打招呼後，教授一樣會抬抬頭，「高傲」地擦肩而過。但莉塔並不放棄，個子矮小的她會轉過身來，小跑幾步，堵在這位教授的前面高喊一聲「華特教授，您好！」

這樣打了幾次招呼後，以後只要一看到莉塔，華特教授就會主動打招呼「哦，莉塔，你好！」

這是一種控制感的較量。一般學生認為，是教授在控制局面。所以，當教授不理自己時，這種小小的挫折感擊倒了絕大多數學生。但莉塔卻不同，她相信自己和教授一樣可以控制局面，她認為，教授「古怪」的行為背後，一定有一個可以理解的特殊原因。一時間，她不知道這個原因是什麼，但她深信，沒有人真的天生就是這麼古怪不講情理的，只要自己堅持，她就可以控制這個局面，而事實也證明了這一點。

「我這輩子沒有遇到過什麼挫折。」45歲的邁克說。

「我這輩子已經徹底垮了。」35歲的凱莉如是說。

看上去，他們兩個一個天上一個地下。邁克是匹茲堡一名小有名氣的建材商，年收入數百萬元。凱莉欠債近百萬元，幾個債主一直在找她，而她躲在一個朋友家裡不敢出門。

但是，他們曾有過類似的經歷。

10年前，邁克是銀行的一名普通職員，但他不滿足於銀行的工作，籌資做起了建材生意。但不久，由於對市場不熟悉，他的生意賠了，還因此欠下了近500萬元的債務。這一悶棍敲醒了他，他開始總結教訓，重新審視市場格局，調整經營思路。經過6年的奮鬥後，他終於還清了500萬元的債務和利息。

5年前，凱莉還是密爾沃基的一個小企業主，擁有豪宅、名車和一家小型的加工廠，但因為輕信於人，在一筆生意上虧了200多萬元。將豪宅、名車和加工廠全部變現後，她仍然有近100萬元的債務。無奈之下，她開始過起了東躲西藏的生活。

虧了500萬元，但是邁克並沒有將這樣的事情看作是「挫折」，究其原因，在於他內心深處的控制感，當時35歲的他深信自己還能將命運的主動權控制在自己手中，所以虧了500萬元並沒有讓他陷入恐慌。

史托茲認為，這種控制感主要來自潛意識，與自己的個人經驗關係不是特別大。譬如，邁克在負債了500萬元之前，並沒有在商場上叱吒風雲的經驗，他憑著自己內心深處的信念，相信自己可以控制局勢。而凱莉呢，雖然比邁克多很多經商的經驗，但這些經驗並沒有幫助她產生足夠的控制感。

控制感總體來說是一種內部過程，並且具有高度的個性化特徵。對一個外部觀察者來說，有時他觀察不到別人有任何的控制感。

在納粹集中營裡也可以觀察到另一種極端的例子。上面提到過的

維克特・弗蘭克爾，在極端惡劣的條件下，他卻比總在折磨他的看守有更大的控制感，因為他能夠控制自己的反應。

其實，即使在最不幸的情況下，你仍然會有少量的控制力。你總能在逆境中控制你如何反應，那就是你生命深處希望的種子。

»»»歸因

挫折發生了，就要分析挫折發生的原因，這就是歸因。

誰或什麼是逆境的起源？我在多大的程度上擁有逆境的結果？表面上，它們是同一個問題，但經深入探討你會發現它們有很大的區別。

低逆商的人傾向於消極歸因，過分自責，在許多情況下，他們把自己看作逆境的唯一的起源。進而他們會對自己進行責備，對自己的行為懊悔不已。

在面對逆境時，自責的低逆商者經常會這麼想：

這件事做成這樣全是我的錯；

我太笨了；

我要是早知道這樣就好了；

我已經暈頭轉向，不知道該怎麼辦了；

我把一切都搞砸了；

我真是太失敗了。

自我責備有兩個重要功能：首先它幫助你學習。透過自責，你能重新考慮和調整你的行為，這樣可以使你有所提高；第二，責備導致懊悔。懊悔使你探索你的靈魂，並使你認識到自己是如何傷害他人的。懊悔像一部強而有力的發動機，使用得當，可以治癒你在現實中

的、覺察到的及可能受到的傷害。

我們有時希望時光能夠倒流，讓我們能有機會改正我們自己的錯誤。當你得罪了某人時，對他表現一下你的懊悔當然是很有必要的。為保持不斷的進步，我們需要創建一個回饋機制，這時適當程度的自責是必須的。

但作為——個不斷進步的人，你需要具備一項基本的能力：評價你做的是對還是錯，及你如何做才能提高自己的能力。過分自責可以摧毀你的回饋機制，破壞你從錯誤中得到學習的能力。

適當的批評、責備和懊悔誠然能給你帶來好處，但任何一項過多時都會降低你的士氣。一旦責備具有破壞性，它便降低你的能量、希望、自我價值和免疫系統。適當的責備促使人採取行動，過度的責備則使人變得遲鈍與懶散。

如果你總是覺察到很低的控制、很深的懊悔及過度的自責，那麼你就會變得很脆弱。如果你的家庭生活和工作總不順心，而且你無力改變並且認為大部分錯誤在你自身，那麼你可能會感到灰心喪氣、壓抑，這最終會導致你放棄很多東西。

適當地責備一下自己的確是一件好事，但記住，責備不同於責任感，只有適當的自責才是有用和有效的，過度自責是有破壞性的。至關重要的是，你希望在多大程度上擁有由逆境帶來的結果。

有時，逆商低的人也往往將挫折歸因於他人、環境等外部因素，而認為自己沒有一點責任。他們會這麼想：

事情變成這樣，都是凱薩琳造成的；

湯姆真是對我太無禮了；

拉瑞吵得我實在是睡不著覺；

天哪，我的電腦又壞了；

如果不是塞車，我就不會遲到了；

暴風雨摧毀了我的家園。

相反，高逆商的人並不是只去責備別人，他們首先會主動承擔責任，無論什麼情況下，都傾向於認為自己應該為挫折負責。同時，他們會進行積極歸因，即相信自己一定能改善局面。他們可能會這麼想：

大家都很痛苦；

這是在浪費時間；

現在每個人的情況都不是很好；

沒有人能預知它的發生；

我父母病了，我不得不整晚照顧他們；

所有隊員都未按預期行事；

這件工作是由好幾個人一起完成的；

當所有可能性都考慮後，我會找到更好的方式；

下次遇到這種情況時，我就知道該怎麼辦了。

也就是說，高逆商者比低逆商者更能從錯誤中學到新的東西，他們更傾向於擁有逆境的結果。這種責任感促使他們採取行動，使他們比低逆商者更加強而有力地對逆境做出積極的反應。

高逆商的人往往傾向於從未來的角度來考慮自己，他們能認識到哪些責任是真正屬於他們的。不妨回想一下，你最後一次遇到逆境是什麼時間，其中你的失誤佔多大比重，不可能100%的錯誤都是自己犯的吧？

史托茲概括說，高逆商的人會有這樣的積極負責感：我認為我應該為改善這一局面負責。

挫折事件必然有外部原因和內部原因，但進行外部歸因和消極自

我歸因經常於事無補，因為我們最能左右的是我們自己，我們最能改變的也是我們自己。

進行積極自我歸因的人，雖然可能會給自己施加太多的壓力，但這種壓力會幫助他尋找自己的弱點，然後進行改善。而外部歸因和消極自我歸因的人，在挫折發生後會對自己說一句「這不是我的錯」、「我太失敗了」，然後就放棄了自我改善的努力。

達比曾經立志要成為一名優秀的銷售員，但3年多來，還沒有哪一個公司雇用他做銷售員超過一年。多數時候，他剛到試用期就被公司解聘。現在，他幾乎徹底對自己失去了信心。

達比之所以陷入現在這種局面，和他的歸因方式密切相關。

第一次被公司解雇，就給他造成了重大的心理打擊。雖然內心深處知道，自己作為一名銷售員能力還有所欠缺，但他不敢去做這種自我歸因，他的解決方式是逃跑。既然被這個公司解雇了，他就去另一個公司應聘銷售員。

被另一個公司解聘後，他再去第三個公司應聘銷售員。他一直沒有放棄自己的「優秀銷售員之夢」，但是，他卻從來沒有認真地對這些屢屢發生的挫折事件做一次積極的自我歸因。

每一次挫折事件都是一次機遇，因為它暴露了自己的缺點和弱點。進行積極的自我歸因的人會藉此來完善自己。這樣一來，挫折就成了人生的一種財富。

延伸

所謂延伸，即你會不會自動將一個挫折的惡果延伸到其他方面。

具有高逆境延伸力的人，很少泛化，他們將挫折事件的惡果控制在特定的範圍內，不讓其蔓延。他們認為，逆境起因是臨時的、短暫的，這就提高了能力，喚醒了樂觀精神，儘快採取行動的動機。他們

以一種健康、自然的心態看待逆境和挫折，在黑夜中看到光明，而不論黑夜有多長。

對逆境和它的起因的認知，最終會提高逆境中求取生存和接受巨大挑戰的能力。

貝比魯斯是美國著名的棒球運動員，他的故鄉是在船上工作的底層工作者聚居的地方，環境十分糟糕。

在這裡長大的貝比魯斯，是個讓大家感到棘手的不良少年。他看到鄰居從市場買菜回來時，就突然從旁邊跳出來，把人家的蔬菜打落，然後跑掉。

由於他非常喜歡做惡作劇，後來就被送到了感化院。感化院的老師並不認為貝比魯斯的這種惡劣品行會持續很久，他們相信貝比魯斯只要經過適當的教育是會變成好孩子的。

感化院的老師為了教育他，就讓他打棒球。棒球是最需要團隊精神的一種運動，需要共同合作，不許擅自活動，必須尊重別人的立場。

老師想利用這個運動來鍛鍊他的人格，而將這個孩子的惡習控制在一定的範圍內。那所感化院規模很大，所以很快就組成了一個棒球隊，常常跟許多學校舉行比賽。在比賽中，貝比魯斯被某個裁判認為非常有棒球天分，這就為他成為世界一流的全壘打王奠定了基礎。

貝比魯斯因此改變了自己一生的命運。

具有高逆境延伸力的人，會覺得逆境可能會持續一段時間，但肯定會結束，他會接受一切的不幸和挑戰，尤其是當遭受重大挫折時，其挑戰能力就越大。

1985年，美國的波音公司和歐洲的「空中巴士」公司在日本爭奪「全日空」的一筆大生意。由於雙方飛機的先進性和安全性相差不多，報價也不相上下，「全日空」一時拿不定主意。

在這關鍵時刻，波音公司連遭打擊。短短兩個月內，世界上就

相繼發生了3起波音機的空難事件：6月23日，印度航空公司一架波音747飛機在愛爾蘭西南海域墜毀，機上320人喪生；8月17日，日本航空公司一架波音747客機在日本中部山區墜毀，520名旅客喪生，打破了世界空難死亡人數的紀錄；5天後，英國空中旅遊航空公司的一架波音747客機，在曼徹斯特國際機場起飛時起火爆炸，54人死亡，83人受傷。

這一系列空難事件，使得波音公司蒙受了奇恥大辱，它的產品品質受到了人們的普遍懷疑。更要緊的是，這些空難事件——尤其是發生在日本的那一起，對於波音公司與「空中巴士」爭奪那筆買賣，不啻是當頭一擊！

從表面上看，波音在這場商戰中無疑是輸定了，但波音公司的董事長威爾遜卻不這麼認為。他認為這種逆境持續時間不會很長，一定會以最快的速度結束。於是他在高層施壓的狀況下，依然雷厲風行地號召公司上下行動起來，並採取緊急的應變措施度過難關。

威爾遜拿出了如下幾招：

第一，擴大優惠條件，答應為「全日空」提供財務方面的便利、零配件供應、飛機的保養和機組人員培訓等服務。

第二，針對「空中巴士」的問題採取對策。「空中巴士」計畫幫助日本人製造A-320型飛機，波音提出願和日本人合作，製造較之先進的766型飛機。

第三，打周邊戰，博取日本企業界的好感。波音定下了與日本三菱、川崎和富士三家著名公司合作製造767客機的機身的計畫。

災難發生後，波音不但加大了給對方的優惠，而且還主動提供了價值5億美元的訂單。此後，波音公司還付出了許許多多的努力，終於戰勝了對手，與「全日空」簽訂合約，成交額高達10億美元。

　　而那些低逆境延伸力的人，可能將逆境及其起因歸因於一些永久的因素。這往往意味著無望與無助。長此以往，他會變得沒有信心，自暴自棄，很少再去努力改變那些被視為永久性的不利因素。

　　伽莉絲是一家公司的業務主管，她的家庭很美滿，她有愛她的丈夫和一個上學的10歲的兒子。

　　有一天，伽莉絲正在開會，她的祕書進來告訴她，她兒子學校打來了緊急電話。伽莉絲去接了電話，她幾乎不敢相信自己的耳朵，校長說，她的兒子大衛和他的幾個10歲左右的朋友剛剛在偷東西的時候被抓住了！

　　這簡直不能讓人相信，但這卻是事實，當那幾個孩子走出商店時被抓住，衣袋裡裝滿了糖果。

　　伽莉絲放下電話，關上了門，想像著這幾乎是不可能的事實——大衛是個小偷！她想像將來大衛會越來越墮落。同時聯想到大衛將來的工作和人際關係，她馬上變得灰心喪氣。她想大衛可能還有更惡劣的行為。

　　她的低逆境延伸力讓她會低估她對兒子的控制力，無法體認父母的愛能滲入兒子的靈魂、能使兒子改邪歸正。相反，她對待兒子會像對待罪犯一樣，使大衛陷入惡性循環，並最終可能會真的變成罪犯。

　　延伸的習慣在學生中非常常見。很多學生會因一兩次考試失敗而懷疑自己的學習能力。之所以如此，就是因為他們將一兩次考試失敗的挫折感無限延伸了。

　　史托茲認為，這種泛化習慣是低逆商的根本源頭。低逆商的人不僅無法超越挫折，還會讓挫折變得像瘟疫一樣，延伸到生活的其他方面，最終變得一塌糊塗。而高逆商者不僅能超越挫折，還會將挫折感嚴格控制在特定的挫折事件上，不讓它對自己的其他方面產生任何影響。

<<<忍耐

20世紀初，英國探險家歐尼斯特・沙克爾頓召集了一群人首航北極，他們靠狗拉雪橇和滑雪穿越整個北極。在穿越途中，他們所乘的「忍耐」號船由於陷在浮冰裡，因此永遠地留在了北極的冰層下面。

沙克爾頓和全體探險隊員被迫硬著頭皮在北極冬季的浮冰上止步。他們知道，前面等待他們的就是死亡。

在探險隊中有位叫湯瑪斯・奧德斯・李斯的科學家，他精確地計算出在已經遭遇的厄運中所有可利用的資料，他的論據根源是很全面的，但他沒有將唯一可以戰勝這些困境的因素計算進去——那就是人的精神。

AQ研究人員指出，這群人對逆境可以忍耐多久的理解，影響著他們可以忍耐的時間限度。沙克爾頓對待已發生逆境的不屈不撓的樂觀主義精神和能力，不去理睬所有負面的「跡象」，把他們從難以忍受的困境中解救了出來。

沙克爾頓拒絕向現實低頭，於是制訂了一個計畫。他們乘坐一艘救生船，在冬季的北極海水裡航行了700公里，以穿越這片地球上最大的海洋。船身上不久就結滿了厚厚的冰，開始慢慢往下沉，兇猛的海浪擊打著探險隊員——排山倒海的海水淹沒了船隻。

隊員們的皮膚被海水中的鹽分浸蝕成了一道道的傷口，十分的疼痛，由於缺水，大家的喉嚨都腫脹得無法嚥下食物。衣服一直被泡在水裡，所以人人看上去衣衫襤褸，17個月的逃生之旅，把他們推向了精神錯亂的邊緣，但沙克爾頓始終堅定地向大家傳遞著這樣一個信念：我們一定會從困境中走出來的！

沙克爾頓對待那份看上去似乎是不可逆轉的逆境的能力，使他得以盡可能迅速地縮短逆境，而他們也得以親口將這一傳奇告訴別人，對一些探險隊員事後講述有關他們如何脫離死神魔爪的故事，今天的

人們只會把他們當成英雄來崇拜，把他們的經歷當成一樁驚險故事來聆聽，可是，在當年九死一生的環境下，沙克爾頓周圍所有人的眼中除了絕望外，再也看不到任何東西，可是沙克爾頓卻看出來當前的噩夢終將過去，他們總有一天可以平安脫險，得以生還。

沙克爾頓的經歷證明了人在逆境控制中具有超凡的力量，這一能力被評估和形容成「一個人對逆境的可忍受力」，即「忍耐」。

低逆商的人更傾向於認為逆境會永久持續下去，而那些高逆商的人在看待已發生的最可怕環境時，擁有一種幾乎可以稱得上是神奇的能力。顯然，在逆境非常嚴峻的情況下，這些高逆商者的傾向是最神奇和有利的。

忍耐在於對未來是不是抱有希望和信心。忍耐具有自己獨特的結果，它包括好和壞的兩方面。在道豪斯大學對加拿大新斯科舍省女性進行的一項研究顯示，女性比男性更難擺脫痛苦，所以她們更容易感到痛苦。但當這些女性和男性共同集中於如「我能戰勝痛苦」這種新想法上時，對痛苦的忍受能力明顯增強，看到了痛苦的結束使她們更加堅強。

類似的故事可在一些集中營倖存者的歷史紀錄中發現。不論當前的境遇有多淒涼，他們都相信以後可能會改善，或者「這些都將過去」，在噩夢發生時和發生之後，這種信念對他們度過難關是至關重要的。

那些將逆境看成是不可逆轉的人，經常基於類似的這種事情在過去曾持續過多久而做出判斷。實際上，其主要的原因之一是，低逆商者之所以預知到變化會永遠存在，是因為他們的預知能力還停留在過去，而那些高逆商者從歷史中吸取教訓，並認識到現在不應該受到過去的折磨。只有在這種觀念之下，逆境的「壽命」才不會長久。老是拘泥於過去，或者對未來憂心忡忡的人，將不可能採取積極而迅速的行動。

我們並不需要到北極的冰面上面對死神的召喚時，才認識到逆商

忍耐力這一元素的重要性。在某些方面，日常生活給予我們的逆境才是對其能力的最深考驗。

史托茲在闡述逆商這一概念時多次指出，具有高逆商的人會「把逆境以及逆境造成的原因看成是暫時的，這種態度將使你的精力更加旺盛，更善於保持樂觀主義精神，加強採取行動的可能」。

史托茲還特別強調，忍耐力是衡量逆商（AQ）的最重要尺度，這無疑表示了他對忍耐能力的重視。

不過，史托茲所說的忍耐並不是去盲目地忍受。有些人之所以將忍受當做自己的人生哲學，只是因為懼怕得罪別人。這種忍耐力並不是史托茲所提倡的。史托茲所指的忍耐力是富有智慧的忍耐，是一種基於洞察力之上的忍耐。高逆商者之所以有較高的耐力，只是因為即便面臨著再大的困難，他們也總是能看到積極因素，他們深信自己能度過難關，掌控局勢，目前的忍耐只是黎明前的黑暗。也就是說，他們的耐力是基於希望和樂觀主義之上的。

愛迪生為發明新型蓄電池經歷了17,000次失敗，他這種驚人的耐力與他對電池的理解是密切相關的。因此，他是一個不折不扣的高逆商者。相反，低逆商的人即便在非常有利的時候，也會看到消極的地方，並由此產生過分的擔憂，最終產生「怎麼做都沒有用」的想法，於是很容易放棄。

一個公司經營者最近在生意空前成長的時期失去了三名重要的員工，他的迅速反應就是：「看起來有三個月艱苦的工作在等著我了。忍耐吧，到那時候，我已經有一個新的團隊，準備努力投入吧。」

他的決心顯而易見，而他的忍耐力和樂觀精神也感染了大家。他的能力限制了逆境可持續的時間，確保他保持輕快而有決斷的心情。但如果他擁有這樣的反應：「好，這是末日的開始。」或者是：「我們將永遠不能從這次損失中復甦。」隨後他的言辭很可能成為自我實現的預言。

六、逆商不足導致的盲點

　　沒有足夠的逆商（AQ），你可能會在前進的道路上選擇一條危險的岔路。

——保羅·史托茲

　　隨著逆境的增加，邁向成功的道路越來越嚴峻。在成功的道路上會被山崩似的一系列變化的巨石所阻塞、會被恐懼的洪流所沖刷、會被激烈競爭的熾熱所炙烤、會被曾經失敗的意識所侵蝕，但是你一定要堅持，不能放棄。因為放棄就是在降低你的逆商，就是把你引向岔路上走去，這樣會讓你步入盲點，走入歧途，帶來意想不到的惡果。

　　如果把成功比喻為一座山峰，那麼對許多逆商不足的人來說，山峰似乎是永遠不可征服的。他們面對逐漸增強的逆境，往往是選擇停止繼續向前，隨遇而安地選擇一條困難較小的路來前進，而且他們生活在一個錯誤的假設下，即他們的那塊小宿營地會永久穩定。

　　其實則不然，這些隨遇而安者在他們停下來不繼續向成功努力時，他們其實在冒著身體、情感將會萎縮的危險。他們為了保護他們辛苦工作換來的舒適和穩定的假象，將會犧牲自己的夢想、成就和自我實現的可能。

　　宿營地，自有其迷人的力量。安營紮寨，等待風暴過去，或僅僅逃避向上前進的永不間斷的挑戰，這種誘惑是強而有力的。然而，這種隨遇而安的後果也是非常嚴重的，它會讓你失去奮鬥的快樂，消耗你的精力，磨滅你的意志。

　　隨著科學技術的迅猛發展，越來越多的人相信，自己的能力不如科技的力量，漸漸讓人產生了一種盲目和無助感。

今天，幾乎毫無例外，人們都認為環境的改善是技術進步的結果。透過科學技術，人們學會了利用風力發電、利用太陽能、核廢料處理、電子、汽車和脫鹽植物的好處。

一位銷售經理說：「沒有什麼能與技術革新的力量匹敵。50年內，當我們還在城市委員會互相指責時，一群天才就在悄悄地解決那些真正巨大的問題了。」

也許有人會說：「我們不相信自己，我們更相信電腦。」

據《新聞週刊》報導，地球上平均每人可安裝2個矽片，每個人都在擔心，老闆會不會讓個機器人來取代自己的工作，這使一些看上去裝備很精良的公司，在不到兩年的時間內由於人心渙散而破產了。

「你只需告訴它做什麼，它就能想出辦法去完成。」電腦可以開車、打電話、調節氣候系統、處理資料庫、控制通訊線路、駕駛飛機、負責國家安全，所有這些想法並非科幻小說刺激情節的原料，我們已經將我們對生活的許多方面的控制權拱手讓給了由聰明的矽片組成的機器。對許多人來講，解決問題的力量已不在我們自身，而在技術上了。其結果將是顯著的無助感和減少自己行動的決心。

這可能是個比較極端的例子，但過度相信科技的力量確實讓人對自己缺失信心，也讓人因缺少逆商而走進盲點。

另一個需要改變的盲點是在逆境面前感到無助和無望。許多人認為，他們做什麼都不能改變這一切。無助感會產生一種讓人進入麻醉狀態的無望感，這就是絕望循環。

傑出的未來學家朱爾‧巴克和賓夕法尼亞大學馬汀‧西里格曼博士的著名研究，將無助和無望的關係描繪成一個循環狀態，無助產生希望的喪失。無望成為自我成就的災難預言，它證實一個人是如何無助。無望和無助互相加強，互相促進。

無望是靈魂的癌症，它吸取寄主的生命和能量。許多人認為，沒有希望達到他們還是孩子時的生活方式，更別提超越了。他們漂浮在

平庸的生活海洋上，質問努力成為偉人的價值何在，他們對自己的生活、未來和孩子們的未來越來越感到失望。這個習慣出現在逆境挑戰最大、回報也是最大的時候。但許多人缺乏足夠的逆商，他們不是去征服困難，而是鬥志渙散，他們就這樣放棄了。

七、不同的逆商，不同的表現

保羅‧史托茲認為，人們對待逆境和挫折的心態猶如登山攀高，逆水行船，面對崇山峻嶺，懸崖峭壁，大致呈現出攀登者、中途而止者、遇難而退者三大群體類型。而這三種不同類型的人群所表現出來的逆商也是不同的。

⟪⟪ 攀登者

將一生奉獻給攀登的人為攀登者，無論環境如何，有利還是不利，幸運還是不幸，攀登者終其一生都在攀登。他們擁有一種發自內心的不屈不撓的精神，在取得成功之前，不論碰到任何形式的逆境與困難，他們都會不斷地向前，向上運動，不斷前進。

儘管攀登者可能比其他人面對更多的逆境，但他們還是繼續考慮各種可能性，極少允許內部因素和外部障礙成為他們前進路上的絆腳石。他們從挑戰者那裡獲得動力，並拒絕成為他們工作和關係中無足輕重的棋子，他們還從每一個挑戰者身上獲得學習、改進和成長的養料，並向下一個山峰攀登。

生活就好比登山，攀登者生活得踏踏實實，他們對生活充滿激情，他們認為快樂是攀登的禮物和回報。雖然深知頂峰難以到達，攀登者卻從未懈怠，從未忘記目的地。

1828年，18歲的伯納德‧帕里希離開了法國南部的家鄉。當時他只是一個不起眼的玻璃畫師，然而，他內心卻懷著滿腔的藝術熱情。

一次，他偶然看到了一只精美的義大利杯子，完全被它迷住了，

就這樣，他過去的生活完全被打亂了。從那時候起，他內心完全被另一種激情佔據了。他決心要發現瓷釉的奧祕，看看它為什麼能賦予杯子那樣美麗的光澤。

此後，他經年累月地把自己的全部精力都投入到對瓷釉各種成分的研究中。他自己動手製造熔爐，但第一次以失敗告終。

後來，他又造了第二個。這一次雖然成功了，然而這個爐子既耗燃料，又耗時間，讓他幾乎耗盡了財產。最後因為買不起燃料，他在無奈下只能用普通火爐。對他來說，失敗已經是家常便飯，然而每次他在哪裡失敗就從哪裡重新開始。最終，在經歷無數次的失敗之後，他燒製出了色彩非常美麗的瓷釉。

伯納德·帕里希是一位攀登者，他闡釋了高逆商者堅持到底的真正涵義。攀登者常常有一種堅強的信念，當山峰巍然聳立、讓人畏懼，任何前進的希望都受到嚴峻挑戰時，正是這種信念支撐著他們。

攀登者儘管也受到那些退縮者的消極影響，但他們堅信，透過某種辦法能夠而且一定會解決困難。當他們走到一條不能再向前的死路時，他們會回頭重新開始尋找另一條路。當累極了而不能挪動一步時，他們就讓自己回到心靈深處，自勉自勵。

在攀登者的人生歷程中，你看不到他有任何放棄的表現。儘管有時他們也會厭倦，也有疑問、孤獨、創傷，他們也懷疑自己的奮鬥有沒有價值，但不同的是，攀登者會在那兒恢復，再補充，再充電，然後前行。

在工作上，攀登者認為有事做才好，他們是行動的助長者，畢生致力於發展和求知，他們不會因為滿足就停止奮鬥，他們會不斷尋求新的道路，以實現自身最大的價值。

雷·克拉克，麥當勞公司的老闆，他就是一個攀登者的典型——他攀登到52歲時才走上了成功的道路。

20世紀20年代初期，他開始出售紙杯，並且兼職彈奏鋼琴，負起

養家的責任。他一共在莉莉‧杜利普服務了17年之久，並成為該公司最好的推銷員之一。但他後來放棄了這個安定的工作，獨自經營起冰淇淋機的事業，他十分著迷於一種能夠同時混合六種冰淇淋的機器。

後來，他聽說麥當勞兄弟利用他的八架機器同時推出了40種冰淇淋，於是親自前往聖伯納迪諾調查。他發現麥當勞兄弟有一條很好的裝配線，它能夠生產一系列高品質的漢堡、炸薯條以及冰淇淋，他認為，像這樣好的餐廳只侷限在一個小地方，未免太可惜了。

他問麥當勞兄弟：「你們為什麼不在其他地方也開一些這樣的餐廳？」

他們表示反對，說：「這太麻煩了，並且我們不知道要找什麼人一起合作開設餐廳。」

雷‧克拉克腦海中卻正好有這樣一個人，這個人就是雷‧克拉克自己。

很自然，雷‧克拉克接手了這家餐廳。之後，他在22年內把麥當勞擴展成為世界連鎖的大事業，這不能不說是一個奇蹟。

雷‧克拉克在事業上取得巨大成功後，本可以放棄或停止，但他不，事實上，直到他去世，他都一直在攀登。他獻身於攀登的精神繼續鼓舞著後來者，以至於今天你走到大街上，隨處都可以看到麥當勞的標誌，它已滲透到了繁華世界的各個角落。

在人際關係方面，攀登者也會毫不畏懼地去拓展關係潛能。他們願意與志同道合的朋友進行有意義的交流，他們願意與同伴們共擔風險，共同迎接前進中所面臨的逆境挑戰。

儘管攀登者的人際關係也不會一帆風順，但是，對前進、進步的忠誠戰勝了挑戰和憂懼。攀登者接受這些挑戰，繼續努力同另一位同仁建立最高境界的友誼。

攀登者歡迎積極的變動，他們從變動帶來的挑戰中壯大，積極從每次努力中尋求前進、提升的機會。實際上，攀登者是通常人們遇到

的促使變動發生的人。攀登者清楚地知道，變動是山峰中不可避免的現實。

當貝多芬患上當時無法治癒的神經性耳聾症時，他才27歲。

耳朵對音樂家有多重要自不必多言，他竭力尋醫挽救，可是毫無效果，病情日益惡化。沒有聽力，貝多芬還怎麼傾聽美妙的旋律？他的音樂生涯彷彿就要到此結束了。

他變得暴躁易怒。一次當他走進餐廳，坐在桌旁用餐時，因不滿女管家做的湯，竟把湯潑到了她的臉上。有時遇到不順心的事發怒或生氣，他會把墨水瓶摔到鋼琴的琴鍵上。他甚至會把水倒在床上，而造成樓下的天花板漏水。

經過了一段時間的徬徨，貝多芬的高逆商產生了作用。他決定自己不能這樣虛度一生，自己還很年輕，他不能被意外所摧毀，他開始自己燒茶做飯，自己動手收拾凌亂不堪的居室。

貝多芬在日記中寫道：「你啊，可憐的貝多芬！世界不再給你任何幸福。你必須把所有的工作，從自己的內部創造出來。你只有在理想的世界中去發現你的快樂。」

眾所周知，《熱情奏鳴曲》、《命運交響曲》等膾炙人口的名作，都是貝多芬在耳聾之後的一段時期創作出來的。

攀登者在遇到意外災難降臨時，他們不會逃避，而是勇敢地去面對，他們總是自己給自己一個振作的機會。

攀登者在遇到逆境時，會經常告訴自己「我要馬上行動」、「我才不會退縮呢」、「應該會有辦法的」等充滿可能性的語言，他們談論能做什麼，如何做，他們談論行動，厭煩那些沒有行動支持的空談。攀登者向結果奮進，他們的語言反映著他們行動的方向。

世界知名的演說顧問兼作家多羅茜‧莎諾夫是一個典型的攀登者，她在醫生宣告她無法唱歌之後，仍然以特殊的方法持續她的歌唱生涯，因為她的生命詞典中從來沒有「不可能」這個詞。她是這樣講

述自己的這一段經歷的：

　　離我開始做的第一份工作已經有幾個星期了，那份工作是在聖路易市立歌劇院做臨時女演員。我感冒了，喉嚨發炎，但我仍然沒有停止排練，結果喉炎越來越嚴重，最後竟失了聲。

　　我只好保持安靜，希望到聖路易的時候就可以復元，但我錯了。我的聲音還是不對勁，但沒辦法，我還是得按照預定計劃，站在舞台前面，面對滿座的觀眾，與文森特‧普萊斯同台演出。我開口高唱，但沒有聲音，什麼也沒有。

　　第一份工作就這樣完蛋了。於是我跑去找國內頂尖的喉科專家，「我想你不能再唱歌了」，他說，「你可以說話，但我懷疑你是否還能唱歌。」

　　我茫然若失，這是任何一個歌手結束事業的前兆。醫生打算給我做聲帶手術。我很欣賞的一位大都會歌劇女高音就做過這種手術，但她的聲音卻從此大不如前了。除了手術，我還有另一種選擇：完全不出聲，讓聲帶有痊癒的機會。我就這麼辦了，四個半月裡完全不吭一聲，一個字也沒說。後來，我被允許悄悄低聲說10個字，之後，被允許用平常的聲音說出10個字。回音就像鐘樓的鐘聲一般，令人難忘。

　　復元8個星期後，也就是站在舞台上沒有聲音6個半月以後，我成為紐約市歌劇院的首席女高音，在18場歌劇演出中，和格特魯德‧勞倫斯合演《國王與我》並在俱樂部裡演出，還曾5次出演埃德‧沙利文的劇碼。

　　令人感到神奇的是，除了保持事業的大門暢通之外，莎諾夫還不經意地打開了另一扇門——她成為世界知名的演說顧問！

　　「當我失去聲音時，」她解釋道，「我發誓要學習所有與聲音相關的知識，不讓我的悲劇降臨到我認識的人身上。在這過程中，我學

到了如何改變說話的方式，例如降低音量，改變共鳴音等方式，我的第二個事業就這樣展開了。」

這就是攀登者，他們從不為自己找到試圖放棄的藉口，更不會用帶有消極意味的語言暗示自己。他們會堅定目標，勇往直前，直至成功。

«««中途而止者

中途而止者在攀登的路上僅僅走了一段旅程，然後就對自己說：「我只能走到這兒了。」於是他們厭倦了攀登，開始停下來，搭起帳篷，在那兒宿營。他們以這種方式來逃避逆境，並了此殘生。

中途而止者的大部分都是退役的攀登者，他們雖然接受了攀登的挑戰，並且也獲得了一席之地，但他們卻在達到某個高度之後，不再像以前一樣努力，或者具有像以前那樣的犧牲精神，這些人已經喪失了自身本來具備的優勢。

他們通常認為，此時停止攀登、享受工作成果是合情合理的。或者更準確地說，享受部分攀登所得的那一點點風景和舒適，對他們來說，足夠了。

中途而止者在攀登山峰、尋找那一席之地時，可能遇到巨大的逆境。不幸的是，逆境最終致使中途而止者在風險和報酬之間權衡，最終還是放棄了攀登。

中途而止者一旦停下來，就開始將自己的精力花在物質享受上，以求過得越舒服越好。他們將精力和資源全放在所得的一席之地上，而沒有想到，如果正確運用，這些精力和資源將會帶來更大的成功。

中途而止者有平常的創造性，並且在精打細算後承擔風險，但他們通常穩穩當當去做一些改變，只在存在最小危險的地方承擔風險。中途而止必然使自己喪失能帶來巨大改變的無數信念。對於大多數組

織來說，在打破現狀從一種奢望轉變成一種生存技能的時代，中途而止者維持現狀的傾向即使不是致命的，代價也必然非常昂貴。

　　中途而止者停留的時間越長，他們的生理、智力衰退得越厲害，隨著時間的流逝，他們會逐漸失去攀登的能力，他們的工作表現、自身狀況也就江河日下。最終他們會認識到，儘管他們試圖力保一席之地，最後還是免不了失去這一席之地的。

　　中途而止者樂意尋找其他一些中途而止者作為同伴，並與他們交往。他們有著同樣的傷痕、累積的經驗，學會以實現為代價去獲得滿足。他們的人際是一種有把握的遊戲，從未試圖準備承受痛苦和風險，從而使他們之間的關係不斷進步，更有意義。他們只能到此為止，並最終喪失很多。

　　中途而止者有一個有限的逆境域值，能找到放棄攀登的堂而皇之的藉口。他們的語言是「這夠好了」、「這項工作的最低要求是什麼」、「我們做到這裡已經夠了」、「這還不是最壞的」、「去做那個，不值得」、「我在年輕的時候……」，這樣的語言涵蓋了他們生活中的一切。

　　中途而止者的人生信條是，儘管透過數年的努力，生活的逆境狀況改善可能很少。殊不知攀登的成本高，其收益也高。永久的中途而止者將為此付出慘重的代價，他們永遠不會知道也不可能享受到那些對他們來說很有可能的成功。

《《 遇難而退者

　　遇難而退者在遇到逆境時，他們會選擇放棄、推諉或依賴別人。他們放棄攀登，拒絕山峰給予他們的機會，他們忽視、掩飾或者是放棄了繼續攀登的人類基本核心推動力，甚至拒絕成功生活的召喚。無疑，遇難而退者是逆商最低的一群人。

　　遇難而退者看似選擇了一條最安全的路，但不幸的是，在生活中感到沮喪和痛苦的常常就是這群人。遇難而退者遭受的痛苦比他們試圖透過選擇不攀登而逃避的痛苦大得多。毫無疑問，一個人可能面對的、讓人肝腸寸斷、最痛苦的時刻，莫過於回首辛酸的一生。這就是遇難而退者可悲的命運。

　　遇難而退者注定要過著得過且過的生活。他們放棄了夢想，經常痛苦、沮喪、感情麻木。另外，他們可能瘋狂、惶惑，拚命想逃離世界，他們厭恨攀登者，甚至是中途而止者。遇難而退者常常深深陷入物質麻醉中，透過酒精、毒品或其他生活方式，來尋找一種精神轉換、麻木逃避的道路。

　　遇難而退者沒有抱負，沒有動力，水準低下。他們不敢冒險，他們找不到理由去付出一些必要的時間、金錢和痛苦以完善自我。結果，遇難而退者創造很少，貢獻最小，只是在避免嚴峻挑戰時才不得已而為之。

　　隨著遇難而退者生命發展的進程，他們最初沒有加以開發的潛能，最後就像留在樹藤上沒有摘下的果子一樣乾癟、枯萎。因此，遇難而退者可能會感覺到一生虛度的巨大痛苦，或對曾經存在的可能性麻木，每一種都是悲慘的結果。

　　在工作中，遇難而退者做他們份內的工作，他們不會表現出主動性，不會努力地去解決各種問題，他們只是像和尚撞鐘一樣得過且過。他們的行為有損於團隊的業績，最後甚至可能遭到被解雇的厄運。

　　面對變動，遇難而退者會用抵制或是破壞來變動成功的機會。他們或者消極躲避變動，或者主動逃避。

　　遇難而退者並不一定孤獨，他們選擇同他們一樣的遇難而退者作為朋友，他們一起撫慰其共有的無助之感，對現實世界和制度進行冷嘲熱諷。

　　遇難而退者也傾向於逃避真正的忠誠。儘管他們的生活中到處都有點頭之交，但很少有真正的朋友，除了一些對攀登懷有同樣憎恨感情的朋友。遇難而退者在人類最有發展潛力、最可能獲得成功的地方失敗了，所以他們沒有真正有意義的人際關係。

　　可以想像，遇難而退者敏感於找到事情不能進行的方法。他們使用這樣的詞語：不能、不會、不可能。他們也使用這樣的短語：「我們一直這樣做」、「這不公平」、「做這事，真夠蠢的」、「我們再從這裡開始」、「我太老了（胖了，瘦了，高了，矮了，笨了，聰明了，等等）」、「如果我願意的話，我會做的」。遇難而退者尋找的藉口，他們的反應，表示了他們「獨特」的語言創造力。

　　遇難而退者有很小的能力，或者根本沒有，這就是他們放棄的原因所在。值得高興的是，許多事實表示，遇難而退者並不是命中注定只能遠遠地看著山頂而望頂興嘆。透過幫助，他們仍然可以燃起攀登之火，開始攀登。

八、成功之樹

逆商是成功最關鍵、最基本的因素,是營養豐富的土壤,它決定你的態度、你的能力、你的表現程度。在低逆商的困擾下,所有的才華和欲望都將毫無作用。

一棵松樹,它高傲地矗立在岩石上。它太了不起了!經受凜冽的寒風,炎夏的驕陽,周圍沒有別的樹,只有它繁茂而昌盛,向世界展示它旺盛的生命力和不屈不撓的意志!

就像樹的結構一樣,我們可以看到成功的各個組成部分。

事實就是如此,如果一個人的逆商很低,那麼他將缺乏克服逆境的能力,他的潛能將會被扼制。相反,如果他的逆商特別高,就可以成功,就像大樹能在山巖上生長。因此,不管面臨多麼大的困難,逆商對於釋放我們各個方面的潛能有著至關重要的作用。

一個人能否最終度過難關,逆商是一個決定性的變數,能否戰勝逆境是由一個人的逆商所決定的。而對於個人成功來說,逆商影響著成功的各個相關因素,是成功的土壤(如下圖所示)。

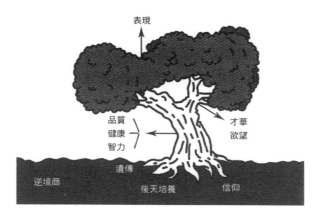

　　在圖中，「表現」指的是我們最易被別人看到的那部分。我們很容易看到別人的表現，正是由於它最容易被看見，也就最經常地被評價和估量。其實，我們一直在透過評價別人的表現和成果，來判斷這個人是否成功。然而，好比樹葉必須自樹枝生長，「表現」也絕不是憑空而生的，它來自於「才華」和「欲望」。

　　「才華」和「欲望」落實到現實載體上就是簡歷和面試。為什麼這樣說呢？眾所周知，一份簡歷會描述你的一切，包括你所知道的和你所能做的，即你的技能、知識、經驗，這些知識和能力綜合稱之為「才華」。你的大部分訓練經費都花在了建造你的才華大樓上。但是，僅有才華還是遠遠不夠的，你必須有欲望，如果沒有欲望，那麼你的才華將會自己荒廢掉。如果你不想成為將軍，你能成為將軍嗎？要想成功，你必須既有才華又有欲望。

　　然而，「才華」和「欲望」也不是憑空而生的，看看樹幹吧，它們來自個人的品質、健康和智力。

　　品德是一個人成功最應具備的素質，一個人如果沒有優秀的品質和美德，那他永遠不會達到真正意義上的成功。一般的品德包括公平、正義、誠實、謹慎、和藹、勇敢、慷慨，這些品德不僅對個人有益，而且對構成社會的和諧也是必不可少的。

　　感情健康和生理健康也會影響到你的成功。如果你病魔纏身，無疑會大大分散你向上努力的注意力。想成功就要不斷向上努力，這當然需要有堅強而有力的身心健康作為後盾，尤其是心理健康，在追求成功的逆境之路上發揮非常重要的作用。

　　智力在拓寬的基礎上有七種形式：語言、運動、空間、數學邏輯、音樂、人際關係和自我控制，一個人擁有每個方面的能力，只是程度不同而已。然而，總會有某些方面的能力是非常突出的。如果你是一個普通人，你比較突出方面的智力將會影響你的職業選擇，你的立場、你的愛好。而且，無論你哪方面的智力最強，哪方面的最弱，

很明顯，智力必然要影響你的成功。

品德、健康、智力可以說是一個人成功必不可少的因素，但是若沒有信仰、後天培養、遺傳、逆商這些因素的支持，它們將不復存在。

世界著名領導者及一些非常成功的人士都認為，信仰是社會生存的基本要素。從古到今，商業和政治領導者的一個共同優點就是，在面對比自己偉大的人或事物上，他們有一種深深的信仰。信仰始終影響著人們的希望、行動、道德、貢獻和如何對待一切事物。

哈佛大學有一位叫赫爾伯特‧班森的學者，他在研究信仰對於健康的作用方面處於領先地位。他認為，我們生下來就得信仰什麼。按本森所說，祈禱影響腎上腺素和其他皮脂類固醇或緊張荷爾蒙等的分泌，帶來血壓降低、心跳、呼吸減慢等其他好處。

後天培養對一個人的成功來說是至關重要的，因為曾有人說：「我的父母從未教過我如何對待朋友，所以我現在的人際關係仍然是混亂的。」也有人說：「我母親從我很小的時候就讓我一個人睡，自己摺被子、洗衣服，所以現在無論我走到哪裡，都能比別人更快適應。」

可見，後天培養會影響我們的智力、健康習慣的形成，品德的培養進而會影響技能、欲望和表現。

遺傳因素並不一定決定命運，但它確實影響命運。事實上，許多的遺傳研究表示，遺傳對我們行為的影響比我們願意承認的大得多。

明尼蘇達大學曾對雙胞胎進行了遺傳學方面的實驗，那也是最著名的遺傳對行為的影響的研究。該研究所追蹤研究了成百上千對一生下來就被分開撫養的雙胞胎，結果表示，儘管這些雙胞胎生活環境千差萬別，但他們的相似性卻令人驚訝。

透過研究發現，這些雙胞胎的相似之處包括：喜愛吃相同的食物，使用同樣的手勢，有相同的癖性，選擇相似性的職業，娶相似類

型的妻子，喜歡同樣的音樂，穿相同的衣服，愛好也幾乎完全相同。這些研究表示，我們所做的所謂選擇都受到我們的遺傳因素左右。

因此，信仰、後天培養、遺傳和AQ（逆商）就是成功的肥沃的土壤，沒有這些因素，縱使其他因素再茁壯成長也不堪一擊。

那麼，如果增強信仰，克服先天不足，優化後天培養，刺激欲望，你的表現大樹就會像一頂濃密的華蓋嗎？

也不一定。即使具備所有這些條件，也不敢保證一個人，一棵樹，在逆境之風雨襲來之際能穩穩站住腳跟。如果樹長在鬆軟的沙土裡，那麼即使它再努力，這棵樹也經不住風雨的襲擊，它將被連根拔起。相反，如果一棵大樹扎根於豐沃的土壤中或堅實的岩石中，那麼即使有再大的暴風雨，大樹仍然能夠巍然不倒，傲視風霜，風雨襲來時它也會彎腰，但絕不會倒下。

無論你具備什麼樣的條件，逆商將決定你是否真正站著，並穩穩地站著，決定你面臨逆境之時是繼續成長還是會一瘸一拐，甚至倒下。逆商是成功最關鍵、最基本的因素，是營養豐富的土壤，它決定你的態度、你的能力、你的表現程度。在低逆商的困擾下，所有的才華和欲望都將變得毫無作用。

值得慶幸的是，不像遺傳因素，逆商是後天學習得來的。為了向成功邁進，是該用逆商武裝自己的時候了！

第二章

逆商的影響力

　　逆境或者使人變得更加偉大，或者使人變得非常渺小，逆境從來不會讓人保持原樣。

　　高逆商可以產生一流的成績、生產力和創造力，可以幫助人們保持健康、活力和愉快的心情。

　　逆商（AQ）為拓展、提升和駕馭一個充滿逆境的未來提供了實用工具，它告訴你如何有效地抵擋逆境和戰勝危機的能力，如何丟開致命的壞習慣，如何把握自己的健康，如何獲得幸福和快樂。

一、決定你的能力

　　逆商能更深度地開發人們的能力，為你提供實用的人生工具，以拓展各方面潛在的能力。當你面對逆境拓展自己的能力時，你將看到你是如何超越明天的需求，你的事業也將更加繁榮昌盛！

«««能力的重新定義

　　人的能力由天分、智慧、訓練、經驗、知識和意志組成。理論上，人的能力是無限的，然而，如果能力沒有迅速充分地得到拓展，事業和志向都會止步不前。

　　實際上，當挫折、複雜性和不確定性不斷冒出來時，我們面對的是一個非常真實的威脅，不管是個人還是團隊，我們將缺乏挑戰逆境的能力。

　　能力主要有以下3種不同的表現：

　　一是必須能力。這指的是人適應時代要求的能力需要不斷地提高和拓展。

　　二是現有能力。就是當前表現出來的能力，即目前具備的軟體（知識、訓練、智慧、天分、經驗等）。它的另一重涵義，就是如果你能挖掘自己所有潛能的話，你就會達到自己的目標。當世界賦予我們的需求不斷增加時，它就會發現要找到一個具備足夠的現有能力、能適應這些需求的人真是難上加難，更不用說自我提升能力了。

　　還有一種是「可達到能力」，也就是在一定時期內所能挖掘出的能力。由於絕大多數人都沒有挖掘出他們的全部能力，因此都將挑戰視為畏途。成功的領導人和個人必須釋放成功所必備的能力，來維持

今天的市場優勢和未來的上升趨勢。

　　一份調查報告顯示，歐洲、日本和美國CEO的最大擔心都是「本錢減少」和「爭奪菁英人才」，並希望「提高應變能力和速度」。它造成的後果就是，對員工的要求越來越高。

　　例如，一名太陽信託銀行的客戶服務代表不僅僅是擔當助理的工作，而且還要懂得銷售產品和提供服務，他的「必須能力」應該不斷得到提高。為了更好地適應需求，其「現有能力」和「可達到能力」也必須不斷提高，理想狀態是超越起碼的需求。否則，雇員們可能會被認為是偏離了公司新的目標遠景。

　　但讓人煩惱的是，隨著逆境之路的日益崎嶇，大多數人的「現有能力」和「可達到能力」卻在「縮水」。在需求性和可克服或可挖掘性間的缺口越變越大時，人們往往選擇在急速行駛時踩煞車──但等待他們的通常是失敗。

◀◀ 高逆商者能盡釋潛能

　　每個人的生存環境都不是一成不變的，每個人的一生都處在變化中，這種變化在時間上有順境有逆境。順是一種趨勢，把握好這種趨勢就能一帆風順，因一帆風順而志得意滿的人，他們往往一次失誤便會全盤崩毀。順境對人生的命運來說，是一種隨時可以變化的因素，越是在順利的環境下，越要倍加珍惜，否則由順轉逆，會一下子把人送入絕境。

　　對於環境，人們往往只看到逆境對前進的阻礙，都企求順境能一直延續下去，殊不知，順境對人能力的「腐蝕」，有時比逆境對人能力的摧毀更大。逆境對人能力的壓迫是明顯的，使人感覺強烈；順境對人能力的「腐蝕」卻是悄悄地，讓人不知不覺。

　　比如說室內安裝冷氣的時候，夏天確實熱得叫人難受，大汗淋

漓，夜不能寐，但也鍛鍊了人的抗熱能力。家裡裝了冷氣，大熱天把窗戶一關，把冷氣一開，很快室內就涼快起來，確實舒服。可是一出門到太陽底下，就會馬上感到熱氣撲面而來，全身燥熱不止，你的抗熱能力也在逐漸衰退。

由此便可明白，為什麼不少富家子弟在人生中不會有多大作為，因為他們養尊處優慣了，不思進取，已經把他們的逆商降到了很低的程度。

但這不意味著順境就一定會降低自己的逆商，一個人處在順境之中，更要好好地鍛鍊自己，使自己更具耐力，更具適應性，更有毅力，這樣，才能使自己的能力得到充分發揮，優越的環境才能對我們的人生產生積極的作用。

世上的事從來都是一分耕耘一分收穫，怕吃苦，圖安逸，降低自己的逆商，進而削弱自己生活和工作的能力，注定是成不了大器的。

出身卑賤和家境貧寒的人，透過培養和發展自己的高逆商，使自己能夠透過辛勤勞動和執著追求，終於成為具備優秀生存能力進而出人頭地的風雲人物，這樣的例子屢見不鮮。

一個出生在小木屋裡的男孩，既沒有上過學，也沒有書本或老師，更沒有任何幸運的機會，然而，作為美國內戰期間的總統，他卻解放了四百萬奴隸，以其樸素的智慧和崇高的人格，贏得了整個人類的景仰。這個人就是林肯。

就是這樣一個身材瘦削的青年，在逆境中憑著自己的高逆商拓展著自己的能力。他自己動手砍伐樹木，修造了既沒有地板也沒有窗戶的簡陋小木屋。就在這間小木屋裡，每個深夜他都就著壁爐的火光靜靜地自學算術和語法。為了能弄懂《布萊克斯通評論》的內容，他不辭辛苦地徒步跋涉40英里，買到了珍貴的資料，而在回家的路上，他已經迫不及待地看完了一百頁。

的確，有無數的事例可以證明：上帝對於亞拉伯罕·林肯可謂

吝嗇，沒有賦予他任何有利的機會，而他的每一個成功都不是僥倖所得。如果要研究是什麼使他從逆境中，從生命的低谷裡，從心理的低潮中，突然崛起，並屹立於世間，那就是他不同尋常的高逆商。

當然，能在這樣困苦的環境下崛起的人，並像林肯有這麼大成就的人畢竟是少數，大多數人在面對逆境時，未能讓他們的逆商達到極致，從而影響了他們潛在能力的發揮，進而阻礙了他們獲得更大的成功。

在不可預料的逆境下，能力的發揮，特別是潛能的發揮，需要有足夠的逆商，它能使人戰勝一切艱難，獲得真正意義上的成功。

詹姆士・加菲爾德，也當過美國總統，也出生在山林中的一間小木屋裡，爸爸由於疾病，在他出生後18個月就死去了，媽媽抱著瘦小的他，祈求上帝能夠保佑她把孩子養大成人。

時光流逝，歲月如梭，當年抱在手中的嬰兒慢慢地長大。為了幫母親分憂，小小年紀的他就劈起了木材，並在森林中開墾出一片荒地。除了工作以外，他把每一分鐘都用來學習他借來的書本，以增加他的知識和能力。

到16歲時，他已經像一個成年人一樣，能夠一個人把一群騾子趕到城裡去。於是，母親幫他在一個學校找到一份工作——擦洗地板和打鈴，所得的報酬正好夠他的學習費用。

在第一個學期，他只花費了17美元。到下一個學期開學時，他的口袋裡只有6個便士。

第二天，連這筆小小的財產也被他扔進了教堂的捐獻箱中。他在一個木匠那裡找到了新的工作，每個晚上以及週末，他要為木匠刨木板、清洗工具、管理燈火等等，每週的薪資是1美元6美分。

在工作後的第一個星期六，他一口氣刨好了51塊木板，木匠很欣賞他的勤奮，額外給了他1美元2美分的獎勵。這一個學期，他不僅自主付清了所有的學習費用，還有了3美元的結餘。

　　同年冬天，他找到一份家庭教師的工作，月薪是12美元，如果時間充足，他還繼續幫那個木匠刨木板。等到來年春天，他居然積存了整整48美元，在新學期，他每個月的生活費用提高到了31美分。

　　很快地，這個年輕人以優異的成績進入了威廉斯學院。兩年之後，再以同樣優異的成績從那裡畢業。在26歲那年，他成功地進入了州議會。33歲，已經成為當時年輕的國會議員。而27年之後，這個當年的貧窮少年走進了白宮，成為美利堅合眾國的總統。

　　正是因為具有高逆商，加菲爾德不但沒有在逆境中頹廢下去，反而積極地發展了自己的能力，讓自己的人生閃耀出璀璨的光輝。由此可見，只要具有較高的逆商，不論你是出生在骯髒陰暗的貧民窟，還是出生於金碧輝煌的豪華住所，都不會有任何東西阻礙你奮勇前進的步伐。

　　逆商能夠深度地開發人們潛在的能力，在逆境中提供實用的人生工具，以拓展各個方面的能力。當你面對逆境拓展自己的能力時，你將看到你是如何超越明天的需求，你的事業也將更加繁榮昌盛，而成功駕馭它的人，從中獲得的收益將不僅僅侷限在工作上，你的人生也將獲得極大的提升！

二、決定你的態度

同樣的世界，不同的是看世界的人。樂觀心態者看出晴朗天空，悲觀的人卻看出陰暗晦澀。我們對待逆境的態度，最主要影響了我們生活和工作的各個方面，逆商是制約著我們成功的關鍵性因素。

生活總是禍福無常，有時將我們送上巔峰，有時又將我們打入谷底，甚至有時打擊接二連三地降臨，在這種情況下，我們該怨天尤人嗎？

不，不管發生什麼事情，你都應認為這對我們都有好的一面，這樣的人生態度才是積極的。你不能左右風的方向，但你能夠調整前進的風帆。能夠調整風帆的人，就是能夠坦然面對困難的人；能夠坦然面對困難的人，必然是具有高逆商的人。而高逆商反過來又促使人的心態朝更積極的方向發展。

反之，不能夠坦然面對困難的人必然是低逆商的人，而低逆商反過來又會使人的心態朝更消極的方向發展。總之，逆商的高低會決定你對待生活、事業，尤其是遇到困難和逆境時的處事態度。

菲利浦斯是一個非常熱愛運動的人，尤其是跑步運動。那一天，菲利浦斯照例跑完步後去工地上班，他和另外三個人一同在屋頂上工作，天氣非常炎熱，工作也很艱苦，這時監工叫菲利浦斯拿一樣工具給他，菲利浦斯便移動雙腳，不料水泥尚未凝固，他就從上面掉下去了。

當時菲利浦斯認為自己可以維持平穩，那麼掉落在三公尺的草地上，腳就不會受傷了。不過一切都太快了，菲利浦斯失去了控制，好像在沒有浮力的太空中飛行。這種太空飛行的結果非常可怕，菲利浦

斯的體重有70多公斤,頭朝下墜地,慘況可想而知。

後來,他回憶自己如何面對這突然而來的逆境時,最令人振奮的一句話就是:在受傷昏迷之中,我想起坐在輪椅上的總統——羅斯福,以及他曾說過的那句話「應該恐懼的是恐懼本身」。

面對如此大的逆境,菲利浦斯表現出了令人驚歎的高逆商。他在住院恢復治療期間問自己:「受傷對我有什麼意義呢?」他不斷思考,告訴自己:「我將來一定會了解的,現在必須想辦法活下去!」

菲利浦斯真正的奮鬥開始了。幾個星期後,它的傷勢被認定終生無法痊癒,可是他依舊充滿希望,盼望奇蹟出現,使他的脊椎再度恢復健康,他專心致志地接受治療。

菲利浦斯急切地想知道自己的病情,唯一的方法只有向護士打聽。有一天,他聽到醫生背著他房間的方向對助手說:「四肢麻痺就是像他這個樣子。」

菲利浦斯從來沒有見過四肢麻痺的人,他甚至連這個單詞都不會寫,哪裡想到自己會變成這個樣子。簡單的一句話揭開了真相,原先,他是一個年輕又健康的丈夫和父親,可是現在從頭部以下全部麻痺,完全形同廢人。

雖然如此,菲利浦斯仍然決定活下去,雖然痛苦不曾減輕,可是他活得比誰都堅強。如今菲利浦斯坐在輪椅上已經11年了,從人生的觀點上來看,他實在太偉大了。他心中沒有憤恨,沒有苦惱,更沒有怨天尤人,他知道相信命運或怨恨別人,對自己都沒有好處。相反地,自己應該愛護他人,即使自己的身體受到傷害,但最起碼自己的心理是正常的。

事實上,菲利浦斯的高逆商證明了一件事,那就是真正的殘疾是那些身體毫無缺陷、心理上卻充滿障礙的人。菲利浦斯一直這樣告訴自己,受傷是無可避免的,自己應該把它作為一生的轉捩點,下定決心努力奮鬥,其實自己並不是受害者,自己只是很自然地接受了這個

安排。

菲利浦斯現在生活得很好，在自己家的附近，他找到了一份工作，接聽電話勉勵對生活失去信心的人，他告訴人們：「艱苦的日子總有結束的時候，只要心中充滿希望，並能繼續維生活而努力奮鬥的人，一定能煥發出新的生命。」

可見，逆商的高低會直接影響我們的生活態度，如果菲利浦斯是個低逆商的人，那他可能永遠沒有走出醫院的機會了。

當然，逆境並不是只出現在生死關頭，日常生活中，只要有讓你覺得煩躁、困難的處境都可稱為逆境，而在此時，逆商的高低更能反映出一個人對待生活的態度，從而也可以展現出其人格是否完善。

有一對姐妹，她們相差不到兩歲，都已年近70歲。妹妹認為，人到了這個年紀就算快走到了人生的盡頭，於是便開始料理後事。而姐姐卻認為，年齡根本就不是一個人做什麼的先決條件，只要你有信心，肯付出，仍然能做出一些事情來。

於是，姐姐在70歲高齡之際開始學習登山，因為她認為登山不僅可以增加閱歷，同時會對她的身體狀況大有裨益。她言出必行，在20多年裡攀登了許多座山，其中幾座還是世界著名山峰。就在前幾年，她以90歲高齡登上了日本富士山，打破了攀登此山年齡最高的紀錄。

她就是著名的胡達‧克魯斯老人。

70歲開始學習登山，這不可不謂是人生一大奇蹟，而奇蹟偏偏就由人創造出來了。一個人人格是否完善，最主要取決於他思考問題的方式，即他的人生態度。

一個人如果具有高逆商，那他就是個具有積極心態的人，並會把積極思維用於實際行動，表現為喜歡接受挑戰和應付麻煩事，這種人不僅人格趨於完善，而且已經具備了成功的一半因素。胡達‧克魯斯老太太的壯舉也驗證了這一點。

一個人能否成功，最主要取決於他是否有健全的人格，健全的人

格又主要依賴個人的思考方式和心態，而個人心態積極與否，又取決於個人逆商的高低。

成功者與失敗者之間的差別是：成功人士始終用最積極的心態來思考，用最樂觀的精神和最輝煌的經驗支配和控制自己的人生。失敗者剛好相反，他們的人生受過去的種種失敗與疑慮所引導和支配。

人類所有失敗的案例都證明：百分之九十的失敗者其實不是被別人打敗，而是自己放棄了成功的希望，也就是說，是他們自己打敗了自己。

其實，人與人之間的差別只是一點點，但這一點點展現在逆商上，就表現為對待逆境與失敗時的心態上極大的不同。

三、影響個人習慣

　　任何改變都是艱難的。當你被要求除去那些熟悉的精神習慣和行為習慣時，你心中就會本能地加以抵抗，儘管你也承認自己身上那些習慣是有害而無益的。能不能最終改變，你的逆商將會發揮決定性的作用。

　　每個人都有自己的習慣，有些習慣是行為上的，有些習慣是思考方式上的。有許多時候，人們實際上不是依靠大腦去面對現實，而是依靠習慣去解決問題。

　　這是因為，我們大腦有驚人的能力去重複一種行為或思想，並將其固化成潛意識、無意識的形式，形成習慣。這個過程開始於人們首次的有意識選擇，隨著重複，習慣開始移到潛意識區。

　　就如同高速公路上的專門車道，大腦神經有習慣專門通路。這個通路使得習慣比其他想法或神經衝動傳輸得更直接，更準確，更高效。

　　對比一下剛出生的小孩和成年人就可以知道，剛出生的小孩是最缺乏習慣的人，因為每一個行為，每一種事物，每個想法，對他們來說都是第一次，所以嬰兒的學習能力大大超過成年人。

　　一項科學研究表示，隨著年齡的成長，人們的思考方式也越來越缺乏活力，這並不完全是生理上的原因，更多的是由於習慣使人逐漸破壞了自己察覺變化的能力。一個小孩子會對一隻飛翔的小鳥瞪大眼睛，而大多數成年人只會對此匆匆一瞥，然後走開。

　　再舉個例子，如果你習慣於超速行駛，你會不由自主地這樣做。你有時會開得較慢，但你的思想意識稍不集中，你就會發現車子呼嘯

著衝過一個警告牌，上面寫著「限速60公里／小時」。就像汽車中的巡行速度控制器，你的大腦會有效地遵循加速行為模式。

你也許直到在反光鏡中發現一輛警車跟著你時，直到孩子問你：「為什麼你超速行駛沒事，而我一超速你就對著我吼呢？」這時，你才會意識到這種行為方式不好。

透過逆境，這些「警告」提醒你，及時促使你改變到一種更積極的習慣（靠近速限行駛）。不斷重複一種積極的思想或行為，它也會變得更快、更無意識，就像你可以熟練地梳頭、扣鈕釦和繫鞋帶，你做這些事情的時候從來不需要思考。

一些專家告誡人們說，形成一個習慣要花21天，21天之後，你已經完全確定了這個習慣。但這一說法並沒有足夠的科學依據。

我們的習慣究竟是如何形成的呢？形成一個新的積極的習慣要多長時間呢？加利福尼亞大學洛杉磯分校醫學中心的神經生理學主任馬克·紐沃揭開了這個謎底。

當有病患者諮詢他：「形成一個習慣要多長時間？」

「你學會不去觸摸火爐花了多長時間呢？」紐沃反問道。

「大約一秒鐘。」

「實際上，只要萬分之一秒。」

病者頓了頓，驚呆了，「紐沃博士，您說什麼？」

「當你觸摸火爐時，大腦發出大聲警告，立即使你意識到你的手在哪裡，」紐沃解釋道，「那個大聲警告幫你打斷大腦基底神經節（大腦司控潛意識、無意識行動的區域）的潛意識思想，並將其送入大腦有意識區域（大腦皮層）。」

紐沃博士解釋，在一個人培養習慣的過程中，逆境和逆商具有決定性的作用。火爐因為滾燙，將迫使你不會養成用手觸摸火爐的習慣；但如果觸摸火爐是必須的，你可能嘗試使用鐵鉗等工具。之後，一旦要觸摸火爐時，你就會下意識地運用火鉗，而不是用手，習慣就

這樣慢慢形成了。

　　同樣的道理，貧窮的環境能促成高逆商者艱苦樸素、勇於挑戰、不畏艱難、勤奮進取等好的品質和習慣，當然，對於低逆商者來說，他們由於難以承受貧困的逆境，養成了退縮、猶豫、自卑和消極的習慣，不可避免地被逆境擊垮，甚至一蹶不振。

　　一個人逆商的高低，將直接決定他習慣的形成。提高自身的逆商，就可以培養好的精神習慣和行為習慣。逆商的改變可以瞬間完成，而習慣的形成將改變人的一生。

　　逆商在改掉已形成的習慣方面，同樣發揮著非常重要的作用。

　　歐文‧亨利曾經是個嗜菸如命的癮君子。一次，他度假開車經過英國，在開了幾個小時的車後，覺得有些累了，天又下著雨，他就在一個小鎮的旅館停下來過夜。

　　吃過晚飯，旅途的勞累使他很快進入夢鄉。

　　凌晨三點鐘，歐文‧亨利突然醒來，很想抽菸。於是開燈找菸，不料菸盒空了。他把所有的東西都搜遍了，也沒發現一支菸，而他確實感到非常難受。這時候，旅館的服務廳已經關門，大街上的商店一定也早打烊了，預計只能到幾條街外的火車站去買了。

　　菸癮使他很難忍耐，他感覺這時自己非吸上一支不可，哪怕就一支。當穿好衣服拿起雨衣準備出門的時候，他停住了。

　　他想，我這是在做什麼啊？一個這麼成功的男人，一個自以為有足夠理智對別人下達命令的人，卻要在半夜三更冒雨走過幾條街，僅僅是為了抽一支菸！這是一個多麼糟糕的習慣！

　　自己一定要抵制住這個強大的習慣影響！他想。過了一會兒，亨利終於下定決心，回到床上睡覺了。當時他就有一種戰勝逆境的感覺。就這次以後，歐文‧亨利竟然慢慢戒掉了吸菸的習慣。

　　在逆境下控制力強的人，無疑是一位高逆商者。關鍵時刻，歐文‧亨利的高逆商發生了作用，他利用自己的控制力，成功地抵制住

了壞習慣的誘惑。

班傑明‧富蘭克林是美國的締造者、也是著名的思想家和科學家，他之所以在眾多領域取得了驕人的成就，受到了世界各國人民的敬仰，是與他的高逆商分不開的。他的高逆商讓他改掉了一些不好的習慣，也培養了不少優秀的品質和習慣。

富蘭克林回顧自己一生所取得的成就時，他認為這些成就都要歸功於年輕時的一種「特殊習慣訓練」。

年輕時的富蘭克林曾經缺乏自我約束，很長時間甚至連工作都找不到。但他渴望成功，他漸漸認識到成功的關鍵在於養成良好的習慣，完善自己的人格。於是，他總結了成功所需要的幾種好習慣，然後把它們作為目標，找出自己身上的種種壞習慣，逐一加以修正。

在富蘭克林看來，專門用一段時間來改變一種壞習慣是有效的，於是他決定用7天改變一種壞習慣。這樣，他用了3個多月的時間把好習慣訓練一遍。他還專門為自己準備了一個隨身攜帶的冊子，每天檢查所發現的問題，並做好筆記，嚴格執行。經過這樣的訓練，富蘭克林逐步樹立起新的行為模式，成就了一個全新的自我。

在逆境中，高逆商者善於改變自己的行為方式，而這種改變也是一種挑戰，他必須放棄習慣了的一些東西，而去經受一些對他而言是陌生的東西。

任何改變都是艱難的。當你被要求除去那些熟悉的精神習慣和行為習慣時，你心中就會本能地加以抵抗，儘管你也承認自己身上那些習慣是有害而無益的。能不能最終改變，你的逆商將會發揮決定性的作用。

四、影響心理情緒

那麼，好吧！當哭則哭，該痛苦就痛苦，悲傷對於治癒我們心靈上的痛苦是至關重要的一步！因此不要逃避悲傷，但不要把悲傷和低逆商混為一談。

精神性神經病學近年來有許多新的發現，其中表示：人的情緒和人在許多情境下的荷爾蒙分泌有很大的聯繫，這些情緒包括壓力感、驚慌、悲傷、無望等等。那些使逆境擴展的人，承受了更多心理上的痛苦。

逆商和情緒心理之間有很強的聯繫。有關習得無助的最大的一項研究證明，沮喪和精神官能症之間有著非常密切的聯繫。

戈拉爾德‧克勒爾曼博士，美國前政府酗酒、吸毒和精神健康處處長，他稱當今的時代為憂鬱時代。克勒爾曼進行了兩項重要研究，表示沮喪在人生的早期就對人進行打擊，並且發現越來越多的人現在處於這種情況中。

西里格曼和其他學者發現，這種流行的沮喪感與流行的習得無助感和逆境時代相吻合。由逆境而遭受痛苦的人傾向於感到無助，進而感到沮喪。

不論你是否曾在巨大的逆境中痛不欲生，你可能都有因十分痛苦而什麼也不想做的時候。你當然不必非去經歷破產、車禍、重病來感覺什麼叫失去或被擊垮。每個人都有很倒楣的時候，依據問題的嚴重程度，它可能持續幾天或幾週，也可能持續幾個月甚至幾年。有些逆商十分低下的人可能自此一蹶不振，放棄了自己夢寐以求的目標，跌入人生的最低谷。

　　即使是最樂觀的人，也不免有情緒低落的時候。因此，在心情灰暗的時候，在失敗的情緒籠罩的時候，要善於運用一些必要的技巧，提升自己的逆商，調適自己的心理，排遣自己被壓抑的消極情緒，增強自己對逆境的控制力。

　　掌握必要的技巧能防止逆境的擴展和情緒的惡化，能讓你在面對日常生活的壓力時，表現出較大的身體和情緒上的靈活性。當你承受精神壓力時，你會分泌許多種神經介質。長期處於緊張狀態，會降低免疫細胞的功能，使免疫系統的功能受到限制。

　　這時候，我們需要讓自己感覺失望甚至是悲傷。需要說明的是，悲傷並不總是代表低逆商。

　　回想一下肯戴絲‧萊特娜，MADD的發起人。當她身陷絕境的時候，她整個人幾乎滑入了地獄。悲傷是她恢復過程中重要的一步，只有在經歷了悲傷之後，她才能朝著新的人生目標繼續前進。

　　那麼，好吧！當哭則哭，該痛苦就痛苦，悲傷對於治癒我們心靈上的痛苦是至關重要的一步！因此不要逃避悲傷，但不要把悲傷和低逆商混為一談。

　　有時候，人們面對逆境的反應是違背直覺的，甚至有點荒謬。為什麼我們要對逆境中壞的反應提出質疑呢？為什麼推遲甚至壓抑我們悲傷的感覺呢？

　　悲傷有破壞性的和建設性的兩種。當人們痛苦時，許多人退縮到自己靈魂深處的一個角落裡，不到一定時候不肯出來。而另一些人可能因絕望而部分或全部地失去了恢復的能力。你可以用提高技巧避免讓這些感覺無情地控制你，讓自己悲傷，甚至大哭一場，可以在絕望的無底深井上蓋上一個蓋子，使自己不至陷入其中。

　　馬汀‧西里格曼和他的同事們發現，習得無助是感到壓抑的主要原因。如果人對逆境失去控制，自然就會感到壓抑，悲傷可以有效地幫助你恢復控制感，進而防止自己的心靈受到壓抑。

　　莉莎‧傑克科和瓊‧吉爾海姆是賓夕法尼亞大學的教授，他們曾在十幾歲的少年身上使用類似的技巧來防止他們受到壓抑，結果也取得了很大的成功。提高技巧不是一種對壓抑的治療，而是一種預防，它使你面對逆境時不至於感到無助和絕望。

　　另一種絕望來源於感覺自己是一個失敗者。失敗常常是一個誘人的陷阱，它一般來源於那些你覺察為低控制和低擁有的逆境。一個過分肥胖的人，可能嚴格要求自己去運動和節食。而另一個人可能只認為自己是遺傳的犧牲品。他可能會說：「哦，我媽媽也很胖，即使減肥也沒有用！」

　　傑弗身高6英尺2英寸，體重卻達到457磅，有人認為他是遺傳導致的肥胖，因為他父母的體重加起來超過了700磅。

　　但傑弗卻不這樣認為，他不願做命運的犧牲品。他持之以恆地堅持做一項運動——走路。

　　他走啊，走啊！他幾乎整天都在走路。他走路上下班，走路去商店，走路去會朋友……不論風吹雨打，他總在堅持。到最後一次稱體重，他已成功地減了54磅。

　　你的親人得了絕症，你還可以來安慰他，照顧他，讓他在臨死前得到足夠的愛。而另一些人卻放棄了，任由病人死去，他們認為，反正人就要死去，做得再多也不能挽回他的生命。

　　而事實上並非如此，前者在幫助別人的同時也提高了自己的承受能力，使自己獲得了永久的心靈的寧靜，也讓親人在彌留之際感受到親情的溫暖。而後者只會使自己感到壓抑和絕望，讓即將逝去的親人感到冷酷和遺憾。

　　無助的假設造成了無望的現實，提高逆商的技巧促使你採取行動。不論你多麼不幸和痛苦，總能做一些事情來獲得控制力，使情況好轉。

五、影響個人健康

對於健康來說，低逆商也是生活中的一個危險因素。在25歲時還健康但消極對待逆境的人，在45歲到60歲時比積極對待逆境的人的健康狀況要差得多。

彈性研究進一步表示，從失敗、挫折中恢復的人，身體更加健康。最新的研究也暗示人們，有習得無助感（一種對逆境的消極反應）的人比別人死得更快。

以前，人們將軀體看作是將腦袋從一個地方運到另一個地方的運載工具。這種雙分法思想招來了人們對西方醫學的一個主要批評——即治療人的疾病症狀，而不是人、疾病或起因。另一個批評是，西方醫學傳統地將注意力集中在疾病而不是健康上。

隨著科學家們開始探索健康和努力尋求各種醫學現象的可能原因，許多人開始對舊的思想方式提出質疑。

他們想知道：為什麼有些人較其他人更容易從大手術中恢復？為什麼有些人在年老時仍然健壯，而與他們遺傳因素相似的、比他們年紀還小的人卻疾病纏身、虛弱不堪呢？大腦活動又是如何影響一個人感染癌症、糖尿病或其他疾病的可能性的？而特定的思想或情感類型對健康有什麼影響呢？

精神病免疫學領域的研究回答了部分這樣的問題。例如，人們已經發現，人們的思想、感覺與人體生理方面有直接的、可測量的關係。

按照《人格免疫力》的作者亨利·德里赫所說，「令許多免疫學家吃驚的是，人們的思想、感情受大腦裡的一種化學物質調節，而這

種化學物質同時也調節人體的抵抗力。換句話說，人們情感的化學物質載體直接影響人的生理健康。」

如何對待生活中的事件，無疑能展示人的健康和攀登能力。許多令人興奮的新的研究成果為這一假設提供了證據。

早在20世紀50年代，勞倫斯‧利安發現，癌症患者經常覺得有一種顯著的喪失感，這種喪失感是伴隨著診斷前的一種控制喪失感而來的。他還發現，對這種喪失感（逆境）的反應比逆境本身更為重要。

對生命的控制感對於情感和生理健康有重要作用。耶魯大學的一項研究發現，私人療養院的癌症患者如果能夠對一些基本的活動（如為植物澆水）進行控制（這樣進行十八個月），那麼他們將比那些沒有控制的患者更有活力、更快樂，並且活得更長。可見，控制感對於健康的生活來說非常重要。

英國一項領先的研究追蹤調查了69位患有乳癌的婦女，發現沒有重患這種疾病的婦女有一種「抗爭精神」。而重患乳癌的或死去的婦女則傾向於對最初的疾病診斷完全接受，並顯得無助。

在後來的一項研究中，西里格曼評估了34位患有乳癌的婦女的樂觀態度，認為對生活事件反應最積極的婦女活的時間最長。

麥德倫‧維信泰娜是耶魯醫學院兒科護理系主任，她在賓夕法尼亞大學做了一次精彩絕倫的實驗。

她給老鼠注射一定精確數量的癌細胞，然後將老鼠分為三組。

對第一組的老鼠施以電擊，然後讓牠學會一種控制，即透過按木條來停止電擊。第二組也施以電擊，但是不給木條，以讓其有一種無助感。第三組為實驗參照組，不施以電擊，以讓其保持心理穩定。

結果發現，第二組的老鼠的癌症發病率是第一組的兩倍半，是第三組的兩倍。這次實驗首次證明，習得的無助或控制感的喪失能夠影響癌症的傳播，甚至引發癌症。

明尼蘇達大學報導說，擁有強烈希望感或控制感的心臟病患者，

在將來要比沒有希望感或控制感的患者更容易從心臟手術中恢復過來。

情感和思想類型對精神和生理健康有重要影響。史提芬・羅克教授對幾個緊張的哈佛本科生進行了研究，看看他們對待逆境的能力與免疫力之間的關係。他發現，對緊張（一種逆境）的反應表現為高度沮喪和焦慮的學生，其自然免疫細胞殺傷功能要弱得多。

一個人如何對待逆境，將影響其免疫功能的化學組成和功效。

1992年12月，《體育畫報》為幾個月前死於愛滋病（由於輸入感染血液而致）的網球冠軍亞瑟・阿西撰寫了一篇文章，文章評論道：「如果運動生涯能將喪失感轉化為豔麗的、有競爭力的、有創造力的火焰，那麼阿西無人能比……」

這篇文章按時間先後順序列舉了阿西如何將自己的不幸轉變為一種機會，一種改變社會對愛滋病的看法的機會。他還利用這個機會募捐了幾十萬美元。亞瑟・阿西的逆境反應非常積極。

並非巧合，阿西是所知的弓漿蟲病（一種大腦感染病）患者中活得最長的一位，並且也是所知的愛滋病患者中活得最長的一位。他的逆商或化逆境為機遇的能力，對於維持一個強而有力的免疫系統發揮重要的作用。

最近，越來越多的研究表示，逆商與健康有一種直接的關係。低逆商將讓人們的健康為之付出代價。

克里斯多夫・彼得遜來自維吉尼亞州立大學，他對122位第一次患心臟病的男性進行了研究，對他們如何對待這次心臟病發作進行了觀測。

8年之後，反應類型最為消極的（更內向、更穩定）的25人中，死了21人。反應類型最為積極的（更暫時、更外向）的25人中，只有6人死去。

這證明，對逆境的反應比任何其他醫學因素更能預測一個人的存

活機會。醫學因素包括動脈阻塞、第一次心臟病發作的損害、膽固醇水準或血壓等。反應積極的人比不積極的人更快、更容易從第一次打擊中恢復過來。

表達感情的能力也與健康有關。大衛・麥克里蘭德，波士頓大學的一位傑出心理學教授，他透過一系列的研究發現某幾種情感與健康密切相關。對外界持懷疑態度的人，比持信任態度的人感染疾病的可能性大一倍。

詹姆士・彭尼巴克，南衛理公會大學的一位心理學教授，透過一系列相關研究發現，寫下感情對一個人的免疫系統有積極的長久的影響。透過對記日記的人進行測試，發現記日記的人比不記日記的人有更強的免疫功能系統。這將使他們獲得長久的健康，很少再去看病。

以書面形式表達情感可造成一種生理化學反應，使人更健康。也許因為這樣能增強一個人的控制感。

從西里格曼和世界各地的同事所做的幾十項研究中，得到的一個最為有力、受到證實最多的結果是，習得無助和沮喪之間有一種必然的聯繫。如果你認為你所做的毫無作用，那麼你就容易陷入沮喪之中。

由於沮喪困擾著各種年齡的人，特別是更為嚴重地困擾年輕的一代，因此他們迫切地需要增強戰勝逆境的能力，以幫助他們保持一種對生活的控制感。

在最大的關於壽命的研究中，科學家發現，低逆商是生活中的一個重要健康危險因素。在25歲時還健康但消極對待逆境的人，在45歲到60歲時比積極對待逆境的人的健康狀況要差得多。

彈性研究進一步表示，從失敗、挫折中恢復的人，身體將更加健康。最新的研究也暗示人們，有習得無助感（一種對逆境的消極反應）的人比別人死得更快。

英國政治家格萊斯頓一生歷經坎坷，身心曾遭受到無比的摧殘，

然而在七十高齡的時候他還身體健康，精神矍鑠。

有人問他：「您為什麼能這麼健康呢？」

格萊斯頓回答道：「假如有兩匹馬，讓其中的一匹每天只跑平路，另一匹每天在崎嶇的山裡往返。跑山路的馬每天都非常疲勞，也許會早早地得病，但實際上跑平路的馬反而會衰弱得更快。這是因為，跑平地的馬每天跑的是平坦的路，只能重複鍛鍊同樣的幾塊肌肉，而跑山路的馬由於在上下山時運動的肌肉不同，身體所有的部分都能得到充分的鍛鍊，反而更加健康。」

美國著名心臟病專家丹尼爾‧馬克博士進行了一項研究，證明了逆境在病人從大型手術恢復的過程中的重要作用。

在這項研究中，一共對1719名做心臟心導管手術的病人進行了調查，以此來評估他們對待心臟病逆境的反應。結果表示，認為此逆境是嚴重的、長時間的（即低逆商）的人的死亡率，是認為逆境是有限的、短暫的（高逆商）的人的兩倍多。

在一項後續研究中，蒙特利爾心臟醫療中心的南茜博士發現，在222名心臟病患者當中，以沮喪、焦慮的態度來對待逆境的人的死亡率，是以輕鬆態度對待逆境的人的兩到三倍。

很明顯，逆商，或者說如何對待逆境，是情感和生理健康的一個重要且基本的因素。

六、影響幸福和快樂

　　在充滿逆境的社會中，那些能夠克服和戰勝逆境的人，將體會到最大的幸福和快樂。那些認為逆境是影響深遠、超乎控制之外和長時期的人，更有可能遭受痛苦的折磨。

　　儘管活力、幸福和快樂是一系列成功因素中最為主觀的，但它們也是最為重要的。

　　歷經坎坷跨越成功，它向人們傳達這樣一種資訊：在充滿逆境的社會中，那些能夠克服和戰勝逆境的人，將體會到最大的幸福和快樂。那些認為逆境是影響深遠、超乎控制之外和長時期的人，更有可能遭受痛苦的折磨。

　　彈性研究也表示，在孩提的時候就培養彈性的人，在成年時比別人更加幸福和快樂。所謂有彈性的人，就是面臨逆境能像彈簧一樣輕鬆自如的人，他們能輕鬆地應對生活艱苦坎坷。也就是說，他們是勝不驕敗不餒的高逆商者。

　　如果你總以為自己無法控制那些影響深遠、持續時間很長的逆境，那麼沒有什麼能比這些更容易削弱你的力量、幸福和快樂了。當你認識到自己處在生產力低下、創造力枯竭、工作環境十分差勁的條件下，你也就開始理解對逆境的消極反應是如何吸食你的幸福、快樂、激情和精力了。

　　但面對逆境，許多高逆商者的反應是積極的。莎士比亞告訴我們：「歡樂由逆境產生。」因為他知道，逆境是一種激勵的力量，可以使堅強的人提升到更高層次，獲得成功，享受幸福和快樂。

　　尼爾森博士從超過100個天災的資料中，找出災難受害者之間強

烈的利他主義模式，儘管他們自己的生命受到威脅，仍然對他人伸出援手，似乎這是復元過程的一部分。

博士說：「在天災中，我們回歸到一種部落團結使命感中，在強大的生存壓力下，必須重建家園，我們了解，我們的生存不僅仰賴於自己的幸福和快樂，還仰賴於別人的生存和快樂。」

事實上，逆境後大難不死者不僅在胸中洋溢著幸福感，對自己覺得較好，對他人的感覺也較好。

有人曾經請教過彭尼幸福快樂的祕訣，他毫不猶豫地回答說：「逆境。」他又加了一句：「如果我不是被迫在困境中力爭上游，我就永遠不會有什麼成就，也就不會有現在的幸福和快樂。而且，在與逆境抗爭的過程中，我也收穫到勝利的幸福和喜悅，這種內心的愉悅是任何東西都無法比擬的。」

是的，幸福和快樂往往發軔於與逆境的拚搏的過程中。「與天鬥其樂無窮，與地鬥其樂無窮，與人鬥其樂無窮。」逆商高的攀登者在戰勝逆境的征途上，能享受到中途而止者和遇難而退者所享受不到的樂趣。一旦他們成功登頂，那種「一覽眾山小」的超然和霸氣，分明就是在展示著自己作為成功者的幸福和快樂！

當然，高逆商者在與逆境抗爭的過程中，懂得不斷地激勵自己，將一點一滴的幸福和快樂滲入到自己的奮鬥中，像播種種子一樣，以求收穫到更多的幸福和快樂，那就是人生的成功。

桑德斯的父親是一名礦工，那時礦工賺不了多少錢，他母親在一家襯衣工廠工作，家裡面有很多孩子，桑德斯就被指派承擔做飯的任務，這和後來的炸雞生意有很大的關係。他總是很勤奮，但他小學畢業就輟學了。

那時候，桑德斯過著肯塔基山區和田納西貧窮地區那種困苦的生活，他真是太貧窮了。最後他開了一家小餐館，他想，人都是要吃飯的。他花了好幾年時間，辛苦地將所有精力傾注在這家飯店上，生意

也還不錯。但隨著公路改道，他的生意也就跟著完蛋了，當時他已經是65歲的老人了。

一天早晨，桑德斯坐在肯塔基柯寶市他家的走廊上，郵差從走廊那邊走過來，交給他的是他的第一張社會保險支票。65歲了，他破產了，失敗了。

他看著那張支票對自己說：「政府每個月要給我105元，讓我勉強過活。還好，我不至於去乞討，可以過一個不算好的晚年。但我就這樣了此殘生嗎？不，我一定還能為我自己和別人做些事情。」

激勵開始在他身上產生作用，他開始思考，而思考總是能想出一些辦法。他想到了母親炸雞的特殊配方，那是一種特別的口味，他認為與眾不同。他決定出售這種炸雞的經銷權來發展他的炸雞事業。

但是好幾十家飯店都拒絕了，最後他把第一個經銷權賣到了鹽湖城，結果立刻就廣受歡迎。10年以後他75歲的時候，他把他的權利賣給一家公司，並且受聘為這家公司的親善大使。晚年的成功帶來的幸福和快樂簡直讓他目不暇給。

桑德斯一生的故事並不是因為賺到了大錢而特別具有意義，他的成功主要證明一個事實，那就是任何人在逆境面前不要喪失自己的意志力和控制力，時刻激勵自己，生命便充滿了各種可能，幸福和快樂也就離你不遠了。這也是高逆商的積極心態給你帶來的莫大收穫！

每個人都會面臨障礙和困難，它使有些人退縮、放棄了，但是對另一些人來說，困難只會激勵他們更加用心去思考，更努力地工作，更快地實現人生的幸福和快樂。

第三章

逆商，喚醒沉睡的潛能

　　世界會變成你選擇的模樣，你可以達到成功的最高峰，也可以停頓在無望的悲歎中，而這一切，都取決於你能不能喚醒自己的天分，挖掘出自己的潛能。

　　如果你堅信任何逆境都可以轉變成對你有利的條件，你就獲得了一個可供你使用的極大的心智寶藏。

　　你的未來不是由你不能控制的環境決定的，而是由你能夠控制的你的內心願望所決定的。

　　逆商很低的人缺乏克服逆境的能力，其潛能就會被抑制，當然不會像高逆商者那樣可以成功。

　　要想成為贏家，就要重新回到心靈深處，喚醒我們沉睡的潛能。

一、神奇的潛意識

潛意識是土壤，意識是種子，思想播下怎樣的種子，潛意識就幫你收穫怎樣的果實。

◀◀◀ 潛能是怎樣被激發出來的

潛能分為意識上的潛能和體力上的潛能，意識上的潛能即我們常說的潛意識。一個人的潛意識就像一個人的靈魂一樣，它支配自己的行動和思想，而潛意識的建立，是由自己以往的知識和經驗等累積而成的。

人腦中的潛在觀念、資訊、知識是從哪裡來的呢？現代控制論、資訊理論和神經生理學的研究成果表示，人腦原來和電腦一樣，也是一個巨大的資訊儲存器。這些資訊有的是以電模式形式存在的短時記憶，在大腦裡保留的時間只有幾秒到幾十小時，過後就忘了；有的則是借助於腦化學和神經解剖的變化實現的長時記憶，可以在腦中保存很長時間，有的甚至可以終生不忘，有時回憶不起來是因為受到某種干擾和抑制，以後它還是可以複現的。

人腦靠長時記憶存儲了客觀世界的大量資訊、知識，有的學者認為，一個人的大腦可儲存的知識量，相當於美國國會圖書館藏書（現藏一千多萬冊）的50倍。人腦中存儲的訊息量是如此之大，如果這些資訊和知識沒有控制地同時展現在人的意識層次上，那人就根本無法思考和工作，就會造成名副其實的「知識災難」。

但事實上絕不會形成這種狀態，大自然造就的人腦既有最佳的資訊存儲功能，又有最佳的資訊提取和控制功能。對此，近代德國著名

的哲學家、心理學家赫爾巴特提出了「意識閾」的概念。

　　赫爾巴特認為，由於觀念具有引力和斥力的關係，人們只能意識一定的對象或注意有限的範圍。「一個觀念，若要由一個完全被抑制的狀態進入一個現實觀念的狀態，便須跨過一道界線，這道界線便為意識閾。」

　　赫爾巴特認為，意識閾並不是固定不變的，隨著時間的變遷，意識閾限上的觀念可以轉入意識閾限下而成為無意識的。相反，被抑制的潛在觀念，可以透過有關的意識觀念的吸引，從意識閾限之下進入意識閾限之上，從而被人自覺意識到。

　　在他看來，觀念雖然被逐出意識，降落在閾限之下，但是它們並不就此消失，只是減弱其強度，伺機而動，一有機會，便爭取升入閾限之上，佔據意識的領域。

　　赫爾巴特的「意識閾」理論，正確地揭示了人腦中的潛在觀念、資訊、知識的來源，揭示了顯知和潛知相互轉化的辨證關係。由此可見，大腦預先的資訊存儲是誘發潛能發揮和創造性靈感的先決條件。存儲得多，誘發得也多；存儲的是「血」，誘發的絕不會是「水」。

　　在人腦的潛在世界中，不僅儲藏著大量的知識、資訊，而且積蓄著驚人的思維智慧。這種潛能是一種未得到利用的能力，因而它和潛知一樣，一旦需要就能直接置於意識機構的控制下，進行自覺的思想活動。

　　現代腦科學研究表示，人腦平均容量雖僅有1400毫升，但卻包含有相當多的神經元，其數量與銀河系中的星星數大致相等，每個神經元又有幾千個胞突接觸。有人做過比較，僅人腦的網路系統就比北美洲的全部電話、電報通訊網路還要複雜。然而，其中相當大的一部分潛力卻未被利用。

　　在平時，人的腦力和體力的發揮，也是不飽和的。但是人一旦遇到非常情況，特別是遇到危及生命的緊急情況時，人腦的新皮質部

位、邊緣皮質部位、腦幹部位便一齊動員起來,在激素的作用下,將人的各種潛力,包括體力,一齊激發出來,從而創造出意想不到的奇蹟。

這種急中生智的潛能,實際上是人腦中未發揮作用的智慧在特殊境遇中的啟發。這種啟發的直接原因,是腦垂體分泌的化學激素,但腦垂體分泌激素活動又是中樞神經系統透過下丘腦來調節的。綜合的神經——體液調節活動,正表示潛能的激發同樣是受理性控制的。

«««意識到自己能成功,潛意識就會去成功

人的身體素質潛能不可限量,人的心腦智慧潛能更是巨大無比。人的學習、記憶、認識潛能,人的創造潛能,人的思維潛能等都是人的心腦潛能的具體表現。人的這些潛能,無窮無盡,可以被開發利用。

正像人類在實現目標的過程中非常需要潛意識的幫助,一切的創造都是由潛意識所形成,人類絕對創造不出心中所想不到的事物。透過潛意識,人可以將構想改變為現實,使美夢成真,使問題得到完滿的解答。

一個人有意識去成功,就可能成功;有意識想著失敗,就會失敗。每當你想要實現任何一個目標的時候,你就不斷地重複它。這樣不斷地經由你反覆地練習,反覆地輸入,當你潛意識可以接受這樣的一個指令的時候,所有的思想和行為都會配合這樣一個想法,朝著你的目標前進,直到達到目標為止。

一個人期望的越多,獲得的也就越多;期望的越少,獲得的也就越少。成功是產生在那些有了成功意識的人身上的,失敗則源於那些不自覺地讓自己產生失敗意識的人身上。消極的潛意識使人走向失敗,積極的潛意識使人走向成功。積極的潛意識是一種巨大的力量,

給逆境人生以源源不斷的行動動力。

　　充分地發揮自己的潛能是獲得成功的「第一把金鑰匙」，人的潛能具有操縱自己命運的巨大能力。如果有意識地給潛意識一個目標，潛意識就會為實現這個目標而行動起來，如果意識給潛意識一個指令，潛意識就會認真地去執行這個指令。

　　相信自己能夠成功，往往自己就能成功，這是人的意識和潛意識在產生作用。人的心靈有兩個主要部分，就是意識和潛意識。當意識做所有的決定時，潛意識則做好所有的準備。換句話說，意識決定了「做什麼」，而潛意識決定「如何做」。意識好像冰山浮出水平線上的一角，而潛意識就是埋藏在水平線下面很大很深的部分。

　　人體的神經系統，特別是大腦，就相當於電腦的「硬體」，意識就是這部無比精密電腦的「操作者」，潛意識就等於電腦的「軟體」。縱觀古今中外的成功人士，他們的成功雖然各有不同，但在善於運用意識和潛意識力量這一點上卻是相同的。難怪人們把意識和潛意識稱為人的自動引導系統。

　　一個人如果下定決心做成某件事，那麼，他就會憑藉意識的驅動和潛意識的力量，跨越前進路上的重重障礙，成功也就有了切實可靠的保證。

　　被稱為新工業之父的亨利・福特，年輕時在一家電燈公司當工人，有一天他突發奇想，產生了要設計一種新型引擎的意識。

　　他把這個想法告訴妻子，妻子對他的發明研究很支持，她把家裡的舊棚子騰出來，供他進行實驗和研究。

　　福特每天下班回到家裡，就鑽進舊棚子裡做引擎的研究工作。冬天舊棚子裡冷，他的手都凍僵了，他對自己說：「引擎的研究已經有了頭緒，再堅持下去就一定能成功。」福特充分啟動了自身的自動引導系統，在舊棚子裡苦幹了3年，這個異想天開的稀奇的東西終於問世了。

　　1893年，亨利・福特和他的妻子乘坐著一輛沒有馬的馬車，在大街上搖晃著前進，街上的人被這景象嚇了一跳，有些膽小者嚇得躲在遠處提心吊膽地觀看。也就是從這一天起，對整個世界都產生深遠影響的新工業，就在亨利・福特的意識和潛意識的驅動下誕生了！

　　後來，福特決定製造著名的V8型汽車時，他要求工程師們在一個引擎上鑄造8個完整的汽缸。工程師們聽了都直搖頭說：「這不可能，完全不可能！」

　　福特命令道：「沒有不可能的事，誰不想做，就走人！」

　　因為這些工程人員認為這是一件不可思議的事情，所以誰都沒有把成功輸入到自己的意識裡，這樣潛意識也就停滯下來。

　　6個月過去了，研究毫無進展，沒人按福特的命令去做。於是福特決定另外挑選幾個對研製V8型汽車具有信心的人去完成。他堅信，人一旦有了穩操勝券的潛意識心理，就有了成功的希望。

　　新挑選的幾個工程師經過反覆研究，終於找到了製造V8型汽車的關鍵竅門。

　　是什麼令這V8型汽車從無到有？是什麼令這「不可能」的計畫奇蹟般地獲得成功？這就是意識和潛意識的無形力量在發揮作用。意識雖然是極小極小的「已知能量」，而潛意識卻是大腦細胞內藏匿著的巨大潛能。福特就是用這小小的已知力量，開發了那無窮無盡的大腦潛能。

　　意識和潛意識是一種催人奮進的力量，敢想就敢做，敢做成功的機率就大，最可悲的是那些連想也不敢想的人。

««« 高逆商者善於發揮自身的潛能

　　人的潛意識是一張等待描繪的白紙，外界環境是用來描繪潛意識這張白紙的類比對象，而溝通兩者的橋樑就是人的有意識。

　　是有意識這枝筆描繪出潛意識的內容，外界環境五彩繽紛，令人目不暇給，有意識這枝筆描繪外界環境的那一部分，是正對著陽光的這一部分，還是背著光線的陰影呢？它當然不能全部無選擇地畫下來，人的潛意識雖然無分辨是非的能力，卻有排斥對立情感的本能。

　　人的感情也分好和壞，好的就像信心、欲望、希望、熱心、愛心、溫柔、善良等，不好的東西，像恐懼、嫉妒、仇恨、報復、貪心、迷信、憤怒等。如果有仇恨和愛心兩樣要我們選擇，在我們的潛意識中只能選擇仇恨或者愛心，而不能同時容納下仇恨和愛心這兩種互相對立的感情。

　　面對逆境，人們潛意識的表現也是一樣，或許在壓力下屈服，或許用信念去挑戰。挑戰者當然是那些最終能獲得成功的高逆商者，而那些甘願屈服的低逆商者，他們的潛能自然得不到全面的發揮。

　　科學家研究發現，人的潛意識分不清事情的真假，只有執行能力，它聽從意識的判斷。意識是潛意識的守門人。不論對與錯，真與假，意識告訴潛意識什麼，潛意識就相信什麼，並執行什麼。

　　美國著名心理學家塞利曼博士也做了一些有關潛意識方面的實驗。實驗的結果顯示，一些有著消極潛意識的人，往往會自怨自艾生出病來，嚴重的甚至會導致死亡。他舉了一個實例來說明這一研究成果。

　　一天，一家鐵路公司的職員都趕著去給老闆過生日，大家都提早急急忙忙地走了。倉促之下，調車人員尼克不小心被關在一輛冰櫃車裡面。

　　尼克在冰櫃裡拚命地敲打叫喊，然而全公司的人都走了，根本沒有人聽得到他的聲音。尼克的手掌敲得紅腫，喉嚨叫得沙啞，也沒人理睬，最後只得絕望地呆坐在冰櫃裡。

　　他愈想愈感到恐懼，心想，冰櫃裡的溫度在－20℃以下，如果再不出去，一定會被凍死。他只好用發抖的手找來紙筆，寫下遺書。

第二天早上，公司裡的職員陸續來上班。他們打開冰櫃，發現尼克倒在裡面。他們將尼克送去急救，但他已經沒有生還的可能。大家都很驚訝，因為冰櫃裡的冷凍開關並沒有啟動，這巨大的冰櫃裡也有足夠的氧氣，而尼克竟然給「凍」死了！

其實，尼克並非死於冰櫃的溫度，他是死於自己心中的冰點——也就是消極的潛意識。他根本不相信，一向不能輕易停凍的這輛冰櫃車，這一天恰巧要維修而未啟動製冷系統。他不敢相信，是他的思想沉迷到消極的潛意識裡，覺得自己必定凍死無疑！

因此，在面臨逆境的時候，要培養和建立具有積極的潛意識，要有意識地控制自己的不良意念，努力地把逆境和壓力變為推動自己進取的動力，這對於培養自己的逆商具有建設性的意義。

潛意識是肥沃的土地，種下糧食的種子，就會獲得豐收；種下野花雜草的種子，最終會落得一片荒蕪。思想播下怎樣的種子，潛意識就幫你收穫怎樣的果實。

一位教師也做過一次心理實驗。她將小學生分成「藍眼睛組」和「棕眼睛組」，並對學生們說：「最新的科學證實，在學習上，藍色眼睛的孩子要比棕色眼睛的孩子更聰明，學習成績會更好。」

大約一週以後，「棕眼睛組」的學生學習成績明顯下降，而「藍眼睛組」的學生成績都有了顯著提高。

然後，老師又對全班宣布自己弄錯了，藍眼睛和淺色眼睛的孩子是「弱者」，而棕色或深色眼睛的孩子是「強者」。很快，棕色眼睛組的學生成績提高了，而藍色眼睛組的學生成績下降了。

可見，選擇積極的有意識，就是在潛意識的土壤裡種下了積極的種子，潛意識就發揮它的神奇力量，幫助你收穫積極的結果；選擇消極的有意識，也就是在潛意識裡種下了消極的種子，潛意識也就讓你得到消極的結果。

利用好潛意識的積極作用，對於目標的達成大有裨益。許多最終

獲得成功的人士天天在心底默念自己的目標，寫下自己的夢想，將它掛在臥室天天仰視，因為他們知道，潛意識有著非常巨大的力量，它一天工作24小時，從不休息，它總在想方法幫助你。

假如你有很壞的預感，就要告訴自己——這種事情絕對不可能發生！這時，潛意識會全盤呼應你的指示，一旦有了危機，它就會處理得和平常反應一樣好。所以，要想辦法把「可能會失敗」的潛意識排除掉，換成「一定會成功」的有意識。

相信自己會成功，你才能成功。這永遠是一個顛仆不破的真理！

««自我暗示法助你控制潛意識

世界潛能大師博恩・崔西曾經說過：「潛意識的力量比意識大3萬倍以上。」所以，任何的潛能開發，任何的希望要實現，都是依靠你的潛意識來完成的。

潛意識就像個巨大的倉庫或銀行，它可以儲存人生所有的認知。如果你的潛意識被激發，整個震撼人心的新局面將迅速展現在你的面前！

然而，目前對潛意識所知和利用都十分有限，人們要完全控制潛意識也就相當困難。但是，經過長期的研究發現，控制潛意識的最佳方式是透過「自我暗示」的方法，把想要實現的目標，交由潛意識去完成。

那麼，接下來不妨試試自我暗示的方法，訓練和開發你的潛意識吧。

一是運用聽覺方法。

當你感到驚恐、畏懼、害怕或者失去信心時，你大喊幾聲，就像火山爆發，讓自己的氣息迅速地爆破，這樣可以立即恢復力量。因為聲音進入你的潛意識之中，從而影響你的信念，帶來積極的行動。

二是用暗示方法。

找一個安靜的地方，閉上眼睛，大聲說出你的想法，假如你想實現一個成功的目標，你就念出你具體要達到怎樣的目標，以及你何時達到目標，列出期限並敘述獲得它的方法。一定要相信你將能達到這個目標，你的信心強烈到你可以看得見這個目標就在眼前。

三是運用意象方法。

在大腦中灌輸進你所希望的成功場景，透過反覆的意象暗示，改變自我意象，樹立成功信念，並使自我產生積極的行動，就可以達到預定的目標。

四是用視覺方法。

在明顯的地方畫一些明確的圖像，並且每早起床、每晚臨睡前都看一遍，直到已經記住為止。

另外，經常使用自勵性的警示語。

把「我不能」等詞句從你的字典和內心中清除，談話中不提它，想法中排除它，態度中摒棄它，而代之以激勵自己積極行動的自我暗示語。每天花三、四分鐘在鏡子面前反覆朗誦那些令人振奮、有重要意義的提示語，如：

相信自己能夠做到，你就能做到；

不論我們以前怎樣，現在怎樣，如果我憑著積極心態行動，我就能變成我想做的人；

我生活中的每一方面，都將一天天變得更好。

你可以使用任何能自我激勵的語句，經常自我警示，融入身心，你將變得自信，具有非凡的意志力。當用積極的心態把自己看成成功者時，你就開始提高自己的逆商，善於發揮出自己的潛能，走向成功了。

堅持心理上積極的自我暗示，對個人獲得成功非常重要。

透過心理暗示的作用，把樹立成功心理、發展積極心態這個總原則，變成了可以具體操作的方式和手段。就是說，轉變意識和發展積極心態，就要從心理上的自我暗示做起。

心理暗示是人的自我意識中「有意識」和潛意識之間的溝通媒介。人的思想行為不可能一切都要有意識地選擇和控制，透過經常持久的積極暗示，讓自信主動的電流與潛意識接通，這才能形成真正具有巨大魔力的自我意識。

由於心理暗示的內容是具體的、實際的，所以堅持積極的自我意識，也就必然要選擇確立自己的目標，而且主要的目標將滲透在潛意識中，作為一種模型或藍圖支配你的生活和工作。

透過心理暗示這個具體實際、可以操作的環節，能把內容複雜的成功心理學融會貫通，化作簡單明確而又堅定不移的信心和意志，並且可以立刻行動。正因為心理暗示能夠直接支配影響你的行動，所以，「自我意識決定你有無發展、能否成功」這句話就變得更加實在了。

但執行這些指示的時候一定要記住，運用自我暗示的原理，目的是給潛意識下達命令。但也要記住，潛意識只會接受帶有感情色彩的指示，所以傳達命令時要帶有情感因素。

也許這些訓練聽起來空洞無物，但千萬別因此而困惑。不論這些指示剛開始看起來多麼不切實際，都要切實遵行。

當然，千萬不要走進潛意識開發的盲點：一是只把著眼點放在某些具體技能上，沒有注意到均衡發展的道理；二是不要每天只注重潛意識的開發而不行動。

最好的方法是：在付諸行動時，不要忘記潛意識的開發。

二、逆境中，喚醒內心深處的力量

　　逆商高的人善於在逆境中將潛能發揮到極致，逆境來臨時能坦然面對，強化自己的信念以征服欲望，表現出內在的英雄本色。而低逆商者在面臨逆境時則會表現得優柔寡斷、毫無信心，自然不能全部釋放出自身的潛能。

«««人的潛能到底有多大

　　每個人的身體內部都蘊含著巨大的潛能，如同一座沉睡的火山。愛迪生曾經說：「如果我們做出所有我們能做的事情，我們毫無疑問地會使自己大吃一驚！」

　　日本科學會顧問七田真也曾說：「每個人都具有特殊能力的電路，就是潛能，但大多數人因為不知道，所以無法充分利用，就好像懷著重要寶貝而不知其所在。只要能發掘出這項祕藏的能力，人類的能力將大為改觀。」

　　人的潛能到底有多大？一個人的潛能大概只開發了大約10%或5%，像愛因斯坦這樣聰明的人，他的潛能大概只開發了12%左右，只比一般人多了2%。

　　連這樣成功的人都只開發了12%的潛能，人的潛能到底有多大呢？

　　有份報告指出，一個人如果開發了50%的潛能，他到底能做哪些事情呢？他大概能背400本的《百科全書》，堆起來能有好幾層房子那麼高；大約可以念完十幾所大學，還可以學會十七、八種不同國家

的語言，這是多麼驚人的事情啊！400本百科全書加上十幾所大學，再加上十幾國的語言，可見人的潛能到底有多大，這幾乎是任何人都想像不到的。

一位媽媽在穀倉前面注視著一輛輕型卡車快速地開過她的院子。她14歲的兒子正開著這輛車，由於年紀還小，他還不夠資格考駕駛執照，但是他對汽車很著迷──而且似乎已經能夠操縱一輛車子，因此她就准許他在農場裡開這輛客貨兩用車，但是不准開到外面的路上去。

但是突然之間，媽媽看見車子翻到水溝裡去了！她大為驚慌，急忙跑到出事地點。她看到溝裡有水，而她的兒子給壓在車子下面，躺在那裡，只有頭的一部分還露在水面上。

這位媽媽並不高大，身高162公分，體重55公斤。但是她毫不猶豫地跳進水溝，把雙手伸到車下，把車子抬了起來，足以讓另一位跑來救援的工人把那失去知覺的孩子從下面抬出來。

當地的醫生也很快趕來了，給男孩檢查了一遍，只有一點皮肉擦傷需要治療，其他毫無損傷。

此時，媽媽卻開始覺得奇怪起來，剛才她去抬車子的時候，根本沒有停下來想一想自己是不是抬得動一輛輕型卡車，由於好奇，她就再試一次，結果根本就動不了那輛車子。

這真是讓人難以置信的奇蹟！醫生解釋說，身體機能對緊急狀況產生反應時，腎上腺就大量分泌出激素，傳到整個身體，使人產生出一種超常的能量。這就是她可以抬起卡車的唯一解釋。

這位母親在危急情況下產生出一種超出正常的力量，並不只是肉體反應，它還涉及到心智和精神的力量。當她看到兒子被壓住，可能要被淹死的時候，她的心智反應是要去救兒子，一心要把壓在兒子身上的卡車抬起來，而再也沒有其他的想法。可以說是精神上的腎上腺在瞬間引發出潛在的力量，而如果情況需要更大的體力，心智狀態就

可以產生出更大的力量。

由此可見，一個人的潛能是何等神奇與巨大！特別是在一個人身處危機與逆境時，潛能的迸發足以改變一切！

««潛能，體內沉睡的火山

世界上的各種體育比賽中，運動員們不斷刷新世界紀錄。那些經過專門訓練的運動員們，在疾跑的高速度上，在跳躍的輕巧度上，在投籃的準確度上，在體操的靈敏度上，在抓舉的力量上，在健美的肌肉發達上，都在不斷地創造著成功與奇蹟，從中我們可以看到人類身體素質的巨大潛能。

表現的水準越高，心理功能對活動發揮的調節作用就越加專業。在運動方面，肉體和精神必須在相輔相成之下才能有最理想的表現，所以一個理想的內心境界，如充滿自信、高度集中、高逆商等，對提高潛能的表現非常重要。

千萬不要小看這種精神上的力量，實驗證明，內心所相信的，才是真正決定一個人力量的關鍵。

有一個實驗很好地說明了這一問題。

在實驗當中，受試者被隨機分派至三個小組：「重」待遇組、「輕」待遇組及控制組。「重」待遇組的受試者被安排誤導，以為自己將要舉起的重量較實際上試舉的重量為輕，例如，受試者實際上會試舉的重量為50公斤時，卻會被誤導為是40公斤。「輕」待遇組的受試者則被安排誤導，以為自己將要舉起的重量較實際上試舉的重量為重，例如，受試者實際上會試舉的重量為50公斤時，卻會被誤導以為是60公斤。

最後，控制組的受試者則被告知實際上將會試舉的真正重量。實驗結果顯示，「重」待遇組的受試者明顯地比其他兩組的受試者舉得

更重。

　　雖然我們並不能單靠這種內心的精神力量一下子戲劇性地提升運動表現，但我們卻可以藉著心理準備的手段，把我們的潛在能力發揮得淋漓盡致。運動心理學的目標也就是學習如何創造一個始終如一的理想境界，去釋放出種種有利於運動員創造佳績的身體技術。

　　運動訓練的最終目的，都是希望有一天擁有巔峰表現。巔峰表現是指「超越個人平均水準的表現」或「一連串超水準的演出」。形容巔峰表現是運動員身心合而為一的奇妙時刻，而巔峰表現具有以下兩個特點：一是運動員通常會在這種情況下創造出個人的最佳成績；二是巔峰表現往往不能隨心所欲地出現。

　　運動員的心理狀況與巔峰狀態有著密切的關係，因為技術的層面越高，心理方面越加重要，甚至認為心理是卓越運動表現的重要因素。

　　在高爾夫球運動中，心理因素對運動水準的影響幾乎佔了90%的成分。對運動心理學認識膚淺的運動員，往往只能夠等候而不能「命令」自己做出超水準的發揮，這類運動員普遍認為巔峰表現是天時、地利及人和的結合。反過來說，現今高水準的運動員，很多都能透過一些心理訓練的手段，而經常有超水準運動潛能的發揮。

　　成功絕非僥倖，更不是純粹天時、地利及人和的結合。成功的運動員在達至巔峰表現前，同樣要面對種種困難和挫折，只是他們懂得如何運用適當的內心技巧來克服心理上的重重障礙罷了。

　　在競爭激烈的逆境時代，具有堅強信念的高逆商者，其潛能的發揮將明顯高於裹足不前或退縮的低逆商者。可見，內心對潛能的發揮具有決定性的影響。

　　珠穆朗瑪之巔，大概有停車場那麼大的地方，是由岩石和冰雪堆積起來的通往天堂的粗獷的寶座。它高聳入雲，俯瞰來往的飛機，是萬山之王。

作為地球上離天空最近的地方，它磅礡的氣勢，壯麗的景觀，俯瞰眾生的挑戰姿態，吸引了世界各地無數的登山愛好者。

然而，在接近頂峰的地方，氣候惡劣之至，暴風雪以每小時100英里的速度肆虐，寒風刺骨，能見度為零，隨時都能把登山者埋葬。因此，沒有人敢宣稱自己一定能到達頂峰。

而且，在18000英尺的高空中，傷口永遠不會癒合，身體逐漸變得衰弱，空氣乾得甚至一次咳嗽就能震斷肋骨，在這樣惡劣的條件下登山，真是對人類生存極限的最大考驗。

1996年5月10日，星期五，來自5支登山隊的31位登山者登上了頂峰。突然，暴風雪從天而降，將他們包圍了，幾小時之內，生死就見了分曉——兩位被暴風雪掀翻在地的登山者，再也沒站起來，永遠睡在了冰冷的積雪中。

兩個不幸者遇難的同時，同伴尼克也慘遭不幸。在登頂過程中，尼克昏倒在雪中。就在當夜，急救隊找到了他，但認為不可能救活他，就放棄了救治。天太黑，路太險，尼克就這樣留在了冰天雪地裡。

然而，就在幾個小時後，尼克內心深處突然爆發出一種巨大的求生力量，一股暖流迅速流向全身，將他從冰冷的墳墓中拯救出來。

尼克後來在《新聞週刊》中這樣說道：「冰冷得超乎想像，我的右手手套不知掉到哪兒去了，我的右手就像是塑膠模子，毫無知覺。」

冰涼，孤單，身體越來越虛弱，但這些並沒有阻止尼克艱難地移動，在狂風和暴雪中，他向著一望無垠的白色世界中的一個斑點——營地進發！那雖然遙遠，在他眼中卻是十分明晰的目標。

他後來說：「當我神智快要崩潰時，我就強迫自己『看見』妻子和我那可愛的孩子們。我想我還能活3個小時，4個小時，我就又開始走了起來。」這種力量激勵他緩慢卻不停地移動著腳步。

　　黎明破曉時，尼克被看起來像一個黃色岩石的東西絆倒了。萬幸，那是隊友們的帳篷。隊友們將尼克拖進帳篷，他的衣服與冰雪凍成僵硬的一體，隊友們只好用刀割開。他們將一個熱水玻璃瓶放在他胸口，並給他氧氣。沒有人想到尼克會活下來。在這樣惡劣的環境中，其他比他更有經驗的人，像聞名於世的登山嚮導斯格特·費切爾也會死去。

　　實際上，尼克的妻子已經收到了丈夫的死亡通知，但在隨後幾個小時後又得知丈夫仍奇蹟般地活著。人們從來沒有認識到尼克內心深處的某種潛在力量。然而，正是這種力量，使他在令許多人喪生的極度逆境下存活下來。

　　和尼克一樣，每個人在內心深處都有一種能在逆境中拯救自己的潛能。但能不能發揮出這種潛能，逆商的高低發揮決定性的作用。逆商高的人善於在逆境中將潛能發揮到極致，逆境來臨時能坦然面對，強化自己的信念，激發自己的征服欲望，表現出內在的英雄本色。而低逆商者在面臨逆境時則會表現得優柔寡斷，毫無信心，自然不能全部釋放出自身的潛能。

　　潛意識總是趨向於你所持有的包括目標在內的自我形象。如果你堅信能實現目標，你便能創造助你前行的條件。同樣，如果你堅信有什麼不祥的事情要發生，那麼當遇到某種意想不到的挑戰時，你便會心灰意冷，失去自信，而更為嚴重的是，你會把這些事件當作是你預料到的失敗，並加以認同。

　　低逆商的人習慣於失敗，他們在精神上有一種不可逆轉的失敗感，他們在潛意識中形成了不會成功的信念，並使自己的行動在無意識中形成了不會成功的信念，並使自己的行動在無意識中遵循這種觀念。

　　相反，高逆商者卻在精神上有一種堅強的成功信念，他們常常在潛意識裡就形成了自己作為成功者的形象，所以便能深度釋放自己的潛能，最終實現成功的目標。

三、心想，才會事成

如果你能想像出自己的夢想，夢想就可能出現。經常在腦海裡拼湊出成功的雛形，成功就有可能如期而至。你潛意識中的種種思想和觀念，造就了現在的你。如果你的未來要有所不同，你一定要改變你的思想。

«««是成功的想法導致成功

預祝別人「心想事成」只是一句賀詞嗎？不，它不僅僅是一句賀詞，更是人們的一個成功祕訣。

為什麼這麼說呢？因為我們現在做的每一件事，實現的每一個目標，都只是在反映多年前我們的頭腦裡想像到的一個畫面而已。也就是說，倘若你想達到目標，想要夢想成真，首先就得在心中描繪出目標達到後的景象。

心理學家指出，當思想傳遞給潛意識時，在大腦的細胞中會留下痕跡，它會立刻去執行這些想法。為達到目的，它會利用以往的所有經驗和任何知識，它會產生無窮的力量，創造奇蹟。

一旦你想實現任何願望與目標，你就要不斷地想，最好能每天看到你成功的畫面與景象，並且聽到聲音，去感覺和感受，不斷重複思考，充滿著渴望的思考，思想一定會變成事物，夢想一定會化為現實，你也一定會心想事成！

愛因斯坦曾經說過：「想像力比知識更重要。」摩菲博士也認為，造成偉大人生的最重要法則是：人生將依照自己的所思所繪而實現自己。

的確如此，從某種角度來說，一切事物都是人們想像出來的。你看到的東西在最初都只是一個想像的畫面而已。你現在所住的房子，開始的時候只是人們腦海裡的一個樣子，然後它被畫在圖紙上，最後才按照圖紙上的樣子被建造出來。

擁有知識固然好，但最可怕的是，知識將你的觀念固定住了，使你跳不出既有的框框，抹殺了你的想像力與創造力，也就缺乏了創新的能力。愛因斯坦提出「相對論」，牛頓發現「地心引力」，靠的都是想像力和創新能力。

解決我們生活中的問題可以依靠想像力，企業創新產品、創新行銷方式也要依靠想像力，開發我們的潛能還是要依靠想像力。

你可以大膽地創造一個從來沒有人想到過的未來景象，以逆向思考的方式去做一些以前不曾做也不敢去做的事，以一些別人想不到的方法與點子，以出奇制勝來超越你的競爭對手。那樣，你才能不知不覺、輕而易舉地獲得成功。

人生的結果是思想造成的，判斷一個人的思想正確與否，看他的結果就知道了。很多人堅持自己舊有的思想，但總是沒有得到他想要的結果。

過去的想法要是能幫你成功的話，那你就早已成功了。你現在為什麼不替換一下成功者的思想，來幫助你成功呢？以這樣實事求是的精神來檢驗你自己的心態，才是一個成功者的必備態度。

很多人想要人際關係更好，收入更高，或者更健康，更成功，也知道不管想達到什麼結果，這些結果都必須透過行動來完成，但就是疏於行動。要有更好的行動，就必須做出更好的決定，然而要有更好的決定就必須先有更好的思想。

思想決定了我們所說的話，我們所產生的行為，我們對別人的態度，我們所做的決定，換句話說，是思想決定了一切。

認為自己一定會成功的人，凡事都非常積極與樂觀，一旦他掌握

住機會，就會毫不猶豫地立刻行動，即使行動遇到挫折，他依然抱著積極樂觀的想法，認為世界上沒有失敗，只有成功的暫停。於是，這種人經常嘗試，堅持到底，最後導致成功。成功之後，他又會更加堅信「我一定會取得更大的成功」。

一個「我一定會成功」的思想會導致自己的成功。成功後，再度堅信我一定會成功，進入了生命中的成功循環，所以成功會導致更大的成功。

相反，一個認為「我做什麼都不會成功」的人，做事消極被動，又悲觀，經常猶豫不決，不敢行動，就算行動，遇到挫折也會立刻放棄，導致他總是失敗，失敗後他又更加確信自己「做什麼都不會成功」的信念。

一個人「會失敗」的信念會導致自己的失敗，然後再度堅信自己會失敗，他就會進入生命中的失敗循環。

成功的想法導致成功，失敗的想法導致失敗，這是千古不變的定律。一台電腦沒有軟體就是廢鐵，一個人沒有思想就是白癡。一個人的頭腦中沒有成功的思想，又如何能夠成功呢？

所以，我們看到很多人認真負責，吃苦耐勞，省吃儉用，到了五、六十歲仍然一事無成，最主要都是因為他們缺乏積極的思想。

大部分人都有太多的負面思想，凡事都喜歡往壞處想，當然他們要注定過著不理想的生活。何不每天問問自己：我今天有哪些想法？我現在有哪些想法？這些思想會造成哪些後果？這種後果是不是我想要的？假如不是，那我要什麼樣的結果？我必須怎樣想才能得到我想要的結果？

假如你能經常這樣，養成自我分析的思考習慣，你的人生一定會有大的改變。成功的人士都是這麼做的，積極思考的力量改變了他們的一生。

成功的人都是積極思考的人，是凡事都抱著正面想法的人，凡事

都用積極的思考習慣，是成功者的特質。

≪≪一切成功都開始於一個決定

任何人都有能力改變人生，成功開始於一個決定。

很多人的成功或失敗，並不決定於他知不知道做事的方法。雖然方法很重要，但真正決定成敗的恰恰是他的決定。

成功是一種選擇，你選擇了奮鬥和堅持就是選擇了成功，而不做這個選擇便是選擇失敗，所以失敗也是一種選擇。

人生不過是一連串選擇的過程，從你早上起來要穿哪一套衣服出門開始，你就在選擇；中午要去哪裡吃飯，你又在選擇。女孩子有眾多的追求者，在考慮結婚的時候，到底是哪一位男士比較適合自己，這需要選擇；男士找對象時，也需要從眾多的女孩子中選擇。

選擇有大有小，但每日、每月所有的選擇的累積影響了你人生的結果。一個選擇對了，又一個選擇對了，不斷地做出對的選擇，到最後便產生了成功的結果；一個選擇錯了，又一個選擇錯了，不斷地做出錯的選擇，到最後便產生了失敗的結果。

若想要有一個成功的人生，我們必須降低錯誤選擇的出現機率，減少做錯選擇的風險。這就必須預先明確你人生中想要的結果是什麼。為這個結果而做出所有的選擇，明確你人生想要的結果是什麼，這本身又是一個選擇。

人生中的任何結果都是自己的選擇，人生是由許多選擇組成的。你到底是要成功還是要失敗？要快樂還是要悲傷？要富裕還是要貧窮？一旦做出選擇，你的人生就會開始改變。

不做選擇可以嗎？當然可以，但其實你已經選擇了平平凡凡的人生，雖然你可以選擇光輝燦爛的成功人生。

為什麼有的人窮困潦倒，而有的人功成名就？是什麼因素讓一個

人成功致富或讓一個人貧困一生？又是什麼讓一個人跌倒之後，又再度站起來？是人們的遭遇或運氣決定他們的一生嗎？那些成功的人總是機遇好嗎？是好事總發生在他們身上嗎？真正主宰我們人生的不是我們所遇到的事情，而是當時我們所採取的決定，是我們所做出的選擇。

麥克·喬丹在9歲那年，在電視上看到了當時美國籃球隊在奧運會上獲得金杯時的畫面，立刻跑進廚房對媽媽說：「媽媽，我長大後也要像他們一樣，一定要拿個金杯回來！」

當時，媽媽只是笑著回答他說：「喬丹，祝你成功！」

果然，喬丹在大學還沒畢業的時候，就代表國家在奧運會上親手拿到奧運金杯。接著，他在34歲時便成為年薪3300萬美元的超級運動員。在20世紀末時，他被評為20世紀頂尖的運動員。

喬丹9歲那年，有多少人也在看著同樣的奧運電視轉播，而真正做出決定的，有幾個人呢？

你的人生決定於你所做的決定，不論成功或失敗都是。不管你的境遇現在是怎樣，命運即將從你做出決定那一刻開始改變。現在的你，是因為過去你做出的許多決定而產生的，未來的你會是什麼樣呢？那就要看你現在願意做出什麼樣的決定了。

十年後的你到底要過什麼樣的生活呢？你是否願意現在就做出決定，拿出正面的行動來影響未來呢？不管是打一通電話、寫一封信、參加一個課程或是買兩本書來看，還是你只想做一番計畫，都可以。只要你做出小小的決定，拿出一點點行動，長期下來，你就真的會有所改變。

你也許說「我現在並不打算做任何決定」，但事實上，你這句話的本身就已經做出了決定，也就是你決定虛度人生，決定讓你的命運隨波逐流。

做出決定是改變生命過程的要素。而基本的成功法則，一是知道

改變的程度，二是藉著決定而展開行動，三是注意自己從行動中得到了些什麼，四是如果你所做的沒有效果，就換個方法試試。

　　既然你已做了一個決定，那就要馬上行動。方法是寫下開頭的幾個步驟——哪幾件事是你可以立即做的，列成一張表，馬上去做。

　　在展開邁向目標的行動之前，永遠別放棄設立目標或做出決定。這是動力的泉源，也是啟動體內強大力量的關鍵！

四、挖掘潛能，提高個人逆商

一個人潛能的發揮程度，對逆商的培養有著至關重要的影響。潛能發揮得越充分，其逆商就會變得越來越高。

反之，逆商的高低對潛能的發揮同樣有不可忽視的作用。高逆商讓人們在極度艱難的逆境中仍堅信自己，掌握自己的思維與行動，不偏離生命向前的軌跡。高逆商讓人們堅信自己一定能支持下去，敢於挑戰自己的能力極限，一直向前，激勵自己發揮出生命中的最大潛力。

«««不要給自己設限

跳蚤可以稱得上是動物界的跳高冠軍，根據測試，它跳的高度可達其身體的400倍左右。

有人曾經做過實驗，當把跳蚤放進玻璃杯，跳蚤輕易地就跳了出來。接下來，仍把這隻跳蚤放進杯子，不過，這次在放入的同時，在杯子上加了一個玻璃蓋。

這樣，跳蚤每次跳躍之後都會重重地撞在玻璃蓋上。一次次被撞後，跳蚤開始變得聰明起來，牠開始根據蓋子的高度來調整自己所跳的高度。過了一陣子後，這隻跳蚤再也沒有撞擊到這個蓋子，而是在蓋子下面自由地跳動。

第二天，實驗者把這個蓋子輕輕拿掉，但跳蚤並不知道蓋子已不存在，牠還是在原來的這個高度繼續地跳。

三天以後，乃至一週以後，這隻跳蚤仍在那裡不停地跳躍。

　　這隻可憐的跳蚤，難道牠真的不能跳出這個玻璃杯了嗎？絕對不是。只是牠的心裡已經默認了這個杯子的高度是自己無法踰越的。如果拿一根小棒子突然重重地敲一下杯子，或者在杯底下加熱，當跳蚤熱得受不了的時候，牠就會「嘣」的一下跳出去！

　　人有時也像跳蚤一樣，年輕時意氣風發，屢屢去嘗試挑戰，但是往往事與願違。屢屢失敗以後，他們便開始懷疑自己的能力，一再地降低成功的標準，即使原有的一切限制已取消。因為，他們心中已經默認了一個「高度」，這個高度常常暗示自己的潛意識：成功是不可能的，目標根本無法達到。

　　在人生奮進的逆境旅途中，不要自我設限，否則將無法實現理想。自我設限，只會影響自己行動的決心，讓自己裹足不前，以致低估了自己的能力，降低目標，使自己的成績遠遠低於自己的實際潛能。

　　馬戲團就是這樣訓練大象的：

　　在大象還是小象的時候，把牠綁在一根大的木柱上。天性好動的小象，一開始總是想脫離木柱。掙扎了許多次，小象就發現，自己是無法逃脫那根木柱的。

　　這時候，給小象換一根比較小的木柱，牠仍然無法脫離。再過一陣子，又給牠換一根更小的，依然使其無法逃脫。久而久之，在大象的思維系統裡，會得出這樣的結論：凡是木柱形狀的東西，都是自己不能逃脫的。

　　當大象的結論形成之後，即使用一根最小的木柱拴住牠，牠也不打算掙脫了。儘管牠長大以後的力量足以掙開任何木柱的束縛，但爭取自由的目標已經失去了。這就是為什麼馬戲團的大象拴在一根小木柱上，也根本不會掙脫跑走的原因。

　　大象的力量之大無人懷疑，一根小木棒竟然就能輕輕鬆鬆地拴住牠。其實，拴住牠的不是木棒，而是生活中的常規、過去負面的經

驗、習慣的思考定式，是牠自我設限，束縛了自身潛能的發揮。

因此，要想發揮潛能，有時候就需要跳出平時的思考模式，打破常規，敢於突破自己。

一艘遠洋貨輪不幸在海中觸礁，船漸漸沉入了海底。幾名海員拚命爬上一座孤島，才總算倖免於難。但他們仍然前途未卜，因為島上只有石頭，沒有任何充饑的東西，而且正值烈日炎炎，饑餓還能忍受，口渴就很難耐了。

船員們看看孤島，儘管周圍全是水，但都是無法飲用的鹹澀的海水。他們唯一可做的就是等待，等待雨水或是過往的船隻來解救他們。

但是，他們等了六天，仍不見天上下雨，也不見有船隻經過。船員們的生命卻已經到了極限，開始一個接一個的死去。

最後就只剩一個船員了，他掙扎著，他還有意識存在，他想我不能死啊，於是撲進海裡大口大口喝了一肚子海水。出乎意料的是，海水一點也不鹹，反而還有點甘甜味。一會兒，他覺得自己越來越清醒，感覺死神已經離他遠去了。

他自己也很奇怪，但總算能活著，他就每天去海裡喝水維持著生命。終於等到過往船隻了，他得救了，而且還帶回了一些海水。後來經過化驗，這些水是可以飲用的泉水。又經調查發現，這個孤島與海的邊緣正好有地下泉水不斷翻湧而出。

那些死去的船員之所以被饑渴奪去了生命，是因為他們用其固有思維給自己設限，不敢突破。每一步自我突破，都是對固有思維的否定；每一步自我突破，都是自我的昇華和對自我生命的更新。勇於突破自己的思考模式，自覺地衝破思想束縛，你一定能發揮出巨大的潛能，開闢出一條全新的希望之路。

<<斷臂自救的勇士

潛能不只是我們在成功學上經常使用的詞語，在生活中，它無處不在，它經常與勇氣、意志、堅韌、創新等站在一起，在逆境中，它表現出來的其實就是意志、勇氣、堅韌和創新的力量，將不甘沉淪的人們拉上成功的軌道，使自己的人生煥發出別樣的光彩！

亞倫‧拉斯頓，美國阿斯彭市的一個登山探險愛好者，美國《時代週刊》選出的2003年一季度最出色的人物。他的網站在短短3天就被點擊數百萬次，它以斷臂自救的方式告訴人們，在面臨絕境時，人的潛能是無比巨大的。

2003年4月26日，27歲的拉斯頓獨自來到猶他州藍約翰峽谷登山。藍約翰峽谷位於猶他州東南部，風景絕美，但人跡罕至。

拉斯頓在攀過一道3英尺寬的狹縫時，一塊巨大的石頭擋住了去路。他試圖將這塊巨石推開，巨石搖晃了一下，猛地向下一滑，將拉斯頓的右手和前臂壓在了旁邊的石壁上。

忍著椎心的劇痛，拉斯頓使勁用左手推巨石，希望能將手臂抽出來，然而石頭彷彿生根一樣文風不動。在做了無數次努力之後，精疲力竭的拉斯頓終於知道，單憑自己一人絕不可能推動巨石，只能保存精力等待救援了。

然而，在接下來的數天裡，別說是人，就連鳥也沒飛過一隻，他就這樣吊在懸崖上。沒有食物，拉斯頓每天只能喝水，到4月29日，壺中的最後一滴水也被他喝光了。

5月1日早晨，饑腸轆轆、渾身無力的拉斯頓從睡夢中醒來，他終於明白，自己所在的地方太過偏僻，即使有人為他失蹤報警，救援人員也很難找到這個地方。

再等下去只能是死路一條，想活命的話，只能靠自己了！拉斯頓心裡清楚，把自己從巨石下解放出來的唯一辦法就是斷臂！而除了簡

113

單的急救包紮，他並不知道如何進行外科自救。

拉斯頓清理了一下手頭的工具——一把8釐米長的摺疊刀，一個急救包。沒有麻醉劑，沒有止痛藥，沒有止血藥，超常的疼痛和所冒的風險可想而知，不過拉斯頓已經別無選擇了！

由於刀子太鈍，在難以忍受的疼痛和失血的半昏迷狀態下，拉斯頓先折斷了前臂的橈骨，幾分鐘後又折斷了尺骨……整個過程大約持續了一個小時！

由於大量失血，拉斯頓差點昏厥，然而他仍堅持著從身旁的急救包中取出殺菌膏、繃帶等物，給被自己切斷的右臂做緊急止血處理。

拉斯頓甚至還想把斷臂從巨石下取出來，但最後徒勞無功。

流血止住後，拉斯頓決定徒步走出峽谷。

拉斯頓被困之處是一個陡峭的巖壁，距峽谷底部有25公尺的高度，上來容易下去難，尤其是在剛切斷一隻手臂之後。

不過這沒有難倒他，拉斯頓用登山錨將一根繩子固定在巖壁上，用左手抓住繩子，順著巖壁滑下去。在下山的路上，拉斯頓看到了他的山地自行車，但他根本不可能騎著它下山了。

在跌跌撞撞走了大約7英里後，兩名旅遊者發現了血人一般的拉斯頓，明白發生了什麼事後，他們趕緊報警。不久後，一架救援直升機趕到，將拉斯頓送到了最近的醫院。

參加救援行動的米奇·維特里上尉對記者說：「他太讓人驚訝了，在那樣的絕境下，他自己拯救了自己。儘管他非常虛弱，但在直升機上他一直在跟我們交談。他太堅強了，他簡直就是個超人！」

當直升機飛行了12分鐘到達莫阿布市的艾倫紀念醫院時，拉斯頓居然謝絕別人的幫助，自己走進急救室。這個堅強的人隨後被送到聖瑪麗醫院。

米奇·維特里上尉駕駛直升機再次飛回藍約翰峽谷，希望找回拉斯頓被截去的半條手臂，也許醫生還可以為拉斯頓重新進行接肢手

術。

　　然而，當維特里找到那塊石頭時，他發現石頭實在是太重了，根本無法撼動。維特里說：「為了求生，拉斯頓除了切斷他的手臂外，根本沒有別的選擇。」

　　事實上，在拉斯頓失蹤4天之後，他所在的登山車公司的老闆便向警方報了警，警方的直升機也在附近開始了搜尋，但警方從空中根本不可能發現他被困的地方。他能活下來，是因為他憑著強烈的求生欲望，發揮出了自己巨大的潛能。

　　拉斯頓斷臂求生的故事讓許多美國人既敬佩又震驚。凱紐蘭國家公園護林員斯蒂夫・斯萬克說：「我在這裡工作25年了，從來沒有見過像亞倫・拉斯頓這樣勇敢的人。」

　　拉斯頓用血和淚向人們證明了潛能的巨大！如果他在這一過程中動搖或放棄了，那麼他就只能主動地選擇了死亡。可是他沒有這樣做，環境的惡劣沒有打倒他，食物的匱乏沒有打倒他，體力的不支沒有打倒他，甚至是死亡也沒有打倒他！

　　毋庸置疑，這就是高逆商的神奇作用，它讓拉斯頓在極度艱難的逆境中仍堅信自己，掌握自己的思維與行動，不偏離生命向前的軌跡。這種高逆商讓他堅信自己一定能撐下去，讓他敢於挑戰自己的能力極限，一直向前，激勵自己發揮出生命中的最大潛能。

發現並利用自身的天賦

　　在逆境中，一個人只有了解自己的潛力，認識到自己的天賦，相信自己的能力，才能提高自己的逆商，從而促使自己走向成功。

　　吉姆・特納，著名「矮人餐館」的老闆，身高只有110公分，他所經營的「矮人餐館」，上至經理，下到廚師、服務員，都是身高不超過130公分的矮人，而最矮者只有68公分。

　　矮人餐館用他們奇特的服務方式吸引著顧客，當顧客來到餐館，馬上會受到一位大頭小身子矮人的熱烈歡迎，他們笑容可掬地給顧客遞上擦臉毛巾。

　　當顧客在舒適的座位上坐定後，又有一位矮人服務員捧著幾乎與自己身高相等的精緻大菜單，請顧客點菜。由於其表現的動作滑稽可笑，顧客們拿著菜譜往往都笑得合不攏嘴。矮人殷勤周到的服務，使客人食欲頓增，讚不絕口。

　　「矮人餐館」讓顧客在好奇中感到溫暖、舒適，在愉悅中享受一頓美餐，這種世界上獨一無二的餐館引起了非常大的轟動，沒過多久，它就聞名遐邇了，各國旅客競相前來，為的是度過這樣的一個愉快時刻。

　　矮小的侏儒自然是人的短處，但是吉姆·特納在逆境中找出了自身的天賦，他採用了「逆傳統」的作法，迎合一些顧客追求「新、奇、特」的心理，出奇制勝，讓矮變長，取得了巨大的成功。

　　維克在15歲的時候，老師警告他永遠不會畢業，最好是退學去做生意。維克聽取了老師的建議，在以後的15年中，他一直做一些臨時性的工作。

　　別人一直告訴他，他是一個愚魯的人。15年來，他一直處於自卑中，認為自己愚笨，他的作為就真的像一個劣等生那樣。

　　但就在30歲那年，他的人生發生了驚人的轉變。一項偶然的測驗顯示，他竟是智商高達161的天才！這以後，他就開始像一個天才那樣有所作為了。他一連寫了好幾本書，獲得了幾項專利，最後變成了一個相當成功的商人。

　　對於這位曾被退學的學生，最戲劇性的是被選為國際智慧組織的主席。參加這個智慧組織唯一的條件，就是智商要在140以上！

　　不可否認的是，許多人就像天才維克那樣，在混混沌沌中度過了人生的幾十個春秋，還沒有發現自己的天賦，沒有切實地了解自

己，發掘自己的特長，從而使自己持續地陷入逆境中。而一旦了解了自己，找到屬於自己的優勢，就會一下子將自己的人生局面打開。這時，當感到自己跟以前有所不同時，就真的開始跟以前不同地行動起來，進而獲得積極的效果。

一個女孩沒考上大學，被安排在本村的小學教書，不到一週就被學生轟下台。母親為她擦了擦眼淚，安慰說：「你沒有必要為這個傷心，也許有更適合你的事情等著你去做呢。」

後來，她隨本村的朋友一起外出打工，又被老闆轟了回來，原因是剪裁衣服的時候，她手腳太慢了。

她先後當過紡織工、市場管理員、會計，但無一例外，都半途而廢。然而每次她沮喪回來時，母親總是安慰她，從沒有抱怨。

30歲時，她憑著一點語言天賦，做了聾啞學校的輔導員。後來，她又開辦了一家殘障學校，再後來，她在許多城市開辦了殘障人用品連鎖店。如今，她已經是一個擁有幾千萬元資產的老闆了。

一天，功成名就的她來到年邁的母親面前，她想得到一個渴望已久的答案：前些年，她諸事不順連連失敗，自己都覺得前途渺茫的時候，到底是什麼原因讓母親始終對她充滿信心？

出乎女兒的意料，母親回答說：「一塊地，不適合種麥子，可以試試種豆子；豆子也長不好的話，可以種瓜果；瓜果也不行的話，撒上一些蕎麥種子一定能開花。因為一塊地，總有一粒種子適合它，也終會有屬於它的一片收穫。」

天賦有時不是上天賦予你的，許多時候是經由生活的磨礪而形成的。正如拿破崙・希爾所說：「吃別人不能吃的苦，忍受別人不能忍受的委屈，做別人不願意做的事，你就能享受到別人不能享受的一切。」

安妮・伍德，著名的賓夕法尼亞醫院的知名外科專家，她要講給別人聽的，是她自己最了解，並且是她真誠相信的事情——

　　我深信，每個人都有自己的特長和天賦，就是某一件事他會做得比別人好的那種才能。我也相信，所謂「創造性才能」和平常的「應付式才能」之間的區別，是一種不必要的和人為的區別。

　　我認識很多不同的人，有園藝工、打字員、服務員、機械工等，他們在工作中所獲得的創造性喜悅和自我表現的樂趣，一點也不遜色於莎士比亞或愛因斯坦。

　　我小時候曾讀到書上引用湯瑪斯‧卡萊爾的一句話：「已經找到自己喜愛工作的人是有福的，也不必再企求別的東西。」當時，我以為這句話未免過分嚴格而缺乏熱情，但是，現在我認為卡萊爾先生的話是對的。當你找到你能夠比任何人都做得更好的工作時，那麼經濟支持、愉快的社交關係和寧靜的心境等一切幸福將隨之而來。

　　我也深信，在尋覓的過程中，沒有一種經驗可以說是無用的，除非我們甘願喪失希望。就我自己的情況來說，我在找到合適的工作以前，曾做過三、四十種不同的工作。在這些工作中，有許多是困難得令人傷心的，也有些工作使我不得不和一些蠻不講理的或十分討厭的人共事。但是，現在回想起來，我發現那些最不愉快的工作，到後來卻對我最有益處——它們使我對合適的終生事業獲得最有價值的準備。

　　我發現，在千百萬人的命運裡，也有過類似的遭遇。他們當時認為毫無希望、前途黯淡和毫無實際價值的生活，到後來卻成為他們生平最可貴的經驗。

　　我有一個朋友，她是美國工業界著名的包裝設計師，在她和6個老資格的設計師互相競爭之後，最近獲得了晉升。她以前和我們大家一樣，有過一籌莫展和窮困潦倒的時期。最不幸的時期是她丈夫去世，留下兩個嬰兒需要她獨自撫養。

　　她在一家雜貨店裡找到了一個店員的職位，因為她的房間就在樓上，她可以時常抽空到樓上去照顧她的孩子。在那兩年期間，她覺得

非常絕望，不時想到自殺。但是在前幾天，她對我說，她已被擢升為包裝設計部的最高職位時，她自己都驚訝地說：「你可知道，對我這次晉升唯一有利的因素，就是在我們這7個競爭者當中，只有我一個人在接待購買我們的包裝食品的顧客方面有過站櫃台的經驗！」

一般人談到逆境的作用時，往往強調聽天由命的黯淡面，進而可能會陷入低逆商中，敷衍地說它無非像苦口良藥總會有點好處的。我卻認為不僅如此。

我們生活中的不愉快時期，往往使我們獲得許多具體和更有用的額外價值，其中最重要的就是，它使我們對別人產生更多的了解和同理心，使自己累積了非常寶貴的經驗和內心感受。我們也許當時察覺不出來，也可能會認為這個經驗的取得完全是虛度光陰，但是，正如愛默生所說的：「歲月之恩，日久始見。」

是啊，歲月之恩，日久始見。在逆境來臨的時候，不要讓你的逆商降到最低，不要讓自己遇到一點困難就手足無措。而要找出自己的天賦，增強自信，加強自己對逆境的認知和控制力，你就能發揮出意想不到的潛在能量。

人們對生活的詮釋總是不盡相同，每一個人的生命軌跡都非常動人。但成功者的人生卻注定要經受風雨的洗禮，才能顯出其別無二致的風采！天將降大任於斯人也，必先苦其心志，勞其筋骨，餓其體膚，空乏其身，行拂亂其所為，所以動心忍性，增益其所不能。其飽受滄桑的經歷就是上天垂青賦予的天資，只要找到一個適當的發力點，就能讓自己的人生閃耀出燦爛的火花！

意志力：只要你認為能

意志力強的人，愈是在逆境中，心中愈是充滿了無限的可能性，

相信一切都是足以超越的——只要你認為「能」，就一定「能」！

　　成功地越過阿爾卑斯山之後，拿破崙的大軍沿著奧斯塔河岸繼續向前挺進。義大利的春天格外迷人，陽光燦爛，空氣清新，山花遍野。山路彎彎曲曲地在村莊、葡萄園和蘋果園中向前延伸，不遠處，阿爾卑斯山上的冷杉鬱鬱蔥蔥，山頂還有積雪。戰士們凱歌行進，意氣風發，一切都是那樣的美好。

　　這時，有一句話突然一級一級地向下傳達著，就在前面的山谷裡處於咽喉要衝的地方，幾乎都是河流，只有一條極其狹窄的小路可以通行，而旁邊就是奧地利人固若金湯的碉堡，它建造在高高的石崖上，有重兵把守，控制著這條通道，要想通過顯然是不可能的。即使那些頗有經驗的老兵都驚恐地面面相覷，死一樣的安靜剎那間代替了先前激揚熱情的歡呼。

　　但是，拿破崙僅僅表現出平靜和冷酷的神情，他沒有一分鐘的猶豫，這位年輕的領導者正準備迎戰這看起來不可征服的困難。他通過一條羊腸小徑，爬到敵人碉堡對面的山上，潛藏在低矮的灌木叢中，透過望遠鏡，進行著最仔細的觀察。

　　周圍都是讓人膽戰心驚的懸崖峭壁。他注意到了一個山崖，像寶塔一樣高於敵人的碉堡，那裡可以架設一座大炮，這樣敵人的碉堡就很容易被攻破。他還發現，在不遠處的山崖有一個地方超出敵人大炮的轟炸射程之外，那裡還有一條狹窄的小路，但僅可容一個人通過。

　　一回到營地，拿破崙立刻傳令從那條小路進軍，每人只帶著刀，牽著馬。奧地利人氣憤地看到35000人從他們眼前安全地通過，像一條巨蟒一樣在岩石上蜿蜒。

　　拿破崙由於幾個日夜沒有睡覺，已經十分疲勞，他躺在樹蔭下的岩石上睡著了。長長的隊伍小心地從他身邊走過，盡量不發出聲響，每個戰士都提示同伴不要驚動了他們傑出的領袖。每一個腳步輕輕地踏過，每一雙眼睛在通過的時候都要看一看睡著的拿破崙瘦弱的身

軀，還有略帶憔悴的面容。

　　奧地利指揮官寫信給梅拉斯將軍說，他看到35000人的大軍和4000匹戰馬從阿爾巴萊多山的正面走過，但在他的碉堡大炮的監視下，沒有一座大炮通過，也不可能通過。

　　但是，甚至就是在他寫信的時候，法國軍隊中的一半炮兵，已經在拿破崙另一個計畫的安排下，沿著谷地頑強挺進！

　　在半夜最黑的時候，拿破崙的軍隊在地上鋪上乾草，在運送槍枝的車輪上纏上碎布條和草繩，車軸裡加好潤滑油以防滾動時發出聲響，車裡面裝滿了槍枝彈藥，然後從那條狹窄的谷底小路迅速通過。第二天晚上，最後一門大炮被法國人強壯的手臂推過後，奧地利人很快就被迫投降了。

　　或許任何別的領導人都有能力做出相同的事，但除了拿破崙卻沒有別的人做成了這件事，以前沒有，以後也沒有。

　　這只是許多「奇蹟」中的一個，正是這些永不懈怠、毫不動搖的努力加在一起，1800年7月14日，最終促成了這位個子不高的英雄在馬蘭哥以不可阻擋之勢獲得了勝利。

　　其實，每個人都有出色的能力，但更多的時候，人們卻被「我不能」的思想掩蓋了，從而阻礙了自己的發展。總是認為「我不能」的低逆商者，往往坐失良機，面對不可多得的機遇，未戰心先怯，不敢奮力一搏。低逆商的人，對本來可以克服的困難，卻把它變成了無法跨越的障礙，使成功功敗垂成。

　　當一個人有了頑強意志力後，他就能清楚地看清他周圍的局勢，頓覺豁然開朗，自由自在地發揮出自己的潛能。堅定不移的意志力和毫不動搖的目標，使一個人找到了前進的道路，甚至為他開闢出一條新的成功之路！

«‹‹ 「逼」出你的潛能

一艘貨輪卸貨後返航，在浩渺的大海上，突然遭遇巨大的風暴。船長果斷下令：「打開所有貨艙，立刻往裡面灌水！」

水手們擔憂道：「往船裡灌水是險上加險，這不是自找死路嗎？」

船長鎮定地說：「大家見過根深幹粗的大樹被暴風颳倒過嗎？被颳倒的是沒有根基的小樹。」

水手們半信半疑地照著做了。雖然暴風雨和巨浪依舊那麼猛烈，但隨著貨艙裡的水位越來越高，貨輪漸漸地平衡了。

船長告訴那些鬆了一口氣的水手說：「一隻空木桶，是很容易被風雨打翻的，如果裝滿水負重了。風是吹不倒的。船負重的時候，是最安全的；空船時，才是最危險的時候。」

人何嘗不是如此呢？那些胸懷大志的人，逆境的沉重感時刻壓在心底，砥礪著人生的堅穩腳步，從歲月和歷史的風雨中堅定地走了出來。而那些得過且過空耗時光的人，像一個沒有盛水的空水桶，往往一場人生的小風雨便把他們徹底地打翻了。

人是一個複雜的矛盾體，既有求發展的需要，又有安於現狀、得過且過的惰性。能夠臥薪嚐膽、自我警醒的人少之又少，更多的人需要的是鞭策和當頭棒喝式的促動，而「逼」就是最佳的辦法。

給我們自己加滿「水」，使我們增加重量，逼迫自己發揮出巨大的潛能，才不會被人生的狂風暴雨給打翻。

成功學始祖拿破崙・希爾提出了一個成功法則，告訴人們在到達一個目的地之前，要把自己的後路斬斷，讓自己無後路可退，這樣才會勇往直前，堅持到底，才不會半途而廢。

加拿大有一位長跑教練，他以在很短的時間內培養出了幾位長跑冠軍而聞名。有很多人來他這裡探詢他的訓練祕密，誰也沒有想到，

他成功的祕密是因為有一個神奇的陪跑者，而這個陪跑者是一隻兇猛的狼！

他說他是這樣決定用狼做陪練的。因為他訓練的隊員是長跑運動員，所以他一直要求他的隊員從家到訓練場不要借助任何交通工具，必須自己一路跑來，作為每天訓練的第一堂課。

其中一個隊員每一天來都是最後一個，而他的家並不是最遠的。教練甚至告訴他讓他改行去做別的，不要在這裡浪費時間了。但是突然有一天，這個隊員竟然比其他人早到了20分鐘，教練知道他離家的時間，他算了一下，驚奇地發現，這個隊員今天的速度幾乎可以超過世界紀錄。他見到這個隊員的時候，這個隊員正氣喘吁吁地向他的隊友們描述著他今天的遭遇。

原來，他離開家不久，在經過那一段五公里的野地時遇到了一隻野狼。那野狼在後面拚命地追他，他拚命在前面跑，那野狼竟然被他給甩下了。

教練明白了，這個隊員今天超常的成績是因為一隻野狼！因為他有了一個可怕的敵人，這個敵人逼著他把自己所有的潛能都發揮了出來。從此，他聘請了一個馴獸師，找來幾隻狼，每當訓練的時候，就把狼放出來當陪跑者。沒過多長時間，隊員的成績都有了大幅度的提高。

日本的游泳運動一直處於領先地位。有人說，他們的訓練方法也有著很神奇的祕密。

有人到過日本的游泳訓練館，他驚奇地發現，日本人在游泳館裡養著很多鱷魚。在訓練的時候，隊員跳下水之後，教練不久就會把幾隻鱷魚放到游泳池裡。幾天沒有吃東西的鱷魚見到活生生的人，立即獸性大發，拚命追趕運動員。而運動員儘管知道鱷魚的大嘴已經被緊緊地纏住了，但看到鱷魚的兇相，還是受到刺激似地拚命往前游！

教練們似乎都掌握了這樣一個道理：在絕境中，有的人往往能

發揮出巨大的潛能，創造出驚人的成績。尤其是當逆境強大到足以威脅你的生命的時候。你一刻不努力，你的生命就會有萬分的驚險和危難，是逆境逼著你去發揮自身巨大的潛能。

逼上梁山、急中生智、背水一戰、絕處逢生、狗急跳牆等，這些成語就很好地道出了「逼」的功能。

被逼，心態就會改變；被逼，就會有明確的目標；被逼，就會分清輕重緩急，抓緊時間；被逼，就會馬上行動。不尋求突破，不創新，就休想跨過這道障礙，於是潛能在一逼之下因迅速聚集而爆發。

目標達成了，「被逼」的狀態解除了，人發展了。

許多人，除非到了助其成功的外力已經失去，不得不自助的時候，除非到了在他們生命中最為寶貴的東西都快喪失掉的時候，是絕不會發現他們自己的潛能的！我們的最強大力量，就潛伏在我們生命的內層，必須發生重大的事變，遇到巨大的危機，才能把它喚醒。只有在我們感覺到前無去路、後有追兵的時候，感到沒有外援遭遇絕望的時候，我們才能發掘出我們全部的潛在力量。

因此，不僅不要怕被逆境「逼」，而且還應該主動「逼」。自己跟自己過不去，自己逼自己，甚至要訂立較高的目標來「逼」自己，使自我經常處在一個積極進取、創新求變的良好的緊張狀態，使潛能時常處在激發狀態，這樣無疑有助於提升自己。

潛能開發大師安東尼・羅賓21歲時四處上電視、廣播，舉辦現場治療心理障礙會，宣稱自己無所不能，還透過電話治療了許多人的懼高、怕蛇、怕黑症，連偏頭痛他也治療，震撼全美，一舉成名。

有人私下問他：「難道你每一次都能成功，從沒有治不好的時候嗎？」

他說：「當然也有失敗，可是那都是私下的時候，當眾發揮時每一次都能成功。」

原來，他是利用這種當眾誇口之後所產生的這種「無後路可退，

一定要治好別人，否則名譽掃地」的心理，而獲得了一次次的成功。

　　世界首富比爾·蓋茲在當初尚未完成軟體程式設計時，就對外宣稱他已設計出一套新軟體，在簽下合約並收了費用後，他才回家夜以繼日地拚命工作，終於在履行合約期限之前逼著自己設計出了新產品。

　　有的成功者是把自己置於一後退便會摔得粉身碎骨的懸崖邊，逼迫自己只能向前不能後退，才取得了成功。但這並不是讓每個人都貿然行事，而只是說我們經過深思熟慮，明確真正目的之後，就應該義無反顧，直到成功。

　　我們不去「逼」自己，就不能夠使潛力變成爆發力。逼自己，就是戰勝自己，必須更新自己的過去；逼自己，一方面要勇於接受挑戰，把自己丟進新條件、新情況、新問題中，逼到走投無路，才會想方設法，破釜沉舟，才會背水一戰，置之死地而後生！

五、創新，激發潛能的鑰匙

創新能力是每個人所具有的自然屬性，是追求成功源源不斷的動力，是潛能開發的具體展現。那些優秀的創新人才，只不過是懂得如何充分挖掘自身潛力的人而已。

«« 創新，讓潛力變成爆發力

試著創新一點點，便是潛力變成爆發力的開始。

一次體育課上，體育老師正在考查一群小學生有誰能躍過115公分的橫杆，幾乎所有的學生都沒有成功。

輪到一名11歲的小男孩時，他猶豫半天，一直在冥思苦想如何才能跳過115公分。但時間不允許了，老師再一次催促他立即行動。

情急之中，他跑向橫杆，中途突發奇想，竟在到達橫杆前的一刹那倒轉過身體，面對老師，背對橫桿，騰空一躍，鬼使神差般越過了135公分的高度！

他狼狽地跌落在沙坑中，有些垂頭喪氣地低頭等待批評，旁觀的同學們都在嘲笑他滑稽的跌倒姿勢。

體育老師若有所思，微笑著扶他起來，並表揚他有創新精神，鼓勵他繼續練習他的「背越式」跳高，並幫助他進一步改善其中的一些技術問題。而這位學生不負眾望，後來他在1968年墨西哥奧運會上，採用奇特的「背越式」跳高姿勢，征服了224公分的高度，刷新了當時奧運會的跳高紀錄，一舉奪取了奧運會跳高金牌，成為蜚聲全球、赫赫有名的體壇超級明星。

他就是美國跳高運動員理查·福斯伯。

　　生活中有許多成功的機會等待人們去把握和創造，有時候，也許僅僅需要一點點創新的勇氣。當左衝右突不得突圍之時，為什麼不試試其他的途徑呢？當你向前邊尋找機會沒有成功的時候，說不定成功就在你的身後。

　　卡內基說：「如果你想成功，那麼你最好去找一條終極捷徑，不要在摩肩接踵的人潮中去擁擠。」

　　世界上有兩種人，一種是領先別人的人，另一種是被別人領先的人。領先別人的人永遠讓別人跟著他走，被別人領先的人永遠跟著別人走。別人做什麼你就做什麼，你最多也只是個好的模仿者，你永遠不可能靠模仿成為領導者。

　　要成為一個成功的領導潮流的人，你就必須成為一個創新者，只有創新才能讓你有機會超越常人。要時時刻刻想著「我如何與別人不一樣，並且比他做得更好」，而不是「我如何與別人一樣好」。

　　市場上永遠有那些不斷創新的人，當大家都還在模仿與跟風的時候，他已經推出新款式的產品了。當大家都開始向他學習的時候，他又採用新的策略了。當大家在想如何做得比他更好的時候，他已經做得與你不一樣了。

　　在服裝界，最先推出新款式、新色系的廠商，通常都是領導品牌，而當大家在模仿他們的時候，他們正在研究下一季度的創新產品是什麼，所以他們總是走在別人前面，總是獨領風騷，立於不敗之地。

　　到底如何創新呢？世界上沒有創新的事物，只有創新的組合。

　　世界上所有事物的基本組成元素就是那麼多而已，創新的人只是把它們加以重新組合或改變其中一兩種組合而已。就像領帶或服裝的顏色其實就是那麼幾種色調，但成功的設計師總是擅長將圖案的形狀、位置、大小、色調加以調和變化或重組，有時候是幾何圖形，有時候是線條，有時候是花樣，有時候是素色，總之是變化無窮，永無

止境地創新。

　　只要發揮你的想像力與逆向思考的能力，你會發現，你現在的產品只要稍作更改，就可以令消費者感覺耳目一新；你的行銷策略只要稍加變化，就可以大幅度超越對手，令自己更上一層！

　　善於創新的人不是比較會發明，而是比較會重新組合，每一個企業家及市場上的領導者都應該懂得這個道理。

　　每天都去想辦法改進一點點，問自己什麼地方可以做得與競爭對手不一樣，有什麼是別人以前不曾想到的作法。

　　有的人覺得創新只有少數人才能辦到。其實，創新有大有小，內容和形式可以各不相同，創新活動已經不僅是科學家、發明家的事了，它已經深入到普通人的生活中，很多人都可能進行創新性的活動，生活、工作的各個方面都可以迸發出創造的火花，誰都可以發揮創新的潛能，讓自己從平凡或逆境中走向出類拔萃！

　　法國美容品製造師伊夫‧洛列是靠經營花卉起家的，他在一次新聞發布會上感觸頗深地說道：「能有今天，我當然不會忘記卡內基先生，他的課程教給了我一個司空見慣的祕訣，而這個祕訣我儘管經常與它擦肩而過，但過去卻未能給予足夠的重視，也沒有把它當作一回事來對待，而現在，我卻要說，創新的確是一種美麗的奇蹟。」

　　伊夫‧洛列1960年開始生產美容品，到1985年，他已擁有960家分公司，各個企業在全世界星羅棋布。伊夫‧洛列生意興旺，財源廣進，摘取了美容品和護膚品的桂冠。他的企業是唯一使法國最大的化妝品公司「巴黎萊雅」惶惶不可終日的競爭對手。

　　但伊夫‧洛列在剛開始出來創業時，曾四處碰壁，他試圖做過鐘錶生意、服裝生意、飯店生意，甚至還做了一段時間的推銷員，可是這種工作似乎都不能發揮出他的能力，總是不能盡如人意。

　　但伊夫‧洛列是一個愛動腦筋的年輕人，一次偶然的機會讓他發現了走出逆境的方法。

1958年，伊夫·洛列從一位年邁女醫師那裡得到了一種專治痔瘡的特效藥膏祕方。這個祕方令他產生了濃厚的興趣，於是，他根據這個藥方研製出一種植物香脂，並開始挨家挨戶地推銷這種新產品。

有一天，洛列靈機一動，何不在《這兒是巴黎》雜誌上刊登一則商品廣告呢？如果在廣告上附上郵購優惠單，說不定能有效地促銷產品。

這一大膽嘗試讓洛列獲得了意想不到的成功，當他的朋友還在為他的鉅額廣告費惴惴不安時，他的產品卻開始在巴黎暢銷起來，原以為會石沉大海的廣告費用與其獲得的利潤相比，顯得微不足道。

當時，人們認為用植物和花卉製造的美容品毫無前途，幾乎沒有人願意在這方面投入資金，而洛列卻反其道而行之，對此產生了一種奇特的迷戀之情。

伊夫·洛列力求同中求異、別出心裁，另尋蹊徑，打破傳統的銷售方式，採取全新的銷售方式——郵購銷售，這些銷售上的創新為他贏得了眾多的固定顧客，從而為不斷擴大生產打下了堅實的基礎。

創新是經營者通向成功的捷徑，企業家逆商的高低之分也往往因此產生。

在競爭日趨激烈的今天，為了生存和發展，你必須不斷進步。高逆商者在不斷改進、革新，而低逆商者則在不斷退步。在逆境迎面而來的今天，利用創新不斷提高逆商，才是走出逆境的出路。

⟪⟪⟪ 向創造力提出挑戰

創造力，就是創造新事物或者是以新的方式重組舊事物的能力。創造力的表現是使人的潛能現實化，這種潛能來源於人的下意識。人的下意識是一個巨大的倉庫，它容納了你過去的學識、現有的才智和對未來的展望。

因此，充分地利用這個倉庫裡的儲備，你就可以給你所思考的問題創造新意，就可以提高你的水準，提高你的專業天賦，就可以達到那些對你來說具有重要意義的特定目標。

獨立公司的老闆是一位殘疾婦女，名叫木下紀子。她曾經營過室內裝修公司，而且在該行業還頗有名氣。可是，就在她的事業一帆風順的時候，一場意外的中風，讓她永遠不能站立起來。

木下紀子痛苦過、頹廢過，覺得自己的事業再沒什麼希望了，她一度還想過自殺。但是，當她從極度痛苦中擺脫出來冷靜思考時，理智和意志終於佔了上風：「必須振作起來，不能讓這輩子就這樣結束了。」

然而，對於一個半身癱瘓的殘疾人來說，想做成一番事業簡直太難了。就拿穿衣服來說吧，這是每天必做的極小的一件事，而木下紀子卻要非常吃力地花上十多分鐘或更長的時間。

「難道就不能設計出一種讓傷殘人容易穿脫的服裝嗎？」一個全新的念頭突然產生了。一種要為自己和同樣遭遇的人革除或減少不便的渴望，重新燃起了木下紀子的事業心。

就這樣，木下紀子根據自己的設想和以往的經營管理經驗，創辦了世界上第一家專為傷殘人設計和生產服裝的公司——獨立公司，專門產銷「獨立」牌服裝。特意取「獨立」這個名字，不僅向人們宣告傷殘人的志願和理想，同時也說出了木下紀子的心聲——要走一條獨立自主的生活道路。

這是一個強者的選擇！獨立公司成立後，生意非常興隆，因為它確實是抓住了一部分特殊人群的需要，找對了市場方向。木下紀子設計的服裝看上去很普通，甚至不像殘疾人穿的服裝，而有點像時裝。

對此，木下紀子有自己的見解。傷殘人很容易失去信心和勇氣，服裝的款式、質料及色彩講究一些，不但能使傷殘人穿著方便，也能增強他們的信心。更為重要的是，愛美之心人皆有之，傷殘人為什麼

不能穿得漂亮一點！

木下紀子不僅是個意志剛強的女人，而且是一位具有發展眼光的企業家，她要把「獨立」牌服裝打進國際市場。這一計畫不但得到了日本政府的支持，同時還得到了國外友人的幫助。

不久，木下紀子與美國一家同行組成了一個合資公司，在美國生產和銷售「獨立」牌服裝。就連艾威琳・甘迺迪這位名門望族的後裔，也不遠萬里來到日本，與木下紀子協商業務合作事宜。

為了擴大出口，日本政府還以政府的名義出面幫助了木下紀子，在美國、加拿大和澳大利亞等國舉辦獨立公司大型展覽會。透過這種展覽、展銷，獨立公司在國外聲名大噪，木下紀子的事業開始走向了輝煌。

木下紀子從絕望走向成功的歷程告訴我們，人不要懼怕逆境，只要我們獨具慧眼，發揮出創造性的潛能，做別人沒有做過的，形成自己的特色經營，你不去找成功，成功也會來找你。

創造力在本質上是將希望付諸行動，這需要有一種信念：以前沒有的東西，有可能會出現。如同未來學家朱爾・巴克所說，絕望也能產生創造力。所以，人們得有基本的克服不確定性的能力。如果你相信你所做的一切毫無作用，那麼你怎麼可能去創造呢？不能忍受逆境的人將會變得沒有創造力。

創造是成功的關鍵因素之一，然而創造的產生與否最主要被逆商所制約。高逆商讓人有基本的克服不確定性的能力，激發人們擺脫困境的力量。創造力所要求的是激發一個人的想像力，以便明確目標做出貢獻，並使想像出來的結果能發揮作用。

如果一個人相信他所做的一切毫無作用，那麼他也就不可能再去創造，甚至不會有去革新的念頭。有很多因為無助和失望毀了一切的例子，在這一點上，無論是多聰明，多能幹的人，也會因為對逆境沒有一定的控制力而最終失去創造力，導致失敗。

　　研究人員發現，具有創造能力的人，其創造力的大小與積極的生活態度有著直接的聯繫。積極的人是那些能夠時常考慮到事物的多種可能性的人，是那些能夠認識到可以透過各種方法達到同一目的的人。積極思考者可以從多種想法中發現最有價值的想法，並且可以找到為什麼這種想法能夠生效的原因。

　　相反，一個消極的思考者總是把精力集中在尋找某個設想為什麼不生效的原因上。創造性的思維可以把你帶入一個更加廣闊的領域，在那裡，你可能找到更多的解決問題的方法。

　　創造性地解決問題包括兩種截然不同的思想過程，它們的區別在於大腦對相關資訊的處理方式的不同。

　　第一種處理方式叫作發散性思考，它包括了處理相應資訊的所有方面：以不同的方式敘述問題，從不同的角度衡量問題，研究關於問題的基本事實和各種假設，蒐集其他有關的資訊，列出盡可能多的可能性等等。

　　發散性思考旨在將構成問題的所有方面展開，以便深入地認識問題的本質，並且列出所有可能的解決方案，這就像將氣體吹入氣球來觀察氣球的大小和形狀一樣。

　　另一種處理方式是聚合性思考，此種思考方式與發散性思考方式恰好相反，它將大問題分解成容易解決的小問題，然後集中對關鍵性部分做深入詳細的分析，而忽略沒有太大價值的部分。

　　聚合性思考是簡化性的，它可以將問題簡化為具體的行動計畫，以便於評價它的結果。

　　解決問題的關鍵性技巧是懂得何時運用聚合性思考、何時運用發散性思考，而大多數人都只習慣性地用其中一種方式思考。

　　一個典型的「發散性思考」者，善於產生許多新的想法，設計出許多新的方案，但是卻做不出一項決定。這樣的人被認為是優柔寡斷的人，他們從不下決心去採取行動，而是喜歡對問題做反覆的研究。

　　而另一方面，一個典型的「聚合性思考」者，則傾向於過早地採取行動，他往往並沒有對事物的所有方面做充分的思考，常在資訊與資料尚不完全、各種可供選擇的方案尚未制訂出來之前，就倉促地做出決定。這種人被認為是容易衝動的人，因為他們從來不徹底弄清他們為什麼要這樣做，他們處理問題過於匆忙，往往不給自己留有充分的時間進行思考。

　　創造力是一種思想動作的結果，是一種高度發展了的心理技能，旨在產生比原設想更有用的新設想。一個新的想法常常只是從另外的角度用另外的方式對原想法的重新組合。

　　你可以很輕鬆地用「自由組合」的方法構想出新的思路。自由組合便是將兩個或兩個以上的想法自由地連接起來，從而形成新的想法。

　　日本新力公司最早發明了一種全新的產品——隨身聽，他們不過是把已知的兩個設想結合起來去滿足人們的需要：能在散步或慢跑時聽收音機，而散步和慢跑是當時在日本興起的兩種休閒活動。

第四章

任何逆境都不在
控制之外

自然往往給一個人製造逆境的同時，也給了他一份力量。

貧窮、痛苦、挫折等逆境不是永久不可踰越的障礙，反而能促發和激勵人的鬥志，使之更加堅毅和勇敢。

鑽石愈摩擦，它的光彩愈耀目，如果沒有這種摩擦，再珍貴的石頭也不會顯現出其真正的價值。

如果你堅信任何逆境都可以轉變成有利的條件，你就獲得了一個可供使用的極大的心智寶藏。

你的未來不是由你不能控制的環境決定的，而是由你能夠控制的內心願望決定的。

一、逆境無處不在

　　浩瀚的大海上沒有不遭遇過風浪的船，世界上平坦無礙的路途根本就不存在，坎坎坷坷、曲曲折折，這就是我們應該面對的人生。

　　冬天來臨時，天氣漸漸變冷。隨著溫度的下降，要吸收的熱量就會更多。然而，在嚴酷的冬天，能存活的作為人類食物的生物變得很少，寒冷與食物之間存在著一個反比關係。

　　逆境與人之間的關係同樣如此。天氣越壞，迎接挑戰的人越少。更確切地說，面臨的困難越大，能解決它、願意去解決它的人就越少。

　　在逆境面前，很多人選擇了放棄，人們對前景喪失了更多的希望。而放棄和喪失希望，將會帶來更大的逆境，因為現在的逆境會變得越來越糟糕。結果可想而知，越來越少的人願意去攻克一堵越來越大的逆境牆。

　　事實上，大大小小的逆境不時地在人們生活中出現，逆境無時不在，無處不在，逆商低的人或躑躅不前，或消極沉淪，逆商高的人則會勇敢前行，挑戰成功。

　　英國勞埃德保險公司曾從拍賣市場買下一艘船。這艘船1894年下水，在大西洋上曾138次遭遇冰山，13次起火，116次觸礁，207次被風暴折斷桅杆，但是它從來沒有沉沒過。

　　勞埃德保險公司基於它不可思議的經歷和在保費方面帶來的可觀收益，最後決定把它從荷蘭買回來捐給國家。現在，這艘船就停泊在英國薩倫港的國家船舶博物館裡。

　　不過，使這艘船名揚天下的，卻是一名來此觀光的美國律師。

　　當時，這位律師剛打輸了一場官司，委託人也於不久前自殺了。儘管這不是他的首次失敗辯護，也不是他遇到的第一例自殺事件，然而，每當遇到這樣的事情，他總有一種罪惡感，他不知該如何安慰這些在生意場上遭受不幸的人們。

　　當律師在薩倫船舶博物館看到這艘船時，忽然有了一種想法，為什麼不讓委託人來參觀這艘船呢？於是，他就把這艘船的歷史抄下來，和這艘船的照片一起掛在他的律師事務所裡，每當委託人請他辯護，無論輸贏，他都建議他們去看看這艘船。

　　於是，經過不少演藝界、商界名人委託者的口耳相傳，這艘歷經磨難、傷痕累累卻永不沉沒的船舶名揚天下！世界各地的人們慕名而來，他們有幸運的成功者，也有屢經坎坷的失敗者，還有許多碌碌無為虛度年華的人們，他們都渴望從這艘船上找到自己人生的註解。

　　律師的目的很明顯，也很簡單，他是想讓人們知道：在大海上航行的船沒有不帶傷痕的。同樣，世界上平順無礙的坦途跟本就不存在。有誰的生命旅程是一帆風順的？就算屢遭挫折，我們依然要堅定頑強、百折不撓地挺住！

　　生活從來都是以其特有的法則，無一例外地賜給人們各種不幸和挫折。當身處逆境、橫遭不幸的時候，當遭到打擊、身遇病殘的時候，你是否扼住命運的咽喉，衝出困境？生活的經驗告訴人們，並不是所有的人都能從逆境中走出來。正因為如此，生活中才有了強者和弱者、高逆商者和低逆商者之分。而逆商高的人總是從轉逆為順的搏擊中，獲得人生至高的境界、價值和幸福。

　　誰都希望自己的人生之路是康莊大道，暢通無阻，正所謂「寧走十步遠，不走一步險」。然而，這只不過是人們的一種不切實際的願望。當我們真切地審視目光所及的這段路時，就會遺憾地發現，人生之路並非想像的那麼順暢。前進的路途上似乎總是險象環生，逆境和不幸就在眼前。

　　一個逆商高的人，一定敢於面對生活中的困境和壓力。也許，對於那些經歷了風風雨雨的人來說，會更深刻地體會出其中的滋味——逆境是無法迴避的，逆境無處不在。

　　逆境有大小強弱之分，面臨的逆境強度大，對人的壓力和影響就大，反之則小。但是，由於人的心理承受能力不同，在承受相同大小的逆境時，人的心理反應和身心損害程度就會不同。

　　1945年3月15日，在法國的科文‧威廉正走在一輛坦克後面，坦克觸到地雷爆炸，而威廉從此雙目失明。

　　但是，這並沒能阻止威廉追求自己的人生目標——成為一名牧師或法律顧問。大學畢業後，威廉克服了常人難以想像的困難，但他說，失明是他「事業中真正的一項寶貴資產」。他永遠不以外表來判斷事物，因此總是寬以待人。

　　威廉說：「失明使我不會以貌取人和拒絕別人。我願意為任何人做力所能及的事，因此，客戶在我面前有安全感，也願意表達自己的觀點。」

　　不幸、痛苦和挫折能轉化為人生的另一種動力，成為人生之中最寶貴的財富。理所當然，威廉成為他那個時代著名的律師之一！

　　生活中不難看到，低逆商的人在逆境前驚惶失措，無所適從；高逆商的人卻若無其事，鎮定自若。從這個意義上講，逆商的高低也是相對於人的心理品質而言的。強者和弱者之分，並非命運之神的安排和注定，而在於人心靈的力量。正如一位先哲所說：「人們不幸和幸運都源於人的本身。決定我們命運的不是我們的際遇，而是我們對際遇的看法。我們要正確認識到這一點。」

二、逆境的力量

火石不經摩擦，就不會有火花迸發。人如果身處逆境，並有與困難做抗爭的決心和勇氣，生命的火焰也會因此而熊熊燃燒。

商人在翻越一座山時，遭遇一個攔路搶劫的搶匪。商人立即逃跑，但搶匪窮追不捨。走投無路時，商人鑽進一個山洞裡，搶匪也追進山洞裡。

洞的深處，商人未能逃過搶匪的追逐。黑暗中，他被搶匪逮住，遭到一頓毒打。身上的所有錢財，包括準備夜間照明用的火把，都被搶匪搶走。幸好搶匪沒有要他的命，之後，兩個人各自尋找出口逃命。

山洞極為幽深而黑暗，且洞中有洞，縱橫交錯。兩個人置身於洞裡，就像進入了一個地下迷宮。

搶匪慶幸自己從商人那裡搶來火把，他將火把點燃，藉著火把的亮光在洞中行走。火把給他的行走帶來方便，他能看清腳下的石塊，能看清周圍的石壁，因而他不會碰壁，不會被石塊絆倒。但是，他走來走去，就是走不出這個山洞。最後，他身心疲憊而死。

商人失去火把，沒有照明，他只能在黑暗中摸索，行走得十分艱辛。他不時碰壁，不時被石塊絆倒，跌得鼻青臉腫。但是，正因為他置身於一片黑暗之中，他的眼睛能夠敏銳地感受到洞口透進來的微光。他迎著這縷微光摸索爬行，最終逃離山洞，救了自己一命。

沒有火把照明的人，最終走出了黑暗；有火把照明的人，卻永遠葬身在黑暗之中。這看似有悖於情理，卻帶給人們無比深刻的啟示。

世事大多如此，許多身處逆境的人，跌跌撞撞，最終走向了成

功；而另一些人往往被眼前的順境迷失了前進的方向，終生與成功無緣。

英國作曲家韋伯說：「有許多人一生的偉大，都來自於他們所處的逆境。」精良的斧頭之所以鋒利，是因為得到了爐火的鍛燒和千錘百鍊。無數人具有「大有可為」的天資，卻因為沒有與逆境搏鬥的機會，於是沒沒無聞，碌碌無為地虛度一生。

因此，逆境不是我們的仇敵，而是恩人。逆境具有無比強大的力量，它可以培養起我們「戰勝阻礙」的種種能力。森林中的大樹，要不是曾與暴風雨搏鬥過千百回，樹幹就不會長得十分結實。同樣，一個人如果遭遇過種種挫折和磨難，他生存的本領也會變得十分強大。

在格里米戰役中，一顆顆炮彈將人們的家園摧毀得支離破碎。但是，在那一片狼藉的廢墟上，被炮火炸開的泥縫中，竟有一股泉水噴射而出！

一位戰地記者拍下了這讓人震撼的美麗瞬間。如今，這裡成為一道永遠美麗的風景。不幸與憂苦，可能會將我們的心靈炸碎，但在那炸開的裂縫中，也會有豐盈的經驗、新鮮的血液，不息地噴射出來！

有許多人必定到窮困潦倒之時，才發現自己潛在的力量。災禍的降臨，反而足以幫助他發現自己內在的潛力。逆境，彷彿是將他的生命鍛造成堅硬的鐵器與鋒利的斧刃。失敗、逆境，能使一個人變得分外堅強和勇敢。

一位科學家曾說，每當他遭遇到一個似乎不可踰越的難題時，他就知道自己快要有新的發現了。初出茅廬的作家，把書稿送入出版社，往往要受到「璧謝」的回報，但因此卻造就了許多著名的作家。

失敗足以呼喚一個人內在的潛力，使之最大限度地發揮出來，從而使他獲得成功。有本領，有骨氣的人，能化逆境為力量，就像牡蠣能將泥沙變成珍珠一樣。鷙鳥一旦羽毛生成，母鳥立即將牠們逐出巢外，讓牠們經受空中飛翔的磨練。那種經驗使牠們能於日後成為禽鳥

中的帝王，成為捕捉食物的高手。

　　命運往往在給予一個人逆境的同時，也給了他一份力量。貧窮、痛苦，不是永久不可踰越的障礙，反而是成為他們潛在力量的刺激品，可以鍛鍊他們的身心，使之更堅毅，更堅強。鑽石愈摩擦，它的光彩愈耀目，如果沒有這種摩擦，再珍貴的石頭也不會顯現出其真正的價值。

　　火石不經摩擦，就不會有火花迸發。人如果身處逆境，並有與困難做抗爭的決心和勇氣，他生命的火焰也就會因此而熊熊燃燒。

　　塞萬提斯在寫《唐·吉訶德》的時候，正在監獄裡，當時他困苦不堪，甚至沒錢買紙和筆墨。然而他憑著驚人的毅力，克服常人難以想像的痛苦，終於寫出了為世代稱誦的宏篇鉅著。

　　馬丁·路德被監禁在華托堡堡壘的時候，把《聖經》譯成了德文。但丁被宣判死刑，在他被放逐的20年中，他仍舊孜孜不倦地工作和寫作。

　　約瑟嘗盡了地坑和暗牢的痛苦，終於做到了埃及的首輔。貝多芬兩耳失聰，在生活相當困苦的情況下，寫下了美妙的音樂。席勒與病魔鬥爭了15年，而在此之間，他為後人留下了最豐富的遺產。彌爾頓在雙目失明、貧寒交迫的情況下，寫下了舉世稱頌的《失樂園》。

　　猶太民族一直是最苦難的民族，但是，對於他們而言，「困苦就像春日的早晨，雖帶寒霜，但已有暖意。天氣的冷，足以殺掉土中的害蟲，但仍能容許植物的生長。」

　　與逆境做頑強拚搏而成功的人大有人在。事實證明，逆境的確更有利於人的成長，究其原因有以下幾個方面。

　　首先，逆境成長人的理念與知識。

　　當人們發現，這條路他們走錯了，他們就多知道一條錯的路是怎麼走的，所以其人生的見識以及種種的經驗就更豐富了。

　　愛迪生花了20年的時間，做了5萬多次的實驗，才能夠成功地發

明了這個簡用的電燈鎢絲，於是就有人問他：「哎，你怎麼知道自己最後一定能成功呢？」愛迪生回答說：「成功不是唯一的成果，我有了5萬多個成果，因為我吸取了5萬多次失敗的經驗。」

其次，逆境拓展了人的視野及格局。

當人們發現，這條路比想像中走得更困難的時候，下一次他們做的預期將會更高，準備將會更加充分，這樣也就更加接近或獲得成功。

逆境還有助於刺激人們的潛能。

前面已經談到，在追求成功的路上有坎坷和風險，逆境成為一種挑戰潛能的力量，能激發出人們原來自己也想像不到的能力。高逆商者縱使為環境所困，反而愈挫愈勇，面對困難不後退，直起胸膛，堅定意志，勇敢地迎上去，因此愈發容易獲得成功。

與此相反地是，低逆商者一遇到挫折，就抑鬱消沉，一蹶不振，把自己變成困難的俘虜，這樣的人其實是在自暴自棄。試想，一個自暴自棄，對自己沒有一點信心的人，怎能戰勝困難，又怎能做命運的主人？

苦難是一所學校，逆境是一種催化劑。正是在逆境中，在磨難的挑戰和刺激下，勇者才最大限度地發揮出自己的潛力，挖掘出真正的「自我」，從而取得人生的成功。

三、逆境的表現形式

　　人生的逆境大致有三種表現形式：虛擬的逆境、激勵性逆境和保護性逆境。人們在應對逆境時，要尊重客觀現實，避免盲目行動。

　　任何一個試圖突破人生逆境的人，他最需要的是必須重新思考自己，思考人生的「十字路口」，以免盲目行動。

　　道理很簡單。美國哈佛大學皮魯克斯在《思考人生》一書中說過：「在這個世界上，每個人都會面臨各種各樣的十字路口，但最令人困惑的是思考的『十字路口』，不徹底明白這個問題，任何行動可能都帶有盲目性，更談不上什麼突破人生逆境了。」

　　所以，陷入逆境中的人必須明白，有限的思考會造就有限的人生，所以在思考人生時，要努力要求自己。唯有自己去真正思考，才能有希望去實現目標，才能突破盲目，才能突破人生的逆境。

　　對於人生逆境，並非如某些空喊口號的人所聲稱的「只要有勇氣與決心，就沒有闖不過去的關」。事實上，人們在應對逆境時，還需要尊重當下的現實情況。

　　現實中，人生的逆境大致有如下三種表現形式。

　　其一是虛擬的逆境。

　　三隻青蛙掉進鮮奶桶中。第一隻青蛙說：「這是命。」於是牠盤起後腿，一動不動，等待著死亡的降臨。

　　第二隻青蛙說：「這桶看來太深了，憑我的跳躍能力，是不可能跳出去了。今天死定了。」於是，牠沉入桶底淹死了。

　　第三隻青蛙打量著四周說：「真是不幸！但我的後腿還有勁，我要找到墊腳的東西，跳出這可怕的桶！」

於是，第三隻青蛙一邊划一邊跳。慢慢地，鮮奶在牠的攪拌下變成了奶油塊。在奶油塊的支撐下，這隻青蛙奮力一躍，終於跳出了鮮奶桶。第三隻青蛙戰勝了逆境，主宰了自己的命運，救了自己。

這樣的故事天天發生在人們的生活中。對自己能力的無端懷疑，對一件小事的過分專注，甚至對自己某一個想法的過分固執，都會導致人們把自己關進自己心中的死囚牢獄。

這是一類非常可怕的逆境。它是虛擬的，可以出現在任何時候、任何地方和任何條件下，成為生活中經常出現的幽靈。不過，正因為它是人們自己虛擬出來的，所以，只要調整自己的心態，改變自己的想法，它也就會最終被消除掉，人生就會獲得成功。

其二是激勵性逆境。

在躍過一道壕溝時，人總是要後退兩步，給自己一個鼓足力量的準備動作，然後奔跑，起跳，完成跨越。這類逆境就是產生這樣的作用。它告訴你現在正面臨著人生的一個騰飛跨越，因此必須停下來，做好充分的思想準備，調集自己全部的能量，然後蓄勢而發，實現一次人生的飛躍。

面對這樣的逆境，人們所要做的就是認真地對待它，而不要懼怕它，運用自己全部的智慧去迎接它。許多偉人正是看到了這類逆境後的巨大成功，他們才不遺餘力地去戰勝這樣的逆境，並且最終贏得了人生。

三是保護性逆境。

由於人們思考和能力的侷限性，人們常常會走上歧途。這時，亮著紅燈的逆境就是一種警示，使你意識到前面的危險，回到正確的道路上去。

比如，臭氧層的破壞導致大自然對人類產生了報復，從中人們意識到了生態平衡的重要意義。於是，人們開始治理環境，消除污染，大力實施環保措施，以使自己能夠在一個和諧的環境裡健康生存。

　　有時，身體的疾病，夫妻不和，朋友間的疏離，也是一種這樣的人生逆境，讓我們反省自己，是不是自己在追求一種與自己的所願相違背的東西，是不是我們正在做著一件損人又害己的事情。對於這樣的逆境，我們必須認真接受它給予的警示，不能一意孤行，否則，最終不僅不能成功，還會導致自己的慘敗，甚至還會連累家人和朋友以及所有愛我們的人。所以，也可以稱這一類逆境為保護性逆境。

四、一切逆境都不會持久

暴風雨總會向太陽投降，冬雪最終將在春風中融化，寒冬一定會過去，逆境最終會轉化成順境。

再高的山峰也有峰頂，再深的山谷也有谷底，生命也一樣有起有伏。沒有人會永遠春風得意，一帆風順，也沒有人會永遠背時背運，道盡途窮。

所有的困難都有它的盡頭。正如月亮一定會圓，烏雲過後天空也一定是晴朗的一樣。如果你拚力攀登，就可以更快地到達頂峰；如果你努力奮鬥，就可以更快地突破逆境。

歷史也證明了這一點。整個人類的歷史，其實就是高潮與低潮的相互交替，一個朝代由興盛逐漸走向衰敗，改朝換代後必然又是一個文治武功的太平盛世。歷史就是在高潮與低潮、興盛與衰敗的交替中向前發展。絕望的黑夜後面，總是欲曉的黎明和一個亮麗的清晨。

人生也是如此。人一生的順境和逆境互為消長，順中有逆，逆中有順。明白這個道理，身處逆境時處之以超然，發揮自己內在的潛力，儘快逃脫其困擾，努力地將身處其中的逆境變為順境。

事實一直在告訴人們，每一個問題都有它的盡頭，沒有永遠存在的問題。遇到了難題，身處逆境時，只要正視自己的難題，堅定自己的信念，冷靜地審時度勢，及時抓住時機，你就一定能從低谷攀上高峰。

羅伯特·斯契勒是美國著名的政論家和演講家。那天，他來到芝加哥，向一群中西部農民發表演說。

雖然他滿腔熱誠，但很快便被農民們凝重的臉色潑了一盆冷水。

他們強作熱情地接待羅伯特，其中有位農民告訴他說：「我們正過著難以忍受的艱苦日子，我們需要幫助。我們最需要的是希望，你能帶給我們希望嗎？」

在羅伯特開始演講前，主持人向這些聽眾做介紹，他把羅伯特形容為一個非常成功的人，但是聽眾不知道，羅伯特也曾走過他們現在所走的逆境之路。

羅伯特的童年是在中西部的一個小農場裡度過的。他的父親本來是一個佃農，後來存夠了錢才買了一個65公頃的農場。經濟大蕭條時，羅伯特還只有3歲。那年冬天，他們有時連買煤的錢也沒有。那時候羅伯特也要工作，他要爬進豬欄，撿拾豬吃剩後的玉米，用來作燃料。對3歲幼童來說，那些工作真是超齡的負荷啊！

第二年春天，又遇到嚴重春旱。羅伯特的父親準備把辛辛苦苦儲藏起來的玉米當作種子。

「種子播下去可能會枯死，何必還要冒險去種呢？」羅伯特問。

「不冒險的人永無前途。」父親這麼告訴羅伯特。

於是，他父親把最後一些玉米粒和燕麥，全都拿出來種了。可是，四個星期過去了，還不見有雨來臨，父親一臉嚴肅。他和其他農民聚在一起祈禱，請求上帝拯救他們的田地和作物。後來，雷聲終於響起，開始下雨了！雖然羅伯特雀躍萬分，但是他的父母知道雨下得不夠。

炎陽不久後就再次出現，天氣又熱起來了。他父親抓了一把泥土，只有上面四分之一是濕的，下面全是粉狀的乾泥。

那年夏天，羅伯特看見弗洛德河逐漸變成乾涸，小水坑變成泥坑，平時來去扭動的鯰魚都死了。那年的收成只有半車玉米，這個收成和父親所播的種子數量剛好相等。

父親在晚餐時祈禱說：「慈愛的主，謝謝你，我今年沒有損失，你把我的種子都還給我了。」

當時並不是所有的農民都像他父親那麼有信心，許多農場掛起了「出售」的牌子。他父親當時請求銀行給予幫助，銀行信任他，而且提供資金幫助他解決眼前的困難。

羅伯特還記得童年時穿著打滿補靪的大衣跟父親去愛荷華銀行，他記得那銀行的日曆上有這樣一句格言：「偉人就是具有無比決心的普通人。」他覺得父親就是這種積極態度的榜樣。

若干年後六月裡的一個寂靜下午，羅伯特家受到龍捲風的侵襲。他們起初慢慢聽到一陣可怕的怒吼聲，慢慢的，風暴逐漸逼近了。忽然天上有一堆黑雲凸了出來，像個灰色長漏斗般伸向地面。它在半空中懸吊了一陣子，像一條蛇似的蓄勢待攻。父親對母親喊道：「是龍捲風，珍妮，我們得趕快離開這裡！」

轉瞬間，他們便慌慌張張地開車上路。南行三公里之後，他們把車子停好，觀看那暴烈的旋風在他們後面肆虐。等到他們返回家後，發現一切都沒有了，半小時前那裡還有九幢剛粉刷過的房屋，現在一幢也不存在，只留下一片廢墟。

父親無力而木然地坐在廢墟上。這時，羅伯特注意到父親滿頭白髮，身體由於每日艱辛的勞作而顯得瘦弱不堪。突然間，父親的雙手猛拍在殘破的門框上，他哭了：「一切都完了！珍妮，26年的心血在幾分鐘內全完了！」

但是，父親並沒有服輸。兩星期後，他們在附近小鎮上找到一幢正在拆的房子，他們花了50美元買下部分木材，然後一塊塊地把它拆下來。就是用這些零碎的物料，他們在舊地基上建了一幢很小的房子。以後幾年，又建築了一幢幢房屋。結果，他父親在有生之年，看到了自己的農場經營得非常成功。

講完了自己的故事，羅伯特告訴聽眾：「苦難不會持久，強者卻可長存！」

聽眾頓時響起熱烈掌聲。那些已經失去希望以及曾與沮喪情緒搏

鬥的人，重新獲得了希望。他們有了新的憧憬，再度開始夢想未來。

　　是的，高逆商的人都知道，逆境不會持久，強者卻可以長存！暴風雨總會向太陽投降，冬雪最終將在春風中融化，你的寒冬一定會過去，你的問題肯定能解決。正如詩人雪萊所說的，「冬天到了，春天還會遠嗎？」

五、失敗，只是暫時還沒 有成功

　　人生逆境有千種，應變之道有萬法。成功是在一次次失敗的基礎上鑄就的，成功的涵義其實就是失敗的累積。當失敗累積到一定程度時，成功就隨之而來！

◀◀◀ 第一份橫跨大西洋的電報

　　挫折和順利，失敗和成功，都是完整人生不可缺少的組成部分。它們相輔相成，互相轉化。順利往往伴隨挫折而來，成功常常在失敗中誕生。無數事實證明，挫折和失敗是成功之母，是成功道路上不可或缺的伴侶。

　　人，不經磨練不成才；事，不歷坎坷難正果。我們每一個人，都不應在挫折和失敗面前逃遁沉淪，而應在挫折和失敗中崛起抗爭。在挫折和失敗中自強不息，這是促使人的精神走向理性、走向成熟的條件之一。

　　對於逆商高的人來說，挫折和失敗的出現，可能使人的生命更加絢麗多姿。人們常說，無限風光在險峰，動人的音樂多為悲涼的韻調。的確，生命似洪水奔流，若坦蕩平順，水勢必然平緩，只有遇到島嶼和暗礁，生命之水才能激起美麗的浪花。

　　希拉斯·菲爾德先生，他的名字到現在還在為人們所傳誦，是因為他為現代通訊事業的發展做出了劃時代的貢獻。

　　當菲爾德先生退休的時候，他已經為自己積存了一大筆錢，完全可以舒舒服服地享受晚年幸福的生活。然而，這位可敬的老人根本沒

有停頓下來的意圖，他的腦子裡有了一個偉大的計畫，而且在當時來說，這個計畫看起來還相當浪漫——他要在大西洋裡鋪設一條電報線路，讓歐洲和北美成為兩個相鄰的村莊！

當計畫一旦確定，他就全身心地開始推動這項事業。整個工程相當浩大，僅僅是前期基礎性的工作，就需要建造一條1000英里長，從紐約到紐芬蘭聖約翰的電報線路。這條線路要穿過人跡罕至的森林，所以，要完成這條電報線路，就必須修築一條等長的公路。此外，電報線路還要穿越布雷頓角全島，共計440英里長，而鋪設跨越聖勞倫斯海峽的電纜，所要的電纜長度暫時無法估算。

菲爾德先生首先想到的合作夥伴就是英國政府。如果有了英國政府的支持，整個工程會相對變得容易得多。但是，英國議會從來以保守聞名於世，對於菲爾德先生的計畫，他們反對的聲音異常強烈。但在菲爾德的大力推動下，這個計畫還是得以順利實施。菲爾德說，當英國議會這些政客享受到這條電纜帶來的便利時，他們就會悄悄地閉上嘴巴的。

鋪設工作開始了。電纜的一頭攔在英國旗艦「阿伽門農」號上，該艦停泊在塞巴斯托波爾港；另一頭放在美國護衛艦「尼亞加拉」號上，這是由美國海軍新造的豪華戰艦。可是當電纜鋪設到五英里的時候，卻突然被捲到了機器裡面，弄斷了。第一次嘗試宣告失敗。

菲爾德先生並不灰心，很快進行了第二次試驗。

這次試驗同樣一波三折，在鋪設到200英里時，電流突然中斷。但就在菲爾德先生決定放棄這次試驗，即將割斷電纜時，電流突然又神奇地出現了。當夜，艦船以每小時四英里的速度緩緩航行，這時，無妄之災突然降臨，輪船莫名其妙地發生了一次嚴重傾斜，當制動器緊急制動時，又恰恰割斷了電纜。

但菲爾德並不是一個容易放棄的人。他又訂購了七百英里的電纜，而且還聘請了一個專家，請他設計一台更好的機器，以完成這麼

長的鋪設任務。後來，英美兩國的發明天才聯手才把機器趕製出來。

最後，兩艘船繼續航行，一艘駛向愛爾蘭，另一艘駛向紐芬蘭，兩船分開不到三英里，電纜又斷開了；再次接上後，兩船繼續航行，到了相隔八英里的時候，電流又沒有了。電纜第三次接上後，鋪了兩百英里，在距離「阿伽門儂」號二十英尺處又斷開了，兩艘船最後不得不返回到愛爾蘭海岸。

參與此事的很多人一個個都洩了氣，公眾輿論也對此流露出懷疑的態度，投資者已經對這一計畫沒有了信心，不願再追加投資。這時候，如果不是菲爾德百折不撓的精神，不是他天才的說服力，這一計畫很可能就此放棄了。菲爾德繼續為此日夜操勞，甚至到了廢寢忘食的地步，他不甘心失敗。

第三次試驗終於得以順利實施。因為有了前兩次的經驗，這次的電纜鋪設相當順利，最終完成了鋪設。消息傳出之後，大西洋兩岸一片歡騰，可是樂極生悲，另一個不幸的消息接踵而至：電纜裡沒有電流通過！

好一個菲爾德，所有的困難都沒有嚇倒他。他又組建了一個新公司，繼續從事這項工作，並且親自設計製造了一種性能遠優於普通電纜的新型電纜。

1866年7月13日，又一次挑戰開始了。經過十餘天的努力，電纜順利接通，並且發出了第一份橫跨大西洋的電報！電報內容如下：

7月27日晚上9點，我們順利到達目的地，上帝一直與我們同行！電纜鋪好了，運行完全正常。

希拉斯‧菲爾德

菲爾德的故事告訴我們，成功是在一次次失敗的基礎上鑄就的，任何成功者在達到成功之前，沒有不遭遇失敗的。然而，逆商高的人

絕不會甘心失敗。他們知道，只要不認輸，就沒有永遠的失敗。他們在失敗的過程和教訓中不斷地學習，把挫折當成是成功的一個階段。

成功的涵義其實就是失敗的累積。當失敗累積到一定的程度時，成功就會如期而至！這也正符合了「從量變到質變」的美妙的飛躍過程。

一個人不遭遇逆境、險惡、失敗或障礙，就難以贏得高度的成功，因為高度的成功需要高難度的階梯，極度的障礙和逆境正是這樣的階梯。所以，每個人都可能利用挫折來推動自己前進，關鍵看你怎麼做。

據航空部門統計，平均一架飛機要飛行一千億公里才會有一名乘客喪生，這樣看來，空中旅行可謂安全之至了。不幸的是，人們還是常常聽到空難的消息。

一旦災禍發生，民航部門便迅速在現場調查肇事原因，在方圓幾公里範圍內蒐集金屬碎片，將它們拼湊起來，還要千方百計地尋找黑盒子。一大堆專家聚在一起研究飛機的失事原因。

目擊者與生還者一一受到詢問。偵查將持續好幾週，甚至好幾個月，直到飛機失事原因被查明為止。

民航局一旦得到飛機失事的原因，就會採取緊急措施防範類似事件再度發生。如果飛機失事的原因在於機身結構的缺陷，那麼同類型的飛機就必須加以改進；如果是某種儀器出了毛病，也必須採取相應的措施。現代飛機的上百種安全措施，大多來自空難的調查結果。

透過研究故障，民航局提高了空中旅行的安全係數，顯然，他們的努力已經得到回報：飛機成為目前為止最為安全的交通工具。

空中飛行的飛機之所以變得越來越安全，就是因為分析師們花了很長的時間研究這個小盒子，分析出了到底是什麼原因導致災難的發生。當然，沒有人願意看到錯誤發生或悲劇的上演，但災難如果真的發生了，那最好還是從中吸取一些教訓吧。

絕大多數人不願對自己的錯誤採用這種檢查「黑盒子」的處理方式。我們情願把失敗藏起來，不讓自己想起，也不讓別人看見。但是，要到達你成功的目標，那就得對所犯的錯誤進行全面的分析，因為它們都是成功所必須的寶貴資源。

在足球場上，常勝的教練能利用過去失敗的經驗，向球員們指出他們的錯誤。有些教練將每場比賽製成VCD或拍成電影，使球員看出他們自己的缺點，目的在於能使下一場球打得更好。

民航局官員、足球教練，以及各行各業的專家們，都能遵循這條成功的原則：從每次挫敗中拯救一些東西回來，為以後的成功打下堅實的基礎。

«««失敗的經驗是成功的基礎

1958年，弗蘭克‧卡納利在自家雜貨店對面經營了一家披薩餅店，籌措他的大學學費。19年之後，卡納利賣掉連鎖店，總值3億美元。

他的連鎖店叫做必勝客，如今，它已經成為全世界家喻戶曉的名字。

對於其他想創業的人，卡納利給他們的忠告很奇怪：「你必須學習失敗。」他的解釋是這樣的：「我做過的行業有很多種，而這中間大約有幾種做得還算不錯。可是你總是要出擊，而且在你失敗之後更要出擊。因為你根本不能確定你什麼時候會成功，所以你必須要學會失敗。」

卡納利說，必勝客的成功必須歸因於他從錯誤中學得的經驗。在奧克拉荷馬的分店失敗之後，他學會了選擇地點、店面裝潢的重要性。在紐約的銷售失敗之後，他做出了另一種硬度的披薩餅。當地方風味的披薩餅在市場出現後，他又向大眾介紹芝加哥風味的披薩餅。

卡納利失敗過無數次，可是他把失敗的經驗變成了成功的基礎。

在從事一系列艱苦的實驗期間，愛迪生告訴一位氣餒的同事說：「我們並沒有失敗，現在已經知道有一千種方法是行不通的，有了這些經驗，便容易找到行得通的方法。」

不從失敗中總結教訓的人，注定會重蹈覆轍。對於此，高逆商者會不斷地從過去的失敗中尋找原因，以此為戒，避免自己再犯錯誤。更重要的是，高逆商者並不會畏懼失敗和挫折，他們會把一次次的挫折當成是一次次學習的機會。

每一次失敗都包含著珍貴的經驗，如果你仔細反省和領悟，將會引領你走上成功之路。從人生的價值來說，生命中沒有真正意義上的逆境，善於從失敗中吸取經驗和教訓，能使你的智慧得到成長。

因此，當犯了過錯時，要對自己說：「太好了！現在我知道這是錯的，我永遠也不會再犯同樣的錯了。」在你嘗試後出現錯誤和失敗後，你將不再因此而怨天尤人、萎靡不振。只要將失敗視為經驗的學習，成功的大門總有一天會為你敞開。

面對逆境時，逆商的高低是一個很重要的決定性因素，這關係到你能不能從逆境中學到東西，把逆境當成是學習和成長的機會。

六、最壞的時刻，最好的起點

陷入逆境，人生走進了低谷，此時也正是最佳的人生佈局時機。生命中最壞的狀況、最差的逆境，往往正是順境的開端。當你在人生的賭場已經絕望，打算離場的時候，注意，正有人興致勃勃地打算入場。

賭場裡遊盪著這樣一群虎視眈眈的高手，他們四處遊走，專門注意那些已經守在同一台老虎機前幾個小時，卻輸多贏少的客人。

當那客人輸光了手上的籌碼，氣得跺腳，終於自認倒楣，離開那台機器時，這位高手就立刻取而代之，算準機會介入。

令人吐血的是，常常前面的客人還走不到幾步，突然聽見背後機器狂響，回頭只見機器上的紅燈直閃，他枯坐幾個小時，賠下血本的那台老虎機，此時正在狂吐錢幣！

香港的股市，有所謂跳樓指數。當股市狂跌，許多投資人血本無歸，絕望得跳樓自殺時，就有等待許久的高手入場。往往他們沒進場幾天，股市就止跌回升了，這些低價殺入者最終竟能賺得個荷包滿滿。

投資專家為此指出，經濟越是不景氣的時候，越是成長的契機，越是經濟低迷的時候，很多絕佳的投資標的越會出現以往從未出現的低價，這時，眼光獨到和膽識過人者懂得找尋最佳買點介入，等待景氣回升之際獲得大幅的利潤。

過往的歷史都證明，絕大多數投資人之所以賺不到錢，或是好不容易賺到了錢到最後又賠了，就是因為盲目的「追高殺低」。過熱的

時候做個衝鋒敢死隊，等到可以逢低佈局的時候，又因為膽怯害怕而不敢行動，等到真正經濟復甦時又感歎當時缺乏勇氣。

　　經濟上的法則也同樣地適用於人生。陷入逆境，人生走進了低谷，此時也正是最佳的人生佈局時機。生命中最壞的狀況、最差的逆境，往往正是順境的開端。當你在人生的賭場已經絕望，打算離場的時候，注意，正有人興致勃勃地打算入場。其實只要你再堅持一刻，成功就會理所當然地屬於你了。

　　淘金之風正熾時，達比也迷上了「淘金熱」，隻身跑到西部去挖金礦，期望實現他的發財夢。他從來沒有聽說過「有史以來從土裡挖得的金礦，從沒有如人類想像中要開採的來得多」這句話。就買下了一塊土地，拿著鐵鍬和十字鎬，動手開挖。

　　苦幹了好幾個禮拜後，他發現了亮晃晃的金砂，頗有收穫。但他沒有機器把礦砂弄上地面，便不聲不響埋了礦，回到家鄉馬里蘭州的威廉斯堡，把他走運的發現告訴了親友。大家湊足了買機器的錢，把機器寄到礦場。

　　挖出來的第一車礦送到了冶金場提煉。結果證明他們挖到的是科羅拉多最豐富的礦藏之一。再多挖上幾車，他們就可以清償債務，之後就可以日進斗金。

　　挖金的礦鑽堅毅地往下，送上來的是達比的希望！但是大事不妙，礦脈突然間蹤跡盡失。他們剛開始不久便到了曇花一現的盡頭。他們不停地鑽挖，拚死拚活想重拾礦脈，結果卻徒勞無功。

　　最後，達比他們就此「甘休」。

　　他們把器材以區區數百元的價格賣給了一位舊貨商，然後搭火車回家。這位舊貨商邀請了一位開礦工程師去看礦坑，做實地測量，結果發現，原計畫會失敗，是因為礦主不熟悉「斷層線」所致。據工程師的推斷，礦脈就在「達比歇手處的下方三英尺」。結果，令人欣喜的是，礦脈果真不偏不倚地在地下三英尺處被探測到！

　　記取了「往下三尺有黃金」的教訓，達比告訴自己的孩子說：「我後悔自己不該在最壞的時刻放棄最有價值的努力，真的，我只差三尺就能挖到大把的黃金了。許多時候，最壞的時候，意味著最好的開端。」這句話讓達比的孩子們在他們的人生中受益無窮。

　　成功像披著一層面紗的少女，永遠躲在挫折和失敗的後面。如果你尚未成功時，一碰到挫折就自動放棄，那麼你永遠與成功絕緣。在最壞的時刻，不能盲目、焦躁地去尋找解決問題的方法，更不能輕言放棄，那樣只能會使自己被動地陷入更深的逆境中。

　　低逆商者處於逆境時，會因環境因素讓自己的動力和信心大受打擊，因此備感壓力和挫敗感；而具有高逆商的人，能夠深刻地領悟到逆境背後的正面意義，看到逆境經盤整之後所帶來的機會。因此，他知道逆境只是一個必經的過程，終究會過去，深刻明瞭「最壞的時刻就是最好的起點」這個道理，自然就容易看到逆境背後升起來的希望。

七、欣然擁抱磨難

正所謂「寶劍鋒從磨礪出，梅花香自苦寒來」，人生就是不斷與逆境和磨難相互砥礪的過程。勇於面對磨難，克服困難，繼續迎接下一個挑戰的人，就是最後的贏家。

‹‹‹ 擁抱生命的風暴

南極洲是企鵝的天堂，這些不會飛翔的鳥，像是穿著燕尾服的紳士，走起路來一搖一擺，憨態可掬。

企鵝耐寒喜冷，而一年四季都被冰雪覆蓋的南極便成了企鵝的生存繁衍之地。然而，在同樣氣候酷寒、冰雪茫茫的北極地區，人們卻看不到企鵝的影子，這一現象令人百思不得其解。

北極雖然寒冷，但風暴卻很少見，而南極卻常遭風暴襲擊，並且每年都有不少企鵝在南極風暴中受傷。每當風暴來臨，企鵝都如臨大敵般四處躲藏。按理說，沒有風暴的北極應該更加適合企鵝生存繁衍。

為了讓企鵝在北極安家，人們用設置與南極氣溫相同的車廂將企鵝帶去了北極，可是不久，那些企鵝便都紛紛死去了。雖然經過多年的努力，但人們仍沒能把北極變成企鵝的家園。

據此，科學家斷言，正是那些風暴使企鵝得到了生命的力量。儘管風暴會讓企鵝受傷，但是，當傷口痊癒後，牠們的肌肉會更加強健，生命更加堅韌。

人生莫不如此。越是磨難重重的地方，對那些意志堅強者越具有吸引力。他們將其視為砥礪生命的平台，遭受磨難的洗禮後，他們的

人生因此而變得精彩。從某種意義上說，充滿風暴的磨難之地，是最適合勇敢者生存的地方。

珠穆瑪朗峰是世界最高峰，新測量出來的高度是8844.43公尺，珠峰上寸草不生，沒有人煙，空氣稀薄，苦寒單調。但那裡光明、遼闊、高遠、聖潔，是人類用腳步丈量的最高境界。許多人被吸引來到這裡，欣然地接受惡劣環境給他們帶來的艱難挑戰。

看看珠峰大本營那些登山者，他們都有一副理想主義的模樣，他們的眼睛、嘴唇、面頰都張揚著人類最可貴的一面：積極、勇敢、不怕犧牲、挑戰極限。

對那些攻頂的人們，歷史會記住他們，不論生還是死，因為他們代表了人類最偉大的信念和意志。

而深深的馬里亞納海溝，它的海拔是－11034公尺，人類至今沒有能力觸底。因為在那幽深、陰暗、神祕的海底，有幾百倍帕斯卡的壓力，人是無法承受的。所以，我們認為那是苦難的深淵。

令人驚異的是，在黑暗的深處，那裡仍然有生物存活，仍然有魚兒在自由游弋。在海底還生活著一種殺手叫霸王鱝，牠是抹香鯨的天敵。身體上扛著幾百個大氣壓力，還能進行血腥的殺戮！

這不是天方夜譚。在黑暗中，牠們是了不起的生靈。比如在7000多公尺水下的小魚，看起來十分柔弱，實際上牠要承受700多個大氣壓力。也就是說，這條小魚在我們人手指甲那麼大小的面積上，時時刻刻都承受著700公斤的壓力，這個壓力可以把鋼製的坦克壓扁。

而更令人不可思議的是，深海小魚竟照樣能游動自如。在一萬公尺深的海淵裡，那些幾公分長的小魚蝦，承受的壓力接近1噸重。這麼大的壓力，不用說是坦克了，就是比坦克更堅硬的東西，也會被壓扁！

即使如此，人類尚且不能證明牠們是否觸到了馬里亞納海溝的溝底。

從生物學原理的角度講，深海魚類為了適應環境，牠們身體的生理機能與淺海或陸地動物有很大的差異——骨骼在水壓下變得非常薄，而且容易彎曲；肌肉則變得特別柔韌，纖維組織變得出奇的細密。更有趣的是，魚皮則變得僅僅是一層非常薄的層膜，它能使魚體內的生理組織充滿水分，保持體內外壓力的平衡。

這些看起來非常惡劣的環境，一些魚類竟然能適應和生存，對於我們人類來說，充滿磨難的逆境不也是我們成長的舞台嗎？生活中，只有不可想像的環境、際遇，才能給人不可想像的抗打擊能力和內心平復的力量。在挫折和磨難降臨的時候，不要設法逃避它，而是去欣然擁抱它，用你堅強的毅力去承受它，只有這樣，磨難才會最終變為成功的動力。

《《在磨難中成長

命運並不偏愛任何人。我們每一個人都得經歷一些苦難，正像我們也歷經許多歡樂一樣。生活總在教育我們：接受苦難的生活經歷和磨練，對我們每個人都是平等的。

無論是國王或乞丐、詩人或農夫、男人或女人，當他們面對傷痛、失落、麻煩或苦難的時候，他們所承受的折磨都是一樣的。有人遭受逆境和磨難時會表現得特別痛苦或怨天尤人，因為他們不了解，生活中的種種苦難，像生、老、病、死或其他不幸，其實都是人生必經的磨練階段。

人有固定的生活和思考方式，除非遭遇極大的苦難，內心飽受折磨，所謂痛定思痛，否則絕不肯改變。換句話說，沒有大磨難，人的境界就無法得到提升。聖經中記載耶穌的門徒彼得寫信勉勵人：「在百般的試煉中都要轉化成大喜樂。」這似乎是一種宗教式的自我安慰，其實不然。

　　生活用逆境來促使人糾正錯誤的觀念，所以苦中的喜樂表示人有重生的潛能。森林大火後山野廢墟經歷一春，往往欣欣向榮，草木長得更豔麗。受苦如果不轉化，這苦就白受。

　　磨難就是人生的課堂，不幸就是人生的大學，只有經歷過磨難和不幸並昂首走過來的人，才是真正的成功者。正如拿破崙‧希爾所說：「吃別人不能吃的苦，忍受別人不能忍受的委屈，做別人不願意做的事，你就能享受別人不能享受的一切。

　　愈挫愈勇才會愈堅，愈難愈棄只會愈悲愈絕。為什麼不幸會發生在我身上？當你這麼對自己發問時，答案只有一個：你為什麼不能這樣面對逆境呢？

　　是的，生活的磨難可以磨練我們的意志，磨難也可以讓我們更為堅強，如果能夠頑強地面對坎坷，笑對人生，那麼還有什麼能夠阻擋我們達到自己人生成功的目標呢？

　　葡萄是人們生活中常見的水果，但你知道葡萄的根通常能扎多深嗎？葡萄的根可扎入地下十五公尺，甚至二十公尺！

　　你一定沒看過種葡萄吧？在種葡萄的時候，先要鋪上一層砂石，讓環境變得惡劣、貧瘠，葡萄在生長時，為了吸取水分和各種礦物質，就拚命地往地下扎根，越扎越深，這樣結出的葡萄甜度才高。

　　葡萄其實就是我們的人生老師，當我們身處逆境遭受磨難時，不也可以向葡萄學習嗎？

　　培育豆芽菜也會遇到相類似的情況。

　　許多人在家裡也發過豆芽，但是為何市面上銷售的豆芽菜總比自家培植的堅挺壯碩、爽脆可口？道理其實很簡單。有經驗的種養者都知道，在豆芽菜上放一塊木板，讓豆芽菜受到成長的阻力，歷經這樣成長過程的豆芽菜，根根長相不凡，賣價當然也不錯。

　　人們在與逆境、磨難的奮鬥過程中不斷成長、壯大與進步，這種過程是痛苦的經驗，也是深刻的體驗。未經磨難，是很難成為一位真

正的成功者的。

有個以製作馬車維生的木工，每回整地播種時，他總會留下幾棵橡樹，任憑它們在空曠的田地裡經受風吹雨打。那些在大自然中努力求生存的橡樹，比森林裡受到保護的同類更堅實，更具韌性。木工用那些飽經風霜的橡木製作車輪，彎成弧形的零件不必擔心會斷裂。因為它們受過惡劣環境和天氣的考驗，有足夠的力量來承受最沉重的負擔。

從前，漁夫們在製作號角的時候，會選取刮痕多的海螺，據說，這種海螺在經過無數次海浪、岩石和石塊的拍打和撞擊之後，能夠發出最嘹亮的聲音！

大多數人希望一生平坦順遂，然而未經磨難的考驗，人往往會庸庸碌碌度過一生。人們應該提高自己的逆商，勇於面對逆境，才會發現更多的機會。

生活中的逆境和磨難是無法用逃避的方法來解決的。總有一天你會發現，你根本無處躲避人生的風暴，除非你轉過來勇敢地面對它。

磨難迫使你向前，否則你將停滯不前；磨難引導你通過考驗，獲得成功，未經磨難，無法得到任何有價值的東西，因為簡單的事情每個人都能得到。而一個成功的人，在生活中都必須經歷一番奮鬥。正所謂「寶劍鋒從磨礪出，梅花香自苦寒來」，人生就是不斷與逆境和磨難相互砥礪的過程。勇於面對困難，克服困難，繼續迎接下一個挑戰的人，才是最後的贏家。

困境、挫折，或是障礙，都是人生的附屬品。一切磨難都只是暫時的，它們不會持久存在。因此，在磨難和逆境來臨的時候，與其逃避，還不如欣然地擁抱它們。

八、敞開心靈接受不幸

　　每一份不幸，每一次失敗和每一次心痛，都伴隨著大小相當或收益更大的種子。在逆境出現的時候，我們唯有面對它，接受它，然後才能更好地改善它。

　　生活中出現逆境，也就意味著一些棘手的問題需要處理。那麼，如何面對問題呢？如果我們不能坦然面對和接受它，就談不上如何放下它、處理它。

　　有人認為，接受可能有消極的涵義，意味著失敗、放棄、無法面對生活中的挑戰、遲鈍、退縮等。然而，真正的接受是與這些完全不同的。它不是消極地去接受你生活中出現的任何問題，也不是不去做任何努力，也不是說停止制訂計畫，或採取積極的行動。

　　接受是一種順隨生命流動而不逆流而上的簡單而又深刻的智慧。無條件、無保留地接受當下的逆境時刻，也就是放棄對當下時刻的內心抗拒。事實上，一旦問題出現後，首先要求我們不是發牢騷，而是去設法改善它。需要的是行動，而不是抱怨。若不能改善，我們也要面對它、接受它，絕不能逃避。逃避責任，不幸依然在那裡，改善與處理已出現的糟糕局面才是最聰明的作法。

　　比如，當你陷入泥沼中時，你不會說：「好，我認了，就讓我自己陷入泥沼中吧。」聽任事態發展不是我們所說的「接受」。你也不需要欺騙自己說：「陷入泥沼中沒什麼不好的。」不，此時你完全認識到你應該從泥沼中脫身而出。

　　然後，你將你的注意力集中在當下的逆境時刻，而不從心理上對其做任何消極的標記。因此，心中就沒有了抗拒，沒有消極的情感。

你接受當下時刻的逆境現實，然後你採取行動，盡最大的努力從泥沼中擺脫出來。這種行動叫積極的行動，它比產生於憤怒、絕望或挫折的消極行為更具威力。不對當下逆境時刻貼任何心理標籤，不斷地接受當下的逆境和不幸，直到你用行動取得理想的結果。

接受不是改變現實，至少不是直接地改變。「接受」改變的是你。當你被改變了，你的整個世界就改變了。

在逆境出現的時候，需要我們進行冷靜的分析。要告訴自己，任何事物的發生，都有一定的原因。在緊急的情況下我們無法追究其原因，唯有面對它，接受它，然後才能好好地改善它。

從另一個角度講，所謂的接受，也就是說遇到任何困難、艱辛、不幸的情況，都不要逃避，因為逃避不能解決問題，只有用我們的智慧和勇氣把責任擔負起來，才能真正從困擾的問題中獲得解脫。

查理的工廠宣告破產了，他所有的財產都沒了，他成了一個名副其實的窮光蛋。查理無法面對和接受殘酷的現實，心力交瘁，沮喪透了，幾乎想到了自殺。

過了一段時間，貧困潦倒的查理去見牧師，希望能夠得到指點，讓他東山再起。

牧師說：「我對你的遭遇很同情，我也希望能對你有所幫助，但事實上，我卻沒有能力幫助你。」

查理唯一的希望破滅了，他喃喃自語道：「難道我真的沒有出路了嗎？」

牧師說：「雖然我沒辦法幫助你，但我可以介紹你去見一個人，他可以幫你東山再起。」

牧師帶著查理來到一面大鏡子前，手指著鏡子裡的查理說：「我介紹的這個人就是他，在這個世界上，只有他才能夠使你東山再起，只有他才能夠改變你的命運。」

查理怔怔地望著鏡子裡的自己，用手摸著長滿鬍鬚的臉孔，望著

自己頹廢的神色和迷離無助的眼神，他不敢相信自己竟然變成這樣一副樣子！

這天晚上，查理認真地分析了自己的處境：是的，我現在確實一無所有，我必須接受這個現實！但這並不表示我一輩子就應該這樣度過，我一定要改變自己的命運。

第二天，查理又來見牧師，他從頭到腳幾乎像換了一個人，步伐輕快有力，雙目堅定有神。他說：「我終於知道我應該怎麼做了，是你讓我重新認識了自己，把真正的我指點給我了。我今天就去找一份工作，我堅信，這將是我成功的起點。」

果然，幾年後，查理東山再起，事業比當初還要興旺。

陷入逆境，一味地悲傷是改變不了現狀的，一切都不可能再復原，與其一味悲傷導致更大的不幸，不如振奮精神，轉換思路，積極向前開拓自己的人生。除此之外沒有其他更好的可以改變現狀的辦法。

那一年，布朗太太坐在加拿大渥太華的家中，靜聽一屋的寂靜與空虛。

幾年前，她的丈夫死於車禍。接著，與她同住的母親也因病去世。最後，根據布朗太太的描述，其悲劇的發生經過是這樣的：

當許多鐘聲和汽笛聲都在宣告和平再度降臨的時候，我唯一的兒子達諾，卻在此時犧牲了。我已失去了丈夫和母親，如今兒子一死，我變成了世界上最孤單的人了。

孩子的葬禮結束之後，我獨自走進空盪盪的屋子裡。我永遠也不會忘記那種空虛、無助的感覺。世界上再也沒有一處地方比這兒更寂寞的了。我整個人幾乎被哀傷和恐懼所充滿——害怕今後將獨自一人生活，害怕整個生活方式將完全改變——而最可怕的，莫過於我將與哀傷共度餘生——這才是最讓我感到恐懼的。

　　接下去的幾個星期，我完全生活在一種茫然的哀傷、恐懼和無助的包圍裡，迷惑又痛苦，全然不能接受眼前發生的一切。我漸漸明白了，時間會幫助我治療傷痛。只是感到時間過得實在太慢了，因此，我必須做些事來忘記這些遭遇。我要再度回去工作。

　　隨著時間一天天過去，我也逐漸對生活再度發生了興趣——如我的朋友、同事等。一天清晨，我從睡夢中醒過來，忽然發現所有不幸均已成為過去，我知道今後的日子一定會變得更好。而「用頭撞牆」的舉止是愚蠢可笑的，是不能面對現實的表現。對於那些我無法改變的事實，時間已教會我如何承擔下來。

　　雖然整個改變進行得十分緩慢，不是幾天或幾個星期，而是逐漸來臨，但是，它確實已經發生了。現在，當我回過頭去觀看那段生活，就會感到好像一條小船在經歷一場巨大的風浪後，如今又重新駛回風平浪靜的海面上。

　　許多類似布朗太太這樣的悲劇，往往很難讓我們理解為什麼它偏偏會發生在自己的身上，因此最好的方法是先面對它們，接受它們。當布朗太太強迫自己接受失去家人的事實時，便已預備要讓時間來治療心靈的痛楚。她清楚，如果抗拒命運就像把毒藥傾倒在傷口上，無法讓自己開始新的生活。

　　因此，讓我們面對逆境的最好方法是——接受它。當我們的生活被不幸遭遇分割得支離破碎的時候，只有時間的手可以重新把這些碎片撿拾起來，並撫平它。但是我們要給時間一次機會。

　　在剛遭受打擊的時候，整個世界似乎停止了運行，我們的苦難也似乎永無止境。但無論如何，我們總得往前走，去完成自己生命計畫中的種種目的。而一旦我們完成了這些生命中的一項一項的工作，痛楚便會逐漸減輕。

　　終有一天，我們又能喚起以往快樂的回憶，並且感受到被新的生

活護佑著，而不是被傷害所包圍。要想克服不幸的陰影，唯有我們把心靈敞開，完全接受那不可避免的命運，我們才不會沉溺在痛苦的深淵裡。

第五章

逆境中的堅守

只有在逆境中我們才能變得堅強。

面對逆境,高逆商的人易表現出樂觀、彈性、忍耐、創造力、冒險精神、堅強的意志、高動機、高生產力等,勇於接受挑戰,採取必要的冒險來提高自己的控制感。

高責任感和高控制感的結合,導致了內在力量的生長。

出類拔萃者對未來都有明確的設想,並有實現這種設想的計畫和不可動搖的信心。

身處逆境時,要堅守自己的信念和目標,釋放自己的熱情和進取心,使自己的品質得到昇華,能力得以提升,從而儘快走出困境。

一、逆境中，信念不移

面對人生的逆境或困境時，堅持信念比任何事情都來得重要。當貧窮、疾病、屈辱、來自肉體與精神的折磨吞噬著你，當你的事業陷入低潮，感到孤獨無助，隨時可能被絕望淹沒時，只要你堅守信念，就會熬過這漫長難捱的逆境，迎接曙光的到來。

世界上沒有任何力量像信念這樣對我們影響如此巨大。人生要想獲得成功，必須樹立堅定的信念，因為信念像指南針和地圖，鼓舞和指引著我們到達目標。信念是我們內心堅強的力量，是我們在逆境中隨時可以得到的幫助。

面對人生的逆境時，堅持信念比任何事都來得重要。當貧窮、疾病、屈辱、來自肉體與精神的折磨吞噬著你，當你的事業陷入低潮，感到孤獨無助，隨時可能被絕望淹沒時，只要你堅守信念，就會熬過這漫長難捱的逆境，迎接曙光的到來。

金納，英國一位非常了不起的醫生，以種痘來預防天花是他醫學生涯中最著名的發現。

當時，天花是令人談虎色變的不治之症。金納在斯德貝熱的一家診所中實習時，一位鄉下小姐來求治，談到天花時，那位小姐說：「我不會再得天花了，因為我以前得過。」

這句話引起了金納的注意。經過縝密的調查與研究後，他把有關預防天花的措施講給同行聽，同行都紛紛嘲笑他，警告他如果仍固執地從事這項研究，就把他從協會中驅逐出去。但是堅強的信念告訴金納不要放棄。他隻身回到了鄉下，一邊行醫一邊研究。

一晃20年過去了，一切進展甚微，但金納的信念未有絲毫動搖。

他潛心研究，甚至到了癡迷的地步，一次次將研究推向極致。他曾經冒著極大的危險，先後3次給自己的兒子種牛痘。皇天不負有心人，凡被他接種過牛痘的人，都沒有再染上天花。

1798年，金納的論著終於問世了。但迎接這項發明的是什麼呢？首先是漠然，然後是愚蠢惡毒的攻擊。人們紛紛指責他把奶牛乳頭上弄來的毒物注入人體，使病人變為禽獸。教士們把接種視為「魔鬼行為」，更有人誇張地說，種了疫苗的小孩變成了「牛頭馬面」，頭上長出了牛角，聲音變成了公牛的吼叫聲。

面對前所未有的譏諷和攻擊，金納感到十分屈辱，但他還是用信念支持到成功的來臨。最終，那個時代因牛痘疫苗的發明而輝煌。金納成功了，那些譏諷、嘲笑、辱罵變成了讚頌、榮譽和吹捧。20年忠誠信念的追求，世人的冷嘲熱諷，都像一本打開了關於人性本質的書，字字帶血，清晰地展現在金納面前。

經歷了大起大落人生的金納早已心若止水，不以物喜，不以己悲，他拋棄了一切功名利祿，沉靜地歸隱於山林之間。正如他所說的：「我喜歡生活在山谷中，因為那裡的環境樸實無華，看著峭壁上的蒼松，我會感受到信念的力量。」

信念是孕育潛能、堅毅、頑強等因素的母親，它促使你拿出行動，掃除一切橫在前面的障礙。金納走了，走到另一個世界去了。但後人將永遠懷念他，是他把拯救肉體的發明帶給了人類，是他把拯救靈魂的信念帶給了人類。

但令人遺憾的是，許多人因為缺乏堅定的信念，在遭受一點挫折時，就把懷疑的目光投向自己，不相信自己有足夠的能力去克服逆境和磨難。這遏止了他們拚搏向上的精神力量，使他們本來可以發揮得更理想的才能被輕易否定和抹殺了，斷送了他們本來可以創造出來的光明前途。

因此，若想成就一番事業，沒有堅定的信念是無法想像的。成功

不會親近一個毫無堅強意志的人。一個缺乏信念的人，永遠都只能望成功而興歎。堅定的信念是逆商高低的重要標誌，也是人們堅持下去走向成功的強大動力。正如一位哲人所說：「人生中的一切成敗，都始於信念的改變。」

第二次世界大戰時期，在集中營裡有一個叫瑪莎的猶太裔小女孩寫過一首詩：

這些天我一定要節省，雖然我沒有錢可節省，

我一定要節省健康和力量，以足夠支持我很長時間，

我一定要節省我的精神、我的思想、我的心靈和我靈魂的火，

我一定要節省流下的淚水，

我需要它們很長很長的時間。

我一定要節省忍耐，在這些風暴肆虐的日子，

在我的生命裡，我有那麼多需要的，

情感的溫暖和一顆善良的心，

這些東西我都缺少，

這些我一定要節省。

這一切，上帝的禮物，我希望保存，

我將多麼悲傷，

倘若我很快就失去了它們。

在食不果腹、朝不保夕的逆境下，瑪莎仍然熱愛著生命。她不怨天尤人，她只是在一點一點地聚攏心裡的光。生命中有限的時間少了，但她心中的信念之光卻多了。

她不畏懼厄運，用自己稚嫩的文字給自己弱小的靈魂取暖；她不悲觀失望，而是節省著自己的淚水和精神的力量，用這些微弱的火光烘烤自己所處的陰暗的角落；她沒有屈服於逆境，而是用虛弱的身體

支撐著一個強大的信念，以使自己能夠看到遠處飄忽著的希望之光。

這不只是一首詩，這是天使的語言──樂觀、豁達、堅強，字裡行間充滿希望，每一個音符都富含金子的硬度，一筆一畫都貫穿信念的力量。

英國浪漫主義詩人雪萊有這樣一句詩：「冬天來了，春天還會遠嗎？」即使你處在寒冷的冬天，只要你心中有信念之光，你就能感受到春天的氣息；即使你被逆境所難，只要你心中有信念之光，頭頂的烏雲總會被它所穿透；即使你被挫折和失敗一次次打倒，只要你心中有信念之光，你同樣可以再次站起來，把苦澀的微笑留給昨日，用不屈的毅力和信念贏得屬於自己的未來！

海明威說過：「人可以被打敗，但不可以被打倒。」因為只要你心中有信念之光，任何外來的不利因素都撲不滅你對人生的追求和對未來的嚮往。很多時候，擊敗我們的不是別人，而是自己對人生失去了信念，熄滅了心中那片有如火山般沉寂的信念之光。

心中有了信念，就有了力量的泉源。信念就是你開啟人生之路的探照燈，是打開成功之門的金鑰匙！

二、明確自己的目標

　　人生的海洋中，大部分的船是無舵船。他們漫無目的地漂泊，任風浪擺布，隨海潮漂流，最終只能擱淺。只有小部分的人有明確的目標、方向和最佳航線，才最終到達夢想的彼岸。

«««人生不能沒有目標

　　唐太宗貞觀年間，長安城西的一家磨坊裡有一匹馬和一頭驢子。牠們是好朋友，馬在外面拉東西，驢子在屋裡推磨。

　　貞觀3年，這匹馬被玄奘大師選中，出發經西域前往印度取經。

　　17年後，這匹馬馱著佛經回到長安，牠重回到磨坊見到了老朋友驢子。老馬談起這次旅途的經歷：浩瀚無邊的沙漠，高入雲霄的山嶺，凌峰的冰雪，熱海的波瀾……那些神話般的境界，使驢子聽了大為驚異。

　　驢子驚歎道：「朋友，你有多麼豐富的見聞呀！那麼遙遠的道路，我連想都不敢想。」

　　「其實，」老馬說，「我們走過的距離大致是相等的，當我向西域前進的時候，你在磨坊裡一步也沒停止。不同的是，我與玄奘大師有一個遙遠的目標，按照始終如一的方向前進，所以我們打開了一個廣闊的世界。而你被蒙住了眼睛，一生就圍著磨盤打轉，所以永遠也走不出這個狹隘的天地。」

　　從這個簡單的寓言故事裡，我們從中可以看到一些生活的本質。研究表示，芸芸眾生中，真正的天才與白癡都是極少數，絕大多數人的智力都相差不多。然而，走過漫長的人生之路後，有的人功蓋天

下，有的人卻碌碌無為，為何他們就有天壤之別呢？

　　哈佛大學曾做過一項追蹤調查，對象是一群智力、學歷、環境等條件差不多的年輕人，調查目的是測定目標對人生有著怎樣的影響。調查結果發現：

　　——27%的人沒有目標；

　　——60%的人目標模糊；

　　——10%的人有清晰但比較短期的目標；

　　——3%的人有清晰且長遠的目標。

　　25年的追踪研究結果表示，他們的生活狀況及分布現象十分有意思——

　　那些佔3%的人，25年來幾乎都不曾更改自己的人生目標。25年來他們懷著自己的夢想，朝著同一方向不懈地努力，25年後，他們幾乎都成了社會各界頂尖的成功人士，他們之中不乏白手創業者、行業領袖和社會菁英。

　　那些佔10%的有清晰短期目標者，大都生活在社會的中上層。他們的共同特點是，短期目標不斷被達成，生活狀態穩步上升，成為各行各業的不可或缺的專業人士。

　　而其中佔60%的模糊目標者，幾乎都生活在社會的中下層面，他們能安穩地生活與工作，但沒有什麼特別的成績。

　　剩下27%的，是那些25年來都沒有目標的人群，他們幾乎都生活在社會的最底層。他們的生活都過得不如意，甚至失業，靠社會的救濟。並常常抱怨他人，抱怨社會，抱怨世界的不公平。

　　這個結論不能不令人們震驚。原來，傑出人士與平庸之輩最根本的差別，並不在於天賦，也不在於機遇，而在於有無人生的目標！就像那匹老馬與驢子，當老馬始終如一地堅定目標向取經的路上邁進時，驢子只是圍著磨盤機械地打轉。儘管驢子一生所跨出的步子與老馬相差無幾，可因為缺乏目標，牠的一生始終走不出那個狹小的天

地。

生活同樣如此。對於沒有目標的人來說，歲月的流逝只意味著年齡的成長，平庸的人只能日復一日地重複自己。

愛迪生曾說過：「要成功，首先必須設定目標，然後集中精神向目標邁進。」只有設定目標，才能有的放矢。如果人生沒有目標，就好比在黑暗中摸索。

也許，我們曾不滿於自己的平庸；也許，我們曾抱怨過生活的沉悶和無聊；也許，我們在充滿磨難的人生中怎麼也走不出逆境，然而，當我們在心中為自己設下目標並持之以恆地向前邁進時，我們的生活也就掀開了新的一頁。

維克多‧弗蘭克爾用自己的人生經歷，證明了「人不能沒有目標地活著」的道理。

第二次世界大戰期間，在越南行醫的精神醫科專家弗蘭克爾不幸被俘，後來被投進集中營。三年中，他所經歷的極其可怕的集中營生活，使他悟出了一個道理──人是為尋求目標而活著。

在集中營，他被剝奪了一切──家庭、職業、財產、衣服、健康甚至人格。他不斷地觀察著喪失了一切的人們，同時思索著「人活著的目的」這個「老生常談」的最透徹的意義。

他曾幾次險遭毒氣和其他殘殺，然而他仍然不懈而客觀地觀察著、研究著集中營的看守者與囚徒雙方的行為模式，據此，他寫出了著名的《夜與霧》一書。

可以說，弗蘭克爾極其真實、有力、生動的論據和論點，對於世界上一切研究人的行為的權威學者來說，都是非常有價值的。他的理論是在長期的客觀觀察中產生的，他觀察的對象是那些每日每時都可能面臨死亡，即所謂失去生命的人們。在親身體驗的囚徒生活中，他還發覺了佛洛伊德的錯誤，並且反駁了他。

佛洛伊德說：「人只有在健康的時候，態度和行為才千差萬別。

而當人們爭奪食物的時候，他們就露出了動物的本能，所以行為變得幾乎無以區別。」而弗蘭克爾卻說：「在集中營中我所見到的人，卻完全與之相反。雖然所有的囚徒被拋入完全相同的環境中，有的人消沉頹廢下去，有的人卻如同聖人一般越站越高。」

他還從實際中領悟到，「當一個人確定自己生存的目標時，什麼樣的饑餓和拷打都能忍受。」而那些沒有任何目標活著的人，都早早地毫無抵抗地死掉了。

最後，從奧斯維辛集中營活下來的人不到1／20，他們差不多毫無例外都是有著生存目標和生命積極意義的人。他們頑強地活下來的原因，就是因為他們心裡埋著明確的目的——「要做的事情還沒有做完」、期待著和「活著與愛著的人重逢」。

在那充滿死亡意味的集中營裡，弗蘭克爾的一位好友曾對他說：「我對人生沒有什麼期待了。」弗蘭克爾否定了這位朋友的悲觀人生態度，他鼓勵說：「不是你向人生期待什麼，是生命期待著你！什麼是生命？它對每個人來說，是一種追求，是對自己生命的貢獻。當然，怎樣做才能有貢獻？自己的追求是什麼？每個人都不一樣。而怎麼回答這些問題是我們每個人自己的事情。」

人生的目標是能讓你擺脫逆境和鬥爭力量的特效藥。有生命的地方就有希望，有希望的地方就有夢想，有了清楚的夢想，加上反覆地充實與描畫，夢想就能變成目標。目標經過仔細認真的研究，對高逆商者來說，就可看成行動的計畫。高逆商者認為，當目標完全融入自己的人生時，目標的達成就只剩下時間問題了。

兩個以上的目標等於沒有目標

美國著名半導體公司德州儀器公司的口號是：「兩個以上的目標，就等於沒有目標。」這句話不僅適用於公司經營，對人生也有很

強的指導意義。

「年輕人事業失敗的一個根本原因，就是精力太分散。」這是戴爾・卡內基在分析了眾多個人事業失敗的案例後得出的結論。

事實的確如此，許多生活中的失敗者幾乎都在好幾個行業中艱苦地奮鬥過。然而，如果他們的努力能集中在一個方向上，就足以使他們獲得巨大的成功。

如果一個人只有一項技能，但他把自己所有的力量都集中於一個毫不動搖的目標之上，我們可以斷言，他將很容易取得成功。是的，沒有任何東西可以代替一個專注的目標，教育不能，天分不能，才智不能，勤奮不能，意志的力量更不能。沒有一個專注目標的人生，注定是一個失敗的人生。

比方說，一個剛從學校畢業的年輕人，其個人素質很高，工作能力很強，也具有積極的進取心。每個人都認為，這將是一個前途無量的年輕人。但是，在後來的10年中，他制訂過許多人生目標，卻沒有一次是從自己的實際工作出發的。一天到晚，不是忙著考托福就是考註冊會計師，今天想出國，明天想開公司。年輕人的那股衝勁和熱情，全部被他揮灑在不同的事情上了，結果一事無成。

在專業化程度越來越高的現代社會，成功對個人的知識和經驗不斷提出了更高、更廣、更深的要求。一個沒有專一目標的人，做起事來總是搖擺不定、變來變去，只會將自己長時間累積的職業經驗和資源都捨棄了，無法強化自己的專業知識，無法形成自己的核心競爭能力，也就無法超越他人。這樣的人在社會上是沒有立足之地的。

有句諺語叫「滾石不生苔」，所謂「滾石不生苔」，是指不在一個地方穩定下來而一直四處打轉的話，就不會得到收穫和成功。這裡的「苔」指的是經驗、資產、技巧、信用等。

一個人拋棄原來的目標轉到新的目標上，其損失是相當巨大的，譬如多年來他所累積的資歷、職位、經驗和人際關係網等，也就是

說，過去為實現這個目標而花費的成本可能變得完全無用了。

另外，人都是有行為定式和心理惰性的，到了一定的年齡，經驗成長了許多，銳氣卻也消磨了不少，這是一種資源損失，也能使很多人缺乏面對新目標帶來挑戰的勇氣和決心。

當然，年輕人在事業的開端有多個目標是很正常的。這好比羅盤指針在被磁化之前所指的方向是不確定的，只有在被磁石磁化而具有特殊屬性之後，才成為羅盤。同樣，一個人一開始可能確定不了自己的方向和目標，在經過一段時間的摸索，他最終必須確定一個自己發展的目標。

如果確定的目標被證明是正確的，那就應該像衛星導航船一樣，堅定不移地為目標而奮鬥。風平浪靜時，衛星導航船將一直朝著它要到達的港口航行。當風起雲湧時，衛星導航船即使在狂風暴雨中也會一直堅持著它的航線。衛星導航船在海中航行時永遠只會看到一樣東西，那就是它所要到達的港口。不管天氣怎樣，或者它遇到什麼樣的困難，它到達港口的時間會在幾小時之內就被預測出來。

是的，確定一個目標，一艘想到達波士頓的船絕不會在紐約出現。

≪≪列出你的目標清單

列出你的目標清單，寫下你的目標和夢想，哪怕是在一張不起眼的便箋上。

確實，把目標記下來的方法是讓這件事發生的第一步。透過這種紀錄，你可能在不知不覺中消除各種模糊荒謬的念頭。把目標寫在紙上，會促使你開始考慮具體的問題。這樣，你就很難欺騙自己和他人。把你的目標寫下來，會讓你的目標變得更具體。把目標寫下來與你開始採取第一步行動一樣重要，把目標寫下來是實現這些目標的第

一步。

有個叫約翰・戈達德的美國人，他15歲的時候，就把自己一生要做的事情列了一份清單，稱作「生命清單」。

在這份排列有序的清單中，他給自己明確了所要實踐的127個具體目標：到尼羅河、亞馬遜河和剛果河探險；登上珠穆朗瑪峰、吉力馬札羅山和麥特洪山；駕馭大象、駱駝、鴕鳥和野馬；探訪馬可・波羅和亞歷山大一世走過的路；主演一部像《人猿泰山》那樣的電影；駕駛飛行器起飛降落；讀完莎士比亞、柏拉圖和亞里斯多德的著作；譜一部樂章；寫一本書；遊覽全世界的每一個國家；結婚生孩子；參觀月球……

當把夢想和目標莊嚴地寫在紙上之後，他開始循序漸進地一一實行。

16歲那年起，他和父親開始到喬治亞州的奧克費諾基大沼澤和佛羅里達州的埃弗洛萊茲探險。

他按計畫逐個地實現了自己的目標：49歲時，他完成了127個目標中的106個，他獲得了一名探險家所能享有的所有榮譽。

戈達德讓人感動之處，不僅僅是因為他創造了許多人間奇蹟，做了許多有益於人類的事情，更主要的是他那種明確目標、一往無前的奮鬥精神，那種熱愛生活、珍惜生命的人生態度以及由「生命清單」而延伸出來的高品質的人生。

要想成為一個成功者，列出你的目標清單非常重要！沒有明確的人生目標，也就沒有具體的行動計畫，沒有行動計畫，做事就會沒有方向感，敷衍了事，臨時湊合，也就沒有責任感，更談不上什麼堅強毅力、鬥志昂揚了。沒有明確的目標，你的才能和努力都有可能白費。

列出你的目標後，或許經過一生的奮鬥也未必能夠實現，但這並不意味著因此就失去制訂目標的價值。正因為有了明確的目標，才

使人向前進而不是向後退，保持積極的思想而不是消極的態度，使人走向充實，而不是走向虛無，這就是制訂和列出你目標的終極價值所在。

≪≪ 成功路上的目標分割

在現實中，我們之所以會半途而廢，其中的原因往往不是因為難度較大，而是覺得成功的目標離我們太遠。確切地說，我們不是因為失敗而放棄，而是因為倦怠而失敗。在人生的旅途中，我們應該巧用智慧將目標進行分割，才能儘快達到最終的目標。

發展迅速的企業或組織都有10年至15年的長期目標，經理人員時常反問自己：「我們希望公司在10年後是什麼樣子呢？」然後，根據這個目標來規劃應有的各項努力。新的工廠並不只是為了適合今天的需求，而是滿足5年甚至10年以後的需求。

各研究部門也是針對10年或10年以後的產品進行研究。人人都可從很有前途的企業學到一課，那就是：我們也應該計畫10年以後的事。

如果你希望10年以後變成怎樣，現在就必須變成怎樣，這是一種重要的想法。沒有生活目標的人也會變成另一個人，因為沒有長期的目標，我們根本無法成長。

想想那些終生無目的地漂泊、心懷不滿的人，他們並沒有一個非常明確的短期目標，只有不切實際的夢想目標。沒有短期目標，就難以產生前進的動力，夢想的目標就變得遙遠。

在人生的旅途中，我們要學會如何前進，不妨在中途豎立許多小目標，對於最近的目標積極地付出努力，因為這些是可以在比較短的時間內實現的。

當達到小目標的時候，覺得有了進步，便充滿了信心。稍微休息

一下,便又鼓起勁來,豎起第二個目標,繼續前進。而最後的目標好像指南針一樣,使你不致迷失方向。

西華・萊德是英國知名作家兼戰地記者,第二次世界大戰期間,他從一架受損的運輸機上跳傘逃生,落在緬印邊境的一片叢林中。當地人告訴他,這兒距印度最近的市鎮也有140英里。對於習慣於以車代步的西華・萊德來說,這幾乎是段可望而不可即的路程。

為了活命,西華・萊德拖著落地時扭傷的雙腳一瘸一拐地走下去。不過戰前研究過心理學的西華・萊德知道如何才能讓自己輕裝上陣,他努力地控制自己不去想那個讓人備感沉重的數字距離。奇蹟發生了,西華・萊德回到了印度。

這段插曲公諸於世後,在他的家鄉肯德郡引起不小的**轟動**,許多年輕人把「走完下一英里」做為自己的座右銘,而這恰恰是西華・萊德在途中的唯一念頭。

第二次世界大戰結束後,西華・萊德接了一個每天寫一個廣告的差事,出於信任,廣告商並沒跟他簽訂合約,也沒明確一共要寫多少個廣告。心無旁騖的西華・萊德就這樣不停地寫下去,結果連續寫完了2000個廣告。

他在事後很有感慨地說:「如果當時簽的是一張寫2000個廣告的合約,我一定會被這個數目嚇倒,甚至把它推掉。」

至於原因,一個叫山田本一的日本人用另一種方式做出了解答。

在1984年東京國際馬拉松邀請賽和1986年米蘭國際馬拉松邀請賽上,這個名不見經傳的矮個子選手出人意料地兩度摘冠,從而引起人們的極大關注,面對蜂擁而至的各種議論、猜測,山田本一置之不理,不做任何解釋。

直到十年後,他才在自傳中揭開謎底:「每次比賽之前,我都先乘車把比賽路線仔細地看一遍,並把沿途醒目的標誌畫下來,比如第一個標誌是銀行,第二個標誌是一棵大樹,第三個標誌是一座紅房

子……這樣一直到賽程的終點。比賽開始後，我就以百米衝刺的速度奮力向第一個目標衝去，等到達第一個目標後，我又以同樣的速度向第二個目標衝去，四十多公里的路程，就被我分解成這麼幾個小目標輕鬆地跑完了。起初，我並不懂這樣的道理，我把目標定在終點線上的那面旗幟上，結果跑到十幾公里時就疲憊不堪了。我被前面那段遙遠的路程給嚇倒了。」

山田本一是否專門研究過西華‧萊德，世人不得而知，但二人異曲同工的行事方式，卻似乎昭示著同一個道理：對於正在跋山涉水的人來說，最重要的不是憂慮目標有多遠，而是學會分割目標，然後一步一步走下去。而每走一小步，是不需要多大勇氣的。

成功者都不是空洞的夢想者，他們勇於樹立長遠的目標，接著便付出艱辛的努力，填平小目標和夢想目標之間的鴻溝，從而達到理想的彼岸。在人生的旅途中，我們稍微具有一點山田本一的逆商，一生中也許會少許多懊悔和惋惜。

三、信心比黃金更重要

有時候，不是因為目標難以達到，我們才失去信心；而是因為我們失去了信心，目標才難以達到。那些相信自己能「移山」的人一定會成功，因為信心是激發成功的原動力。

»»» 信心的力量

信心的力量是驚人的，它能改變惡劣的逆境，成就讓自己難以相信的圓滿結局。充滿信心的人永遠不會被擊倒，他們是人生路上的勝利者。

這個世界需要的不是那些意志薄弱、膽小如鼠的人，而是走在任何地方都能征服一切的堅定信仰者。那些能夠戰勝使弱者退縮的困難的強者，他們才是這個世界真正的主宰。

那些成就平平的人，往往是善於發現困難的「天才」。他們最善於在每一項任務中都看到困難。他們莫名其妙地擔心前進道路上的困難，這使他們信心盡失，他們對於困難似乎有驚人的「預見」能力，一旦開始行動，他們就開始尋找困難，時時刻刻等待著困難的出現。當然，最終他們發現了困難，並且理所當然地被困難所擊敗。

人們常常說：「你怕什麼？」表示根本不必害怕。要做到這一點，首先要做到以信心來排除恐懼。當你滿懷信心時，世界上就沒有任何東西能比你的信心更有力量了。有了信心，就是最令人驚異的事都可能發生。信心不是緩解劑，而是治療劑——對恐懼確實有藥效的治療劑。

有兩大想法爭奪對心智的控制力，這兩大勢力就是恐懼和信心，

而信心的力量要大得多。你要堅持信心這個更有力的想法，直到你確實相信它。因為這不只是成功和失敗，更有可能是生和死的分野。千萬不要被恐懼所主宰，信心的力量可以趕走恐懼。很多過去被疑懼籠罩的人，他們的經驗都可以證明這個事實，那就是信心最後能從他們的心中驅逐恐懼。如果你認為你能夠，並且強有力地運用信心，你也可以戰勝恐懼。

在你完全將自己託付給信心之後，你所感覺到的解脫和歡樂就和一位傘兵所說的一樣，他說：「在我第一次要跳出飛機的時候，我全身各部分都抗拒不前。在跳出飛機之後，我和死亡之間只隔著一點繩子和一片綢布，我不得不承認我非常害怕。但是在我發現那一片綢布和一點繩子可以吊住我之後，我感覺到了一生中最奇妙的快樂。我有極榮耀的感覺，認為自己不再害怕任何事，內心充滿了從恐懼中解脫出來的歡樂。我真的不想這樣快落到地面來，那實在太愉快了。」

只看到前進道路上困難的人有一個致命弱點，那就是沒有堅強的信心去驅除障礙。因缺乏信心，面對逆境時，他們往往情緒低落，畏懼困難，恐慌憂慮，當這些消極情緒彌漫時，人就會被逆境所束縛，喪失了成功的機遇。

缺乏信心的人下不了決心去完成艱苦的工作。他渴望成功，卻不想付出代價。他習慣於隨波逐流，淺嘗輒止，貪圖安逸，沒有雄心壯志。

如果你足夠強大，那麼困難和障礙就會顯得微不足道；如果你很弱小，那麼困難和障礙就會顯得難以克服。恐懼侵擾我們，擊敗我們，是因為我們不願意相信我們以為脆弱的東西——像一片綢布一樣的信心。但就像這名傘兵一樣，在擁有了信心之後，我們就會發現這種神祕而不可思議、看似不存在的因素確實能幫助我們，使我們不至於摔死。在你獲得了這種令人興奮的認識之後，你會比你所能想像的還要快樂，因為信心可以發揮出你想像不到的力量。

一個有堅定信心的人，就會堅定不移。相信自己能移山的人，果然移開了山。缺乏自信的人，果然做不到，信心能帶動起你內心一種神祕的「實踐力量」。大音樂家華格納當年曾遭到同時代人的批評與攻擊，但他對自己的作品很有信心，最後終於感動世人，一舉成名。黃熱病曾流傳許多世紀，因得病而死亡的人不計其數。但是一小隊研究人員有信心征服它，他們在古巴埋頭研究，終告勝利。

事實上，在後工業和資訊化時代，信心的能量不僅僅能「移山」。遨遊太空的信心使人類成功地飛出了大氣層，如果不具備這堅定、不可動搖的信心，科學家們就不會有勇氣、興趣及熱心去探索太空的奧祕了。我們相信癌症是可以治癒的，於是研製出了治療癌症的藥物。以前說起在英吉利海峽建一條海底隧道把英格蘭與歐洲大陸連起來，很多人還覺得不可思議，但是今天，這個願望早已實現。

»»» 信心，激發成功的原動力

2001年5月20日，美國一位名叫喬治・赫伯特的推銷員，成功地把一把斧頭推銷給了小布希總統。布魯金斯學會把一個刻有「最偉大的推銷員」的金靴子獎給了他。這是自1975年以來，該學會的一名學員成功地把一部小型答錄機賣給了尼克森總統之後，又一學員邁過如此高的門檻。

布魯金斯學會創建於1927年，以培養世界上最傑出的推銷員著稱於世。它有一個傳統，在每期學員畢業時，都設計一道最能展現推銷員實力的習題，讓學員去完成。

柯林頓當政期間，他們出了這麼一個題目：請把一條三角褲推銷給現任總統。八年間，有無數個學員為此絞盡腦汁，最後都無功而返。柯林頓卸任後，布魯金斯學會把題目改成：請將一把斧頭推銷給小布希總統。

　　鑒於前八年的失敗與教訓，許多學員都失去信心，知難而退。個別學員甚至認為，這道畢業實習題會和柯林頓當政時一樣毫無結果，因為現在的總統什麼都不缺，即使缺什麼，也用不著他們親自去購買；再退一步說，即使他們親自購買，也不一定正遇到你去推銷的時候。

　　然而，喬治‧赫伯特卻做到了，並且沒有花多少時間。一位記者採訪了他，他是這樣說的：「我在一開始就認為，把一把斧頭推銷給小布希總統是完全可能的，因為小布希總統在德克薩斯州有一個農場，裡面長了許多樹。於是我給他寫了一封信。」

　　信的內容是這樣的：「有一次，我有幸參觀您的農場，發現裡面長著許多矢菊樹。有些已經死掉，木質已變得鬆軟。我想，您一定需要一把小斧頭，但是從您現在的身體狀況來看，小斧頭顯然太輕，因此您需要一把不甚鋒利的老斧頭。現在我這兒正好有一把這樣的斧頭，很適合砍伐枯樹。倘若您有興趣的話，請按這封信所留的信箱，給予回覆。」

　　最後，小布希總統就給這位推銷員匯去了15美元。

　　喬治‧赫伯特成功後，布魯金斯學會在表彰他的時候說：「金靴子獎已設置了26年。26年間，布魯金斯學會培養了數以萬計的推銷員，造成了數以百計的百萬富翁，這只金靴子之所以沒有授予他們，是因為我們一直想尋找這麼一個人——這個人從不因有人說某一目標不能實現而放棄，從不因某件事情難以辦到而失去信心。」

　　有時候，不是因為目標難以達到，我們才失去信心；而是因為我們失去了信心，目標才難以達到。那些相信自己能「移山」的人一定會成功，因為信心是激發成功的原動力。

　　低逆商的人往往會沉溺於自己的境遇，慨歎為什麼一切勝利好像都跟在那些成功者的身後。其實，每個人都能取得或大或小的成就，關鍵是有沒有信心的力量作為支撐。

　　高逆商的人相信自己具有排除一切艱難困苦的力量，他們擁有享受一切勝利的特權，他們在生存競爭中似乎能十分輕易地獲得成功。他們有信心操縱自己的環境，對於任何工作，都像功力巨大的起重機移動一件物品那樣輕而易舉。

　　隆巴第，美國運動史上一位偉大的橄欖球隊教練。在他的激勵下，綠灣隊成為了美國橄欖球史上最令人驚異的球隊。「我只要求一件事，」隆巴第說，「那就是滿懷贏得勝利的信心。如果不把目標定在非贏不可，那比賽就沒有意義了。不管是打球、工作、思想──一切的一切，都應該調整到贏得勝利上。」

　　談到做一名教練，隆巴第說：「最重要的事是要塑造出男子氣概，而且為了勝利寧願捨棄一切。教練的工作就是創造出男子漢，讓他們相信自己，相信球隊，總是滿懷信心。滿懷信心的人能夠橫掃阻擋在他前面的一切障礙。」

　　是的，要想成功，就要讓自己成為一個信心百倍的高逆商者！請記住，信心能夠吸引成功，信心具有強而有力的磁性。

　　高逆商者永遠是樂觀者，從不猶豫疑懼，對於未來的事情從不疑惑不安。他們只知道事情一到手裡，就一定要辦成，一定要做得十分完善。他們強而有力，做起事來從不左顧右盼，遲疑不決。當前面有任何困難障礙時，他們絕不後退，總想憑自己卓越的才能奮力踰越。

　　在許多成功者身上，都可以看到超凡的信心所產生的巨大作用。這些事業取得成功的人，在自信心的驅動下，敢於對自己提出更高的要求，並在失敗的時候看到希望，最終獲得成功。

　　據說拿破崙親自率領軍隊作戰時，同樣一支軍隊的戰鬥力便會增強一倍。原來，軍隊的戰鬥力，在最主要基於士兵對統帥的敬仰和信心。如果統帥抱著懷疑猶豫的態度，全軍就會混亂。拿破崙的自信與堅強，使他統率的每個士兵都信心百倍，無形中增加了軍隊的戰鬥力。

　　一個人的成就，絕不會超出其信心所能達到的高度。如果拿破崙在率領軍隊越過阿爾卑斯山的時候，只是坐著說：「這件事太困難了。」毫無疑問，拿破崙的軍隊永遠不會越過那座高山！所以，無論做什麼事，堅定不移的信心是達到成功所必須和最重要的因素。

　　堅定的信心，是偉大成就的泉源。不論才幹大小，天資高低，成功都取決於堅定的信心。相信自己能做成的事，就一定能夠獲得成功。

≪≪ 信心創造奇蹟

　　什麼是信心？信心可以使思想充滿力量，人可以在強有力的自信心驅策下，把自己提升到一個新的高度。

　　對自己有信心，對未來有信心，信心是永恆的特效藥。它賦予思想以生命、力量和行動。信心是所有奇蹟的基礎，是所有不能用科學法則加以分析的神祕事物的基礎。信心能把人們有限的心智所產生的思想轉變為強大的精神力量。

　　伊莎貝拉大學畢業時年僅23歲，她決定在紐約成立一家代理銷售活動房屋的公司。當時很多人都告訴她不應該這樣做，說她不可能做好。

　　當時她僅有3000美元的積蓄，而別人告訴她，最低的資本投資額是她積蓄的150倍。

　　「你看競爭多麼激烈呀！」她的顧問這樣忠告她，「此外，你在銷售活動房屋方面又有多少實際經驗？更別提業務管理了。」

　　但是，這位年輕的小姐對自己充滿了信心。她承認自己的確缺少資金，行業競爭也非常激烈，而且她還缺乏經驗。「但是，」她接著說，「我蒐集的資料顯示，活動房屋這個行業正在擴展，我也徹底研究了我可能遭到的競爭。我知道我在銷售方面可以做得比這裡任何人

都好。我也預料到會犯一些錯誤，但我堅信我會很快地趕上別人。」

結果，她真的做到了。她贏得了兩位投資者的信任，也使她得到了幾乎不可能的優惠條件──一家活動房屋製造商答應，在不需要現金的條件下，供應她某一限量的存貨。

僅僅不到兩年，她便賣出了超過1000萬美元的活動房屋。促使她走到這一天的，也正是那堅定不移的信心。

在逆境來臨危機當前的時候，信心比黃金更重要！在困難和挑戰面前，什麼是支撐我們前進的最核心要素？毫無疑問是信心。危機的特質是「危險」與「機遇」並存，滿懷信心的人，就擁有了轉「危」為「機」的有利條件，就有可能在不利的條件下獲得成功。

在體育比賽中我們總能看到，弱隊戰勝強隊，大爆冷門；或是在商戰中，實力弱的公司在競爭中贏得了勝利。為什麼呢？因為在諸多因素中，充滿必勝的信心去迎接挑戰，是克敵制勝取得成功的基礎。

人生的旅途不可能一帆風順，失敗是在所難免的，就看你如何對待。在人生的十字路口，有的人氣餒，失去信心，有的人則迎難而上，他們相信憑著自己的實力能夠戰勝一切。比別人更相信自己，能讓自己的信心提升，能使你站得高，看得遠。自信之光將會照亮每個人的心靈，讓處於逆境中的人們在黑夜中看到光明。

每一次的逆境中其實都隱藏著成功的契機。就像一顆種子，需要勇氣、信心及創造力，才能發現它，並且使它萌芽、茁壯之後開花結果。其中最重要的一點是你要對自己要有信心，在逆境中仍然用不敗的信心去達成目標。

麥克‧班尼頓在86歲時，是全世界最偉大的油井大王，個人的財富當時高達數億美元。問及他成功的祕訣，麥克‧班尼頓會告訴你：「我只知道在遇到困難時要繼續努力，千萬不要失去信心。」

他在第一次投資時，接受某些不當的建議，幾乎賠光了所有的錢。班尼頓沒有在失敗中絕望，而是得到教訓，在做重要的決策時，

要靠自己的判斷，他從此反敗為勝。後來他繼續努力，開採出的油井到現在依然取之不竭。開採菲律賓的油礦失敗時，他再度遭到打擊。但是他並不在意，他說：「我只是暫時出局。你不可能隨處都找得到石油，否則，就不必探勘了。」

看！這就是成功者表現出來的自信的力量。這種力量鼓舞他戰勝逆境，挑戰成功。

一個高逆商者，無論在什麼條件下都對自己充滿信心。也許有人說，我做任何事都沒有信心，怎樣才能獲得信心呢？

從成功的回憶中建立成功的自我形象，可使你獲得信心。

當你懷疑自己的能力，並為逆境所困擾的時候，你不妨從過去的成功經歷中吸取養分，來滋潤你的信心。你不要沉溺於對失敗經歷的回憶，要將失敗的意象從腦海裡趕出去，因為那是一個不友好的來訪者。

正如英國的羅伯·希里爾所說的：「對自己有信心，是所有其他信心當中最重要的部分，缺少了它，整個生命都會癱瘓。」

增強信心的方式多種多樣，每天看到得意的自己，心中就會條件反射出一個明快、健康的自我。一個人看到具有紀念價值的物品時，往往會產生無限的聯想，比如看到獎狀、獎盃時，便會回憶起自己從前獲得勝利時的一幕幕情景。

也可以看看自己最滿意的照片，照片能喚起對往事的回憶，將一個生動的自我形象清晰地刻在自己的腦海裡。消極的人不妨將自己最得意的照片隨身帶著，當自己情緒低落時，它能有效地調節心情。

只有自己輕視自己，別人才會輕視你。生命的價值，在不同的環境裡就會有不同的意義，只要自己看重自己，增強信心，生命就會有意義和價值。

四、保持積極熱情的心態

不管處境多麼糟糕，凡事都應該積極熱情地去做，這樣一來就絕對有能力扭轉被動的局面。高逆商者往往能看到事物積極的一面，從不悲觀地放棄爭取成功的努力。保持積極熱情的心態，就會挖掘出許多令人想不到的機會，即使是危機之中，也可能藏著生機。

«««積極的心態，成功的動力

有什麼樣的人生，跟一個人的學歷、背景、環境沒有直接關係，而其內心的想法和所持有的精神狀態卻發揮決定性的作用。即所謂播下一種心態，收穫一種人生。

摩爾頓剛剛當選美國財政部長的時候，對南卡羅萊納州一個學院的全體學生發表演講。整個學院禮堂都坐滿了興致勃勃的學生，大家對有機會聆聽這位大人物的演講而興奮不已。

然而，摩爾頓的演講卻令聽眾大感意外。

摩爾頓講道：「我的生母是聾子，因此沒有辦法說話，我不知道自己的父親是誰，也不知道他是否還活著，我這輩子找到的第一份工作，是在棉花田裡鋤地。」

台下的聽眾全都呆住了，「如果情況不如意，我們總可以想辦法，加以改變，」摩爾頓繼續說，「一個人的未來怎麼樣，不是因為運氣，不是因為環境，也不是因為出生下來的境遇，」她輕輕地重複剛才說過的話，「如果情況不盡如人意，我們總可以想辦法加以改變。」

「一個人若想改變眼前充滿不幸或無法盡如人意的境況，」她以

堅定的語氣向台下說道，「只要問一問自己：『我希望情況變成什麼樣？』然後全身心地投入，採取行動，朝理想的目標前進即可。」

接著，她臉上綻放出美麗而自信的笑容：「我相信，大家會比我做得更好！」

人與人之間原本只有微小的差別，但卻造成了巨大的差異，其原因正在於心態。我們往往把自己想像成什麼樣子，就真的會成為什麼樣子。積極的心態，激勵和改變了無數次深陷逆境的摩爾頓，積極的心態，是走向成功、提高逆商、實現自己人生目標的靈丹妙藥。

20世紀50年代，巴勒教授在一家診所裡做過這樣的試驗：他對一組處於催眠狀態下的人進行誘導，讓他們認為自己沒有任何天賦，想像在生活中遭到失敗，然後，他對這些人進行了為期14天的觀察和檢驗，從中得出的結論是——這些人有可能會患上當今所有類型的身心疾病：憂鬱症、躁鬱症等。

14天以後，他又對這些人進行催眠誘導，讓他們認為自己很有天賦，具有遠大的目標，並且完全有可能實現這些目標。這樣一來，他們的臨床現象馬上就有了改變：他們變得很有朝氣，精神煥發，步態和舉止都發生了變化，血壓也很穩定，身心方面的疾病也全都消失了。

這項試驗很清楚地說明，對自己和未來持有一種積極的態度是多麼的重要，而消極的心態對我們的生活將產生多麼可怕的影響！你見過「消極的成功人士」嗎？很多消極者說自己天生就消極，其實，沒有「消極的嬰兒」，只有「消極的成人」。所有積極和消極的習慣，都是後天培養出來的。既然是後天培養出來的，就一定可以改變，凡事為什麼不多往積極方面去想呢？

一個叫塞爾瑪的美國年輕女人隨丈夫到沙漠荒地參加軍事演習。她孤零零一個人留守在一間集裝箱一樣的鐵皮小屋裡，這裡炎熱難耐，周圍只有墨西哥人與印第安人，他們不懂英語，無法進行交流。

塞爾瑪感到寂寞無助，煩躁不安，於是她寫信給自己的父母，想離開這個鬼地方。

父親的回信只有一行字：「兩個人同時從牢房的鐵窗口望出去，一個人看到了泥土，另一個人卻看到了繁星。」

塞爾瑪一開始並沒有讀懂信中的涵義，反覆讀了幾遍後，她才感到無比的慚愧，於是決定留下來在沙漠中尋找自己的「繁星」。

她一改往日的消沉，積極地與當地人廣交朋友，學習他們的語言。她非常喜愛當地的陶器與紡織品，她付出了熱情，人們將捨不得賣給遊客的陶器、紡織品送給她作為禮物。

這讓塞爾瑪很受感動，她的求知欲望也與日俱增。她十分投入地研究了讓人癡迷的仙人掌和許多沙漠植物的生長情況，還掌握了有關土撥鼠的生活習性，觀賞了沙漠的日出日落，興致昂揚地尋找海螺殼……

這樣一來，原先的痛苦與沉寂沒有了，取而代之的是積極的冒險與進取。塞爾瑪為自己的新發現激動不已，她拿起了筆，一本名為《快樂的城堡》的書兩年後出版了，塞爾瑪最終經過自己的努力看到了「繁星」。

沙漠沒有改變，印第安人也沒有改變，只是塞爾瑪的心態改變了。一念之差，使她把原先認為惡劣的情況，變為了一生中最有意義的體驗和冒險。

生活中，失敗平庸者多，主要是心態消極所致。遇到困難，他們總是選擇容易的、退卻的路。「我不行了，還是算了吧。」結果，消極的心態使他們陷入了失敗的深淵。

而高逆商者遇到困難，常會這樣問自己：「是的，這是個問題，但從這個問題中，我總可以學到些什麼。」當他們遇到挑戰的時候，他們相信自己一定能突破；當他們遇到困難的時候，他們告訴自己，人生就像季節更替一樣，問題一定會過去。

　　高逆商者總是抱持著對未來的期望，要想就要往好處想，為什麼要往壞處想？思想是原因，環境才是結果。

　　同樣的境況，卻有著不同的觀點與結論。其實，當我們經常往壞的或消極的方面去想的話，我們將錯失許多成功的機會。相反，我們一直往好的、積極的方面去思考的話，我們就會挖掘出許多令人想不到的機會，即使是危機之中，也可能藏著生機。

　　無數事實證明，不同的信念，不同的心境，會影響人的言行舉止以及客觀的環境。既然思想觀念深刻影響著主觀行動與客觀環境，所以，不論遭遇任何困難，都應該以積極的心態去面對，才能激發走向成功的動力。如果你不滿意現在的環境，你就必須改變腦中的思想：想辦法解決，而非被動地接受。

熱情，戰勝困境的強大力量

　　眾所周知，水如果想成為蒸汽，然後作為動力引擎，它必須先讓自己沸騰起來，沒有達到212華氏度的水，是無法讓火車前進一步的。

　　一個對人生沒有熱情的人，就如同缺少熱量的引擎水槽的水，無法成就夢想。

　　作家祖・泰恩曾說：「熱情是電池裡的電力，是空氣中的風，是跳躍的火焰，它讓所有的一切都變得鮮活生動起來！」

　　滿腔熱情的人總是能得到大家的欣賞。熱情可以藉由分享來複製，而不影響原有的程度，它是一項分給別人之後反而會增加的資產。你付出的越多，得到的也會越多。生命中最巨大的獎勵，並不是來自財富的累積，而是由熱情帶來的精神上的滿足。

　　當你興致勃勃地工作，並努力使自己的老闆和顧客滿意時，你所獲得的利益就會增加。在你的言行中加入熱情，熱情是一種神奇的因

素，吸引具有影響力的人，同時也是成功的基石。

　　誠實、能幹、友善、忠於職守、淳樸——所有這些特徵，對準備在事業上有所作為的年輕人來說，都是不可缺少的，但是更不可或缺的是熱情——將奮鬥、拚搏看作是人生的快樂和榮耀。

　　發明家、藝術家、音樂家、詩人、作家、英雄、人類文明的先行者、大企業的創造者——無論他們來自什麼種族、什麼地區，無論在什麼時代——那些引導著人類從野蠻社會走向文明的人們，無不是充滿熱情的人。

　　美國最成功的女性玫琳‧凱，最初從事圖書推銷的工作。1963年下半年，她開辦了自己的公司——玫琳‧凱化妝品公司，現在該公司在全球擁有375000個美容顧問和直銷人員，年零售額為25億美元。玫琳‧凱是美國最成功的商界女強人之一，「玫琳‧凱熱情」已經成為商業界的一個代名詞，這為她的成功蒙上了一層神祕的面紗。

　　但玫琳‧凱一語道破了成功的祕密：「有人說我是天生的銷售人員，因為我十分熱愛銷售工作。其實，和我在一起的銷售人員比我更有才能，但我的銷售額卻比他們多，這是因為我比他們具有更多的熱情。」

　　熱情是能否獲得成功的必要條件，是成功者的一種天賦神力。熱情的力量真的很大，當這股力量被釋放出來，並不斷用自己的信心補充能量時，它就會形成一股不可抗拒的力量，並足以克服一切困難。

　　熱情常常會在成敗之間力挽狂瀾。不管你所處的環境是多麼的惡劣，你絕對有能力扭轉。對於熱情，你愈投入，事情就愈顯得容易。當你認真地想做，一切都變得很有可能，障礙就像田徑賽的欄柵一樣，等著被征服。

　　反之，投入熱情很低的時候，任何事情都會對你產生很大的威脅，事事讓你感到棘手、頭痛，精力與熱情也跟著低落，就像必須用雙手推動一座頑強牢固的牆似的，須費好大的勁兒才能夠完成。

　　著名音樂家韓德爾年幼時，家人不准他去碰樂器，不讓他去上學，哪怕是學習一個音符。但這一切又有什麼用呢？他在半夜裡悄悄地跑到祕密的閣樓裡去彈鋼琴。

　　巴哈年幼時只能在月光底下抄寫學習的東西，連點一支蠟燭的要求也被蠻橫地拒絕了。當那些手抄的資料被沒收後，他依然沒有灰心喪氣。同樣地，皮鞭和責罵反而使兒童時代充滿熱情的奧利·布林更專注地投入到他的小提琴曲中去。

　　沒有熱情，軍隊就不能打勝仗，雕塑就不會栩栩如生，音樂就不會如此動人，人類就沒有駕馭自然的力量，給人們留下深刻印象的雄偉建築就不會拔地而起，詩歌就不能打動人的心靈，這個世界上也就不會有慷慨無私的愛。

　　熱情使人們拔劍而出，為自由而戰；熱情使大膽的樵夫舉起斧頭，開拓出人類文明的道路；熱情使彌爾頓和莎士比亞拿起了筆，在樹葉上記下他們燃燒著的思想。

　　「偉大的創造，」波義耳說，「離開了熱情是無法做出的。這也正是一切偉大事物激勵人心之處。離開了熱情，任何人都算不了什麼；而有了熱情，任何人都不可以小覷。」

　　熱情，是所有偉大成就的取得過程中最具有活力的因素。它融入了每一項發明、每一幅書畫、每一尊雕塑、每一首偉大的詩、每一篇讓世人驚歎的小說或文章當中。它是一種精神的力量，只有在更高級的力量中才會生發出來。在那些為個人的感官享受所支配的人身上，你是不會發現這種熱情的。熱情的本質就是一種積極向上的力量。

　　熱情，使我們的決心更堅定；熱情，使我們的意志更堅強！熱情給思想以力量，促使我們在逆境中保持行動的決斷力，直到把可能變成現實。源源不斷的熱情，會使你的生命永保青春，讓你的心中永遠充滿陽光。

五、成功取決於進取的欲望

　　當一個人喪失進取心時，他就會麻木地聽從命運的擺布，任憑自己的銳氣、活力和夢想在逆境中消磨殆盡。喪失了進取心的人，如同一部鏽跡斑斑的陳舊機器，會以最快的速度腐朽。

　　欲望是產生成功願望的最原始的火花，是成功的不絕泉源。自強不息、具有進取欲望的人，能克服一切艱難險阻，從跌倒中爬起來，繼續前進，達到目的。挫折並不可怕，因為它既沒有毀滅希望，也沒有封殺所有通向成功的道路。真正可怕的是，人們在遭受挫折之後喪失了進取心而自甘沉淪。

　　一個年輕人不知道自己應該做什麼，覺得自己一生沒有多大希望了，在迷茫中，他去找一位哲人，想看看自己這一輩子到底還有沒有轉機。

　　哲人說：「你目前的處境很糟，是不是？」

　　「是啊！」年輕人有些吃驚，也有些喪氣，吃驚的是哲人說得這麼準，喪氣的是自己命運不好得到了證實。

　　「我沒有好好念書，沒有什麼本事，工作也不好找，好不容易找了一份工作，可是我連著一個星期睡過了頭，又被開除了。您給我算算我的中年吧，我會不會苦盡甘來呢？」

　　哲人看著年輕人，搖頭說：「你到30歲還成不了什麼大事業！」

　　年輕人大失所望，問道：「看樣子我命該如此！40歲呢？40歲應該有些轉機吧？」

　　哲人笑了笑，他看了看年輕人說：「到了40歲，也看不出來有什麼轉機。」

「那麼50歲呢？50歲時我總會好起來吧？」年輕人著急地問。

「到了50歲，你已經習慣了。」哲人說。

「到了50歲，你就習慣了！」這難道不是一句足以像警鐘一樣響徹你耳膜的話嗎？當一個人習慣了平庸、甘於落後的時候，還談什麼進取心呢？

沒有進取心的人往往得過且過，難以集中精力，更不會挖掘隱藏在體內的潛力。進取心對一個人來講實在太重要了，沒有它就不會堅持學習，遇到挫折就會立即放棄，獲得一次成功就會自我滿足。

當一個人喪失進取心時，就會麻木地聽從現實和命運的擺布，任憑自己的銳氣、活力和夢想在歲月中消磨殆盡。喪失了進取心的人，如同一部鏽跡斑斑的陳舊機器，會以最快的速度腐朽。

人人都想成功，但是大部分人都是希望自己成功，不是一定要成功。其成功的欲望不是那麼強烈，他們往往滿足於當下的狀態，而一旦遇到障礙時，就會退而求其次，或者乾脆放棄。

NBA傳奇人物麥克‧喬丹曾經說過：「從『不錯』進入『傑出』的境界，關鍵在於自己的心態。」你可以選擇維持「勉強說得過去」的狀態，也可以選擇卓越的表現，這就取決於你內心有無進取的欲望。

一個人想要出類拔萃，成就卓越，必須要有強烈的進取心，安於現狀的人到頭來只能成為碌碌無為的平庸者。

滿足現狀意味著退步。一個人如果從來不為更高的目標做準備的話，那麼他永遠都不會超越自己，永遠只能停留在自己原來的水準上，甚至會倒退。

追尋更高的位置！──這種強烈的自我提升欲望促成了許多人走向成功。競走的勝利者並不是最快的起跑者，戰爭的勝利者也不是最強壯的人，但競走和戰爭的最終勝利者，大都是那些有強烈成功欲望的人。許多成功人士都指出，很多人的資質都比他們高，而那些人

之所以沒有在事業上取得輝煌的成就，就是因為他們缺乏足夠的進取心。

傑出人物從不滿足現有的位置。隨著自身的進步，他們的標準會越定越高；隨著眼界的開闊，他們的進取心會逐漸成長。對於比爾‧蓋茲來說，如果說他僅僅希望開一個小公司賺點錢，那麼他20歲時就已經實現了這個目標；如果說成為世界上最有錢的人是他的最高理想的話，早在32歲的時候他就已經實現了這一目標。如果他沒有不斷超越自我的進取心，他在年輕的時候就可以醉心於自己的偉大成就而舉步不前了。凡是事業有成的人皆是如此，他們會以畢生的精力去追求更高的位置，不斷追求新的技能以及優勢的開發。

在逆境來臨時，進取心的力量更是不可估量！

年輕的日本商人齊藤助之助一心希望能在事業上有所作為，可是到了57歲的時候，他擁有的全部「財富」就是320萬日元的債務。你能想像他最後的結局嗎——四處躲債？消極遁世？宣告破產，一走了之？甚至精神崩潰而自殺身亡？

然而，讓人難以置信的是，15年過去了，72歲的他成了世界頂級推銷員。他對於成功經驗的概括只有兩點：一是要有堅定的信念，二要有不斷進取的精神。

保持積極進取的心態，對於身處逆境的人將大有裨益。高逆商者之所以成功，是因為他堅信自己一定會成功，他們的進取心是很強烈的，他們會不斷地找突破逆境的途徑。高逆商者會觀察和評定自己所處的環境中積極的方面，發現最有建設性的方法，仔細地體會、認識自我。而這一點正是高逆商者與低逆商者的不同之處。

具有強烈的進取心，你就能在逆境中獲得成長，就能讓甘於平庸者無法企及，就能讓自己在任何時候顯得卓爾不群。

保持進取的欲望，不斷追求更高的自我定位，從根本上講，是為了自身不斷的進步。不斷進取的過程更是重塑自我的過程，這好比跳

高運動員，不斷進取就是要把有待躍過的橫杆升高一格或幾格，力爭做到更好——很可能，這「更好」並非巨大的超越，而僅僅是超出幾公分左右。

但每當運動員們嘗試跳得更高一點兒時，他們實際上就是要重新塑造自我。他們必須重新思考自我的涵義。然後，他們要設定新的目標——不是基於過去的紀錄，而是基於重新思考後對自我的全新認識。這個新的自我所處的位置更高，必將會有更傑出的工作表現。

六、點亮希望之光

人生不能沒有希望，我們的一顆心，無論何時何地，都是跳動著希望的。短暫也好，長久也好，人，什麼時候都要鼓起勇氣，去尋找心中的希望。這便是出路，也是人生，更是一種積極的、光明向上的生活態度。

«««希望，心的落點和目標

冬季，如果人在茫茫的雪地上行走上半天，就會有患雪盲症的危險。令人費解的是，即使戴上墨鏡，擋住陽光落在雪地上的強烈反光，仍不可避免地要患上雪盲症。為此，人們研究開發了許多能擋住強光的墨鏡，但問題還是沒有得到很好的解決，患雪盲症的人依然很多。

直到20世紀80年代，研究者才把謎底揭開。原來，雪盲症並不是因為雪地上的強烈反光所致，而是因為雪地上空無一物的視界所造成。

研究表示，人的眼睛，原來是需要從一個落點到另一個落點的不斷轉換。如果它在一定的時間裡尋找不到一個可以參照的落點，就會因為焦慮、疲勞和迷茫而失明。事實證明，眼睛總是要看到些什麼才行的。

在茫茫的大海上，如果眼睛總是注視著平靜而無邊的海水，人不但感覺不到平靜的所在，反而會感到緊張和無所適從。因此，在面對茫茫大海時，人產生的反應總是不敢長久地看下去，尤其是面對四周望不到盡頭的海水。所以人在海上，目光總是要禁不住去尋找一隻

鳥、一座島，或一條船。

　　而人的心靈和眼睛一樣，是需要不斷找到落點的，否則就會因為不適而生病。許多人在命運的轉換中，之所以會感到焦慮與不適，皆是因為內心的空泛和茫然。一些從工作職位上退休的人，身心之所以出現疾病，原因也是因為人生突然失去了目標所致。這種目標，其實就是人對前途所抱有的希望。

　　現代人的緊張、徬徨、壓抑、不明的痛苦，實際上都與內心失去希望有關。據西方有關人士統計，許多抑鬱患者自殺的原因，就是因為內心長期找不到希望的緣故。而內心滿懷希望的人，能度過危機四伏的艱難時刻，讓生命煥發出別樣的光彩！

　　美國作家歐・亨利在他的小說《最後一片葉子》裡講了這樣一個故事。

　　病房裡，一個生命垂危的病人，從房間裡看見窗外的一棵樹的樹葉，在秋風中一片片地掉落下來。病人望著眼前的蕭蕭落木，身體也隨之每況愈下，一天不如一天。

　　病人說：「當樹葉全部掉光時，我也就要死了。」

　　一位老畫家得知後，用彩筆畫了一片葉脈青翠的樹葉掛在樹枝上。最後一片葉子始終沒掉下來。只因為生命中的這片綠葉，病人竟奇蹟般地活了下來。

　　是的，人生可以沒有很多東西，卻惟獨不能失去希望。希望是生存的支柱，有了希望，生命之樹才會常青！當心中的希望之火熄滅了，就會停止追尋生命的步伐，死神的腳步也就近了。

　　心與眼是一樣的，人的一雙眼睛總是在不停地尋找著目標，而人的心看似混亂，其實每時每刻都是被特有的希望所固定著的。一顆心，永遠都是要依附在某個希望上的。一旦內心的希望失去，人就會自動去尋找新的希望，否則根本無法活下去。

　　人生不能沒有希望，我們的一顆心，無論何時何地，都是要充滿

希望的。短暫也好，長久也好，人，什麼時候都要鼓起勇氣，去尋找心中的希望。這便是出路，也是人生，更是一種積極的、光明向上的生活態度。

一老一小兩個相依為命的盲人，每天靠彈琴賣藝維持生活。

一天，老盲人終於支持不住，病倒了，他自知不久將離開人世，便把小孩叫到床頭，緊緊拉著他的手，吃力地說：「孩子，我這裡有個祕方，它可以使你重見光明。我把它藏在琴裡面了，但你千萬記住，你必須在彈斷第一千根琴弦的時候，才能把它取出來，否則，你是不會看見光明的。」

小孩流著眼淚答應了師父。老盲人含笑離去。

一天又一天，一年又一年，小孩用心記著師父的遺囑，不停地彈啊彈，將一根根彈斷的琴弦收藏著，銘記在心。當他彈斷第一千根琴弦的時候，當年那個弱不禁風的少年已到了垂暮之年，變成一位飽經滄桑的老者。他按捺不住內心的喜悅，雙手顫抖著，慢慢地打開琴盒，取出祕方。

然而，別人告訴他，那只是一張白紙，上面什麼都沒有。淚水滴落在紙上，小孩笑了。就在拿出「祕方」的那一瞬間，他突然明白了師父的用心，雖然是一張白紙，但確實是一個沒有寫字的祕方，一個難以竊取的祕方。只有他，從小到老彈斷一千根琴弦後，才能領悟這無字祕方的真諦！

那祕方就是希望之光，是在漫漫無邊的黑暗摸索與苦難煎熬中，師父為他點燃的一盞希望之燈！

若沒有它，他或許早就會被黑暗吞噬，或許早就在苦難中倒下。就是因為有這麼一盞希望的燈支持著他，他才堅持彈斷了一千根琴弦。他渴望見到光明，並堅定不移地相信，黑暗不是永遠，只要永不放棄努力，黑暗過去，就會是無限光明！

常常懷著積極的期待，期待著前程充滿光明與希望，期待著美好

的願景終能實現，從中可以生出巨大的力量來。只要有一個積極的希望，我們就能夠堅定不移地朝著夢想走下去，不管路途多麼遙遠，坎坷艱辛有多少。

　　亞歷山大大帝在遠征波斯之前，將所有的財產分給了臣下。大臣之一的皮爾底加斯非常驚奇，問道：「那麼陛下，您帶什麼啟程呢？」

　　「希望，我只帶這一樣財寶！」亞歷山大回答說。

　　聽到這個回答，皮爾底加斯說：「那麼請讓我也來分享它吧。」

　　於是，他也謝絕了分配給他的財產。

　　亞歷山大帶著唯一的希望出發，卻帶回了所要征服的全部！

　　在追求成功的路途中，不盡是掌聲和鮮花，還有挫折和淚水。如果在面臨痛苦時仍能保持對未來的希望，那就意味著你還有希望成功，因為你已經征服了最大的對手——自己。

　　你還在為生活的失意或挫折而難過嗎？看一看窗外的天空吧！如果今天過得很差勁，想想，還有明天，把一切不如意化為向上的動力，滿懷希望，並積極面對往後的每一天，那麼，我們便能躍過每一個低谷，希望之心便能永遠屹立在生活的最高峰。

七、面對逆境，心態達觀

生活在這個世界上，每個人都會碰到各種各樣的困境，在遇到困境時，達觀者總能提升自己的逆商，外在世界對於他們來說總是充滿著光明和希望。

《《樂觀培養高逆商

高度樂觀的人具有共同特質：能自我激勵，能尋求各種方法實現目標，遭遇困境時能自我安慰，知道變通，能將艱巨的任務分解成容易解決的小目標。

樂觀者面臨挫折時，仍堅信情勢必會好轉，樂觀能使陷入困境中的人不會感到冷漠、無力和沮喪。樂觀和自信一樣，使人生的旅途更順暢。

而悲觀者卻往往精神很抑鬱。如果悲觀者能學到保持樂觀的習慣，無疑對提高他們的逆商將會很有幫助。因為養成樂觀的習慣，你就變成了自己的主人，而不是心靈的奴隸。

印第安那州有一個名叫英格萊特的人，10年前，他得了一場大病，當他康復以後，卻發現又得了腎臟病。他去找過好多個醫生，甚至去找過密醫，但誰也沒辦法治好他。之後不久，他又患上了另外一種病，血壓也高了起來。

他去看一個醫生，醫生說他已經沒救了，患這種病的人離死亡不會太遠，他建議英格萊特先生最好馬上回去預備後事。

英格萊特只好回到家裡，他弄清楚他所有的保險全都付過了，然後向上帝懺悔自己以前所犯過的各種錯誤，坐下來很難過地默默沉

思。

　　家裡人看到他那種痛苦的樣子，都感到非常難過，他自己更是深深地陷入頹喪的情緒裡。

　　這樣，一週過去了，英格萊特先生對自己說：你這樣子簡直像個傻瓜。你在一年之內恐怕還不會死，那麼趁你現在還活著的時候，為何不快樂一些呢？

　　他挺起胸膛，臉上開始綻出微笑，試著讓自己表現出很輕鬆的樣子。開始的時候他極不習慣，但是他強迫自己很快樂。

　　接著，他發現自己開始感覺好多了——幾乎跟他裝出來的一樣好。這種改進持續不斷。他原以為自己早已躺在墳墓裡，但現在，他不僅很快樂，很健康，活得好好的，而且，他的血壓也降下來了。

　　「有一件事我可以肯定：如果我一直想到會死、會垮掉的話，那位醫生的預言就會實現。可是，我給自己的身體一個自行恢復的機會，別的什麼都沒有用，除非我樂觀起來。」英格萊特先生自豪地說。

　　是的，他現在之所以還活著，是因為他發現了樂觀這個祕密。

　　樂觀的人認為失敗是可改變的，結果反而能轉敗為勝。悲觀的人則把失敗歸之於個性上無力改變的恆久特質，個人對此無能為力。不同的解釋對人生的抉擇將造成深遠的影響。

　　研究表示，在焦慮、生氣、抑鬱、沮喪的情況下，任何人都無法有效地接受資訊，或妥善地處理資訊。情緒沮喪的悲觀者會嚴重影響智力的發揮，因為沮喪悲觀的情緒壓制大腦的思維能力，從而使人的思維癱瘓。

　　心理學家曾做過「半杯水實驗」，較準確地預測出樂觀者和悲觀者的情緒特點。

　　悲觀者面對半杯水說：「我就剩下半杯水了。」而樂觀者則說：「我還有半杯水呢！」

因此，對樂觀者來說，外在世界總是充滿了光明和希望。

樂觀使人經常處於輕鬆、自信的心境，情緒穩定，精神飽滿，對外界沒有過分的苛求，對自己有恰當客觀的評價。

樂觀與信心一樣可預測學業成績。1984年，沙里曼曾以賓州大學500名新生為對象做樂觀測試。他發現，測試成績比入學考試更能準確地預測第一年成績。沙里曼指出，入學考試測量的是能力，從每個人解釋成敗的角度，則可看出他是否容易放棄。

一定程度的能力加上不畏挫折的心態才能成功，動機是入學考試測不出來的，而要預測一個人的成就，很重要的一點，是看他能否愈挫愈勇。以智力相當的人而言，實際成就不僅與才能有關，同時也與承受失敗的能力有關。

樂觀與悲觀部分是與生俱來的，但天性也是可以改變的。樂觀與希望都可學習而得，正如絕望與無力也能慢慢養成。當然，樂觀者必須務實，天真盲目的樂觀，有可能導致失敗的後果。

««« 逆境來臨，微笑以待

一位哲人說：「樂觀是困境的殺手，而一個微笑能穿過最厚的皮膚。」它形象地說明了微笑的力量不可抵擋。

有這樣一則笑話：幾位醫生紛紛誇耀自己的醫術如何高明。一位醫生說他給跛子接上了假肢，使他成為一名足球運動員；另一位醫生說他給聾人安上了合適的助聽器，使他成為一名音樂家；而美容大夫說，他給智力障礙者添上了笑容，結果他成了一名國會議員。

這則笑話雖有些誇張，卻也能從側面說明微笑的力量。生活中如果失去了達觀的氣氛，就會如同荒漠一樣單調無味。

一個微笑不費分毫，如果你能始終慷慨地向他人行銷你的微笑，那你獲得的回報將不僅僅是一個微笑，你將獲得長期的客戶關係，你

將獲得豐厚的報酬，你將獲得事業上的成功。

　　美國《哈佛商業評論》在近期刊登一篇名為「如何在經濟衰退中保住飯碗」的文章稱，通常有幸沒有被公司裁掉的，不一定是那些能力最強的員工，而往往是那些開朗隨和、樂於助人的員工。

　　文章的作者珍妮特‧班克斯和戴安‧科圖提醒打工一族：「不要成為整天愁眉苦臉、怨氣沖天，讓同事一看到你就想到自身難保的人，誰願意和這種人一起工作？面對逆境，保持樂觀的心態和微笑的面孔，你將成為公司最受歡迎的員工。」

　　美國德克薩斯州職場關係專家科特妮‧安德森對此表示贊同。她表示，在經濟不好的環境下，雇主對表現不佳的員工，特別是心態焦躁的高層員工的容忍度在降低。

　　安德森說，現在很多雇主更重視有樂觀心態的員工，而不再把業績或者表現突出放在首位。雇主首先考慮要裁掉的是那些常常悶悶不樂的員工以及那些一直都悶不吭聲，讓老闆幾乎察覺不到他存在的人。而那些面對挑戰微笑以待的員工顯然受到青睞。

　　對此，有專家表示，在裁員潮過後，公司各個層面都會出現空缺，這會成為留下來的雇員充分表現自己、幫助老闆和公司度過難關的好機會。把手頭的工作做好，用達觀的心態留心客戶和公司的需要，是展現自己價值的最好辦法。

　　英國諺語說：「一副微笑的好面孔，就是一封完美的介紹信。」微笑具有很強的情緒感染力，它是一個非常主動的信號。人與人相處，微笑就是你美麗的外衣，你的笑容就是你如意的信差，能照亮所有看到它的人。

　　對那些整天都皺著眉頭、愁容滿面、視若無睹的人來說，笑容就像穿過烏雲的太陽。尤其對那些受到上司、客戶、老師、父母或子女的壓力的人，一個笑容能使他們了解到，一切都是有希望的，世界上是有歡樂的。

弗萊奇在他為歐本·海默和卡林公司製作的一則廣告中，毫不吝嗇地對微笑予以讚美：

它不花費什麼，但創造了很多成果。

它豐盛了那些接受的人，而又不會使那些給予的人貧苦。

它產生在剎那之間，但有時給人一種永遠的記憶。

沒有人富裕得不需要它，也沒有人窮得不會因為它而富裕起來。

它在家中創造了快樂，在商界建立了好感，而且是朋友間的口令。

它是疲倦者的懷抱，沮喪者的白天，悲傷者的陽光，又是大自然的最佳良藥。

但它卻無處可買，無處可求，無處可借，無處可偷，因為在你把它給予別人之前，沒有什麼實用的價值。

而假如在耶誕節最後一分鐘的匆忙購物中，店員累得無法給你一個微笑時，就請你留下一個微笑給他。

因為不能給予微笑的人，最需要微笑了！

微笑是醫治憂鬱的良方。微笑可以產生放鬆的身體狀態，而放鬆的生理狀態與緊張的情緒狀態是不相容的。因此，當你綻開笑容，愉快的情緒會隨之而來。但低逆商者就是不肯開放心扉，讓愉快、希望、樂觀的陽光照耀。相反地，他卻緊閉心扉，想以自己內在的能力驅走黑暗。他們不知道外面射入的一縷陽光會立刻消除黑暗，趕出那些只能在黑暗中生存的心魔！

布里斯是加州一家電器公司的銷售員，結婚已經8年了，他每天早上起床之後便草草地吃過早餐，冷漠地與妻子孩子打聲招呼後就匆匆上班了。

他很少對太太和孩子微笑，或對他們說上幾句話。他能力有限，

在公司的地位可有可無，他是工作群體中最悶悶不樂的人。

後來，布里斯的一個好朋友瓊告訴他，如果他再那樣下去，周圍的人都會疏遠他。布里斯也意識到了這一點，於是，決定試著去微笑。

布里斯在早上梳頭的時候，看著鏡子中滿面愁容的自己，對自己說：「布里斯，你今天要把臉上的愁容一掃而光，你要微笑起來，你現在就開始微笑！」

當布里斯下樓坐下來吃早餐的時候，他以「早安，親愛的」跟太太招呼，同時對她微笑。布里斯太太有點糊塗了，她驚訝不已。

從此以後，布里斯每天早晨都這樣做，已經有兩個月了。這種作法在這兩個月中改變了布里斯，也改變了布里斯全家的生活氛圍，使他們都覺得比以前幸福多了。在工作中，他以達觀的心態接受了自己的境遇，老闆和同事們也開始對他刮目相看，他工作起來也輕鬆許多，自然業績也得到了快速的提升。

「現在，我去上班的時候，就會對大樓的電梯管理員微笑著說一聲『早安』。我微笑著向大樓門口的警衛打招呼。當我跟地鐵收銀小姐換零錢的時候，我對她微笑。當我在客戶公司時，我對那些以前從沒見過我微笑的人微笑。」布里斯說，「而且我很快發現，每一個人也對我報以微笑。我以一種愉悅的態度，來對待那些滿腹牢騷的人。我一面聽著他們的牢騷，一面微笑著，於是問題就更容易解決了。我發現微笑帶給了我更多的收入。」

微笑源自快樂也能創造快樂，成功者從不會吝惜自己的微笑。

學會微笑吧，你很快就會經歷到一個神奇的精神變化，遮蔽你心田的陰影就會逃走，而快樂的陽光將照耀你的全部生命。

«‹‹ 在逆境中咀嚼幽默

幽默是愉快而輕鬆的表達方式，顯示了人類征服逆境和憂愁的能力。布笑施歡，令人如沐春風，神清氣爽，困頓全消。在複雜的人際關係中，幽默實在是一種豐富的養分。一個得體的小幽默，往往能化怒為喜，轉危為安，破涕為笑，情趣盎然。

世間沒有青春的甘泉，也沒有不老的祕訣。南非前總統曼德拉之所以擁有永遠的青春，是因為他在豐富的人生閱歷中，提煉出了大智慧，在苦難的折磨中，咀嚼出了大幽默。

20多年的牢獄之苦，風刀雪劍的嚴酷相逼，曼德拉都用幽默來應對。1975年，獄中的曼德拉首次被允許與女兒津姬見面。曼德拉入獄的時候，女兒只有3歲，如今女兒已經長大成人了。

曼德拉特意穿上一件漂亮的新襯衣，他不想讓女兒感到自己是一個衰弱的老人。他知道，對於女兒來說，自己是一個她並不真正了解的父親。他知道，女兒見到他一定會感到手足無措。

當女兒走進探訪室的時候，他的第一句話是：「你看到我的衛兵了嗎？」然後指了指寸步不離的看守。女兒微笑了，氣氛頓時變得輕鬆起來。

曼德拉告訴女兒，他經常回憶起以前的情景，他甚至提起，有一個星期天，他讓女兒坐在腿上，給女兒講故事。

透過探訪室的小玻璃窗戶，曼德拉發現女兒眼中噙著淚花。津姬後來描述了這一次見面，特意強調了曼德拉性格中風趣幽默的一面：「正是父親的這種幽默，讓我這個以前並不了解他的女兒，和他一下子貼近了許多。」

幽默是人際交往的潤滑劑，是具有良好溝通能力的表現，它可以使人笑著面對矛盾，輕鬆釋放尷尬。幽默是一種機智地處理複雜問題的應變能力，它往往比單純的說教、訓斥或嘲弄使人開竅得多。

　　幽默是一種優美健康的品質，幽默對心理上的影響很大，它使生活充滿情趣。哪裡有幽默，哪裡就有活躍的氣氛。誰都喜歡與談吐不俗、機智風趣者交往，而不喜歡跟抑鬱寡歡、孤僻乖戾的人接近。

　　幽默能緩解矛盾，使人們融洽和諧。生活中，人與人之間常會發生一些摩擦，有時甚至劍拔弩張，弄得不可收拾。而一個得體的幽默，往往能使對方擺脫尷尬的境地。

　　幽默大師蕭伯納一天在街上散步時，一輛自行車衝來，雙方躲閃不及，都跌倒了。

　　蕭伯納笑著對騎車人說：「先生，您比我更不幸。要是您再加點力，那就可以作為撞死蕭伯納的好漢而永遠名垂史冊啦！」

　　兩人握手道別，沒有絲毫難堪和不快。

　　一個幽默的人，他能夠給朋友帶來無比的歡樂，並且在人際交往中增加魅力，因而備受歡迎。

　　古希臘哲學家蘇格拉底也是一個很懂幽默的人。一次與人談話時，他太太跑進來大罵他一頓，朋友知趣地離去，蘇格拉底也下樓躲了起來。

　　太太並不甘心，在蘇格拉底從窗戶底下經過時，把一桶水往他頭上一倒，蘇格拉底立時全身濕透，如同落湯雞。

　　這時，他一句幽默就化解了難堪的局面：「我早就知道，響雷過後，必有大雨。」

　　幽默氣質伴生於曠達的情懷。心性曠達，故眼前的一切，不管是喜怒哀樂還是辛酸苦辣，都可付之淡淡的一笑。

　　有人說，幽默是痛苦與歡樂交叉點上的產物，這句話道出了幽默的內涵。以嚴肅的態度對待一切，而以輕鬆的態度對待自己，尤其是面對失敗、面對挫折，面對生活中的種種不幸時，以幽默的態度一笑置之，那就是高逆商者的上佳表現。

　　吉爾森經常遲到，上司忍無可忍地對他說：「吉爾森，要是你下

次再遲到，你就自己收拾東西走路，不用我多說了！」

一連好幾天，吉爾森都起得很早。但是這天又睡過了頭，恐怕上司已經鐵定要「罵」人了。

等到吉爾森到了辦公室的時候，裡面悄然無聲，每個人都埋頭工作。一個同事向他使個眼色，示意老闆生氣了。果然，老闆一臉嚴肅地朝他走了過來。

吉爾森突然滿面笑容地握住上司的手說：「您好，我是吉爾森，我是來這裡應聘工作的，我知道35分鐘之前這裡有一個空缺，我想我應該是最早來應聘的吧，希望我能捷足先登！」

說完，吉爾森一臉自責又充滿希望地看著上司。

辦公室裡突然哄堂大笑，上司也憋不住笑了：「來點正經的，還不快點工作去！」

吉爾森憑藉高超的幽默感保住了自己的工作，他不愧為一位具有高度逆商的人，在幽默的談笑中，曲折地表達了自己的歉意，使煩惱變為了歡暢，痛苦變成了愉快，尷尬轉為了融洽。

幽默感是可以訓練培養的。要想幽默，必須敞開自己的心胸。就好比讓陽光灑進屋子一般，去接受各種不同的人和事物，這些人和事物會在你的心中留下痕跡，成為幽默感的生產地。

八、堅持到底，永不放棄

　　成功根本沒有什麼祕訣可言，如果真的有的話，就是兩個：第一個就是堅持到底，永不放棄；第二就是當你想放棄的時候，回過頭來看看第一個祕訣——堅持到底，永不放棄！

≪≪成功貴在堅持

　　追求成功的過程往往充滿了戲劇性，在最初，它總是讓人看到成功的曙光，但一到了關鍵時刻，就會有一些你意想不到的困難來臨，致使你喪失追求的信心。所以，渴望成功的人必須堅持。但很多人卻往往堅持不了，結果就會與成功擦肩而過。

　　有一條規律是：世界上的江河都是朝著海洋的方向流去。財富也是這樣，它也是朝著人們欲望的大海永不停歇地移動。而成功，也永遠都是屬於那些堅持到底、百折不撓、被打倒了還會再爬起來的人！

　　有人透過對一百個千萬富翁的性格加以分析之後發現，大凡成功者都有這樣的特點：他們都有很快做出決定的習慣，但要他們改變原來的主意卻非常困難，即使在非常惡劣的環境下，他們也能堅持自己的決定，從不輕易放棄。而失敗者正好相反。

　　克爾曾經是一個不錯的新聞記者，他在一家知名的報社當記者，但他覺得做記者展現不了他的人生價值，他需要一個更有挑戰性的職業。於是，他選擇了廣告業。

　　他辭去現有的工作，在同事和朋友詫異的目光中，來到另外一家報社，當了一個廣告業務員。他對自己很有信心，向經理提出不要薪水，只按自己的業績抽取佣金。經理當然樂意答應他的要求。

他從經理手裡要了一份客戶名單，但這份名單比較奇怪，上面每一個企業都是有實力的企業，但是在這以前，報社去的每一個廣告業務員都無功而返。所有的同事都認為那些客戶是不可能與他們合作的。

但克爾並不這樣認為。每次當他去拜訪這些客戶前，克爾總是先把自己關在屋裡，站在一個大鏡子前面，把客戶的名稱和負責人的名字默念十遍，接著信心十足地說：「一個月之內，我們將有一筆大交易。」

他堅定的信心成為他成功的催化劑。僅在第一天，就有3個所謂「不可能的」的客戶和他簽訂了合約；到那個星期五，又有兩個客戶同意買他的廣告；一個月後，名單上只有一個名字後面沒有打上勾。

到第二個月裡，克爾在拜訪新客戶同時，每天早晨，只要拒絕買他的廣告的那個客戶的商店一開門，他都進去請這個商人做客戶，但是每一次這位商人都面無表情地說：「不！」可是每一次，當這位商人說「不」時，克爾都不放在心裡，然後繼續前去拜訪，就像拜訪新客戶一樣。

很快又一個月過去了，連續對克爾說了60天「不」的商人突然有了興趣與他交談幾句：「你已經在我這裡浪費了兩個月的時間，事實上我什麼也沒有給你，我現在想知道的是，是什麼讓你堅持這樣做。」

克爾說：「我當然不會故意到這裡來浪費時間，我是到這裡學習的，你就是我的老師，我從你這裡學習如何在逆境中堅持，事實上我們都在堅持。」

那位商人點點頭，對克爾的話深表贊同，他說：「其實我也不得不承認，我也一直在學習，你也是我的老師。我們都學會如何堅持，對我來說，這比金錢更加寶貴，為了表示我的感激之情，我決定買你一個廣告版面，這是我付給你的學費，而不是我放棄堅持。」

在商人很有禮貌的「退讓」下，名單上最後一個「難纏的人」被拔除了！

　　當他把打滿勾的名單交回給經理時，經理頓時站了起來，向這位傑出的廣告業務員表示敬意。他說：「以你的能力，不應該繼續做一個業務員，所以，我將向社長提議，為你專門成立一個部門。」

　　第三個月的第一天，由克爾為經理的廣告二部成立了，三十多個員工成了克爾的下屬。在這裡，克爾找到了一個最適合自己發展的全新空間。

　　克爾的堅持最終導致他取得了成功，也清楚地證明了堅持就是逆商的精華所在。堅持表示你能堅守夢想和目標，專心致志並保持平衡的心態，直到做成想做的事，成為想成為的人。

　　當一個目標成為眾人追逐的對象時，最能堅持的往往會笑到最後。在人們的生活和事業中，往往因缺少這種精神而與成功擦肩而過。優秀的人總是坦然地面對一時的失利，然後一直堅持到勝利來臨。

　　英國最偉大的首相之一班傑明・迪斯雷里，憑著堅定的意志力，在他的政治生涯中達到了最高峰。

　　迪斯雷里原本是一名作家，但並不十分成功，他出版的書籍超過一打以上，卻沒有一本能給大眾留下深刻的印象。他接受失敗，堅持成功的目標，在其他領域再接再厲。後來他進入政壇，下定決心要成為英國的首相。

　　1837年，他在美德斯東當選為議員。在議會的第一場演說並不成功，他再度把這次打擊當成挑戰而堅持不懈。

　　1858年，他當選為下議院的主席，隨後擔任高等法院的首席法官。

　　1868年，他實現了既定的目標，成為英國的首相。

　　後來，雖然遇到可怕的阻力而辭職，但是他一點也不認為這種暫

時性的打擊就是失敗，之後他東山再起，再度當選為首相，締造了大英帝國，影響非常深遠。

迪斯雷里在情勢最不利時，將堅定的意志力發揮到極點，支持他度過暫時的危機，獲得最後的勝利。在一場簡短的演說中，對於他的成就，他一言以蔽之：「成功的祕訣在於堅持目標。」

英國首相邱吉爾是一個非常有名的演講家，他非常推崇面對逆境要堅持不懈的品質。他生命中的最後一次演講是在一所大學的結業典禮上，那次演講的全過程大概持續了20分鐘，但是在那20分鐘內，他只講了兩句話，而且都是相同的字眼：堅持到底，永不放棄！堅持到底，永不放棄！

這場演講是世界演講史上最為成功的經典之作。邱吉爾用他一生的成功經驗告訴人們：成功根本沒有什麼祕訣可言，如果確實有的話，就是兩個：第一個就是堅持到底，永不放棄；第二就是當你想放棄的時候，回過頭來看看第一個祕訣──堅持到底，永不放棄！

人們經常在遇到困難時放棄努力，而未遭受挫折時則能堅持最初的目標，這就是由自身逆商的高低所決定的，只有在逆境中把握好自己對待逆境的態度，咬牙堅持到勝利的那一刻的人，才能最終到達成功的終點。

有一句話說：「任何值得做的事，都值得從做錯一直到做好為止。」如果金像獎是那麼容易獲得的，那世界上的好演員也就不多了。如果成功是那麼容易達成的，那樣的成功也不值得人們去追求。

對著成功這個箭靶，你總要射偏許多箭，最終才有射中紅心的機會。最要緊的是，你是否耐得住射偏那許多箭的挫折，堅持到底。能夠從失敗中吸取教訓並堅持下來的人，最後就是射中紅心的那個神射手！

‹‹執著專注，孜孜以求

　　執著專注是一種精神，也是一種品格。做任何事情時，要做好都需要專注和執著，很多人才智都超過常人，但缺少一種把自己的工作進行到底的精神，所以不能成功。誰都明白，天上掉不下餡餅來，只有執著地去努力爭取，才能達到理想的彼岸。

　　農場主在巡視穀倉時，不慎將一只名貴的手錶遺失在穀倉裡，他在偌大的穀倉內遍尋不獲，便定下賞金，要農場上的小孩到穀倉幫忙，誰能找到手錶，就犒賞他50美元。

　　面對50美元的誘惑，孩子們都非常賣力地四處翻找。但是穀倉內全是成堆的穀粒，以及散置的大批稻草堆，要在這當中找尋到一只小小的手錶，實在無異於大海撈針。

　　直到太陽下山，孩子們仍一無所獲，一個接一個都放棄了尋找。只有一個孩子在眾人離開之後，仍不死心地努力找著那只手錶，希望能在天黑之前找到它，換得那筆對他來說十分誘人的賞金。

　　天色越來越黑，孩子克制住自己恐懼的心理，在穀倉裡找著，突然，他想靜下來歇一會兒，剛在一堆穀物邊上坐下來，他聽到一種奇特的聲音。

　　那聲音「滴答、滴答」不停響著，小孩頓時停下所有動作，穀倉內更安靜了，滴答聲也響得十分清晰。小孩循著聲音，終於在偌大漆黑的穀倉中找到了那只名貴手錶。

　　執著是成功法則中極重要的態度。正如故事中的那個孩子一樣，在眾人放棄後，他卻執意要找到手錶，甚至克服了對黑暗的恐懼。而在穀倉安靜下來之後，當周遭環境不再複雜，他便輕易地找到了他所要的東西。

　　無論什麼時候，什麼情況下，我們都應該堅持信念，不要絕望，不要放棄對命運的抗爭。在執著信念的支撐下，奇蹟就會出現。如果

蒼蠅在颶風前放棄認命，停止了掙扎，牠應該早已成了蜘蛛的美食。正是因為這種執著專注的信念，才使蒼蠅在生命的緊要關頭破網而出，創造了牠生命的奇蹟。

許多時候，執著不僅是一個過程，往往還是一個漫長的過程。只有保持一種堅忍不拔、百折不撓的精神，保持足夠的耐心和毅力，才有可能走完這個過程。

「咬定青山不放鬆，任爾東西南北風」，讚頌的就是堅持和執著，愚公移山、精衛填海，昭示著執著的力量。司馬遷作《史記》，曹雪芹著《紅樓夢》，都昭示執著的難能可貴。

執著磨練意志，凝聚力量，孕育成功，人生貴在執著。執著是一種難得的品格，培養和擁有這種品格，你的人生將進入一個更高的層次和更新的境界。

»»» 忍耐者能成就大事

著名成功學大師卡內基說：「順境顯示高尚和邪惡，逆境顯示堅韌和怯懦，苦難是人生最好的教育。」無數事實證明，偉大的人格無法在平庸中養成，只有經歷淬煉和磨難，耐力才會得到增強，潛智才會激發，視野才會開闊，靈魂才會昇華，最終才會走向成功。

能吃常人不能吃的苦，必然能做出常人不能做的事業。從這個意義上說，人生吃苦就是吃補，是補意志，補知識，補才能，補靈魂。

那麼，在逆境中奮鬥的人們，不妨讓所有的痛苦都在忍耐中淡化，讓所有的眼淚都在忍耐中化作輕煙吧。

在逆境中增強自己的忍耐力，無論在多麼困難的情況下都不要滋生放棄的念頭，只有這樣才能達到你意想不到的高度。正如羅馬偉大詩人奧維德曾經說的：「忍耐，甚至連希望都已離開戰場時，它還能幫助你打許多勝仗。」

　　在人生的旅途中，人不但要學會忍耐逆境，還要學會忍受漫漫無期的枯燥。因為，成功的取得不會輕而易舉，都需要長時間地經受非常枯燥單調的過程，需要將自己的忍耐力發揮到極限。

　　有位記者曾以〈專業運動員與其他人的生活有什麼不同〉為題，採訪過一些奪得奧運會金牌的運動員。

　　枯燥——冠軍們幾乎不約而同地都說到了這個詞！

　　是的，領獎台上光彩奪目，掌聲如雷，而領獎台下是什麼？是沙漠，是浩瀚無邊的沙漠。每一個站在領獎台上的運動員，都是從無邊的沙漠裡走過來的。那個沙漠，就是枯燥，日復一日的枯燥！

　　一個很簡單的動作，一天要做成千上萬次，沒有忍耐力可忍受不了。那種訓練的枯燥，真的就跟沙漠一樣，讓人總會產生一種不論怎麼走都走不到盡頭的感覺。相當多的很有天賦的運動員，都是因為忍受不了枯燥才敗下陣來，甚至當了逃兵。

　　而那些最終的成功者，沒有戰勝枯燥的忍耐力，是不可能走上萬人矚目的領獎台的。所有能夠忍耐下來堅持到底的運動員，都會使我們的內心產生由衷的敬意！

　　更多的時候，運動員得自己想辦法對付漫長枯燥的訓練生涯。曾獲雅典奧運會跳遠冠軍的俄羅斯名將列別傑娃，被稱為世界體壇最愛作怪的女子田徑運動員。怎麼作怪呢？每次出現在賽場上，她的髮型都是頗有摩西風韻的粗辮盤髮。

　　為什麼要這樣作怪呢？她說：「千篇一律的訓練實在枯燥乏味，只有透過不斷地變換髮型，才會讓我體會到一點創作的快樂。」

　　枯燥，是所有運動員每天都遇到且必須忍受的大敵。征服不了這個大敵，站在領獎台上升國旗奏國歌的輝煌，就不會落到自己頭上。但是運動員們征服這個大敵的時候，我們是看不到的，我們看到的，只是他們奉獻給我們的無比好看的精彩比賽，是他們成功之後的喜悅和榮耀，失敗之後的悲傷與痛苦。

可以說，運動員每戰勝一次枯燥，他的身上就會積存一點光芒，等他征服了那漫漫無際的枯燥的沙漠，他累積的光芒就足以使他擁有整個人生的輝煌——哪怕他最後沒能登上領獎台，他的那種百折不回、頑強不屈的奮鬥精神，也足可告慰平生，足可贏得人們的禮讚與尊重。

縱觀歷史，當「智慧」已經失敗，「天才」無能為力，「機智」與「手腕」已經沒有用處，其他的各種能力都已束手無策時，「忍耐」出現了！由於忍耐，許多人取得了成功，使不可能成為可能，使自己的人生價值得到了頑強的展現。

訂下了一個正確的目標，然後集中全部的精力去堅定執行，這種能力最能獲得欽佩與尊敬。只要你有毅力，有決心，有忍耐力，就會有希望。但是一旦你缺乏忍耐力，你就是白鐵，不是純鋼，自然就經不起烈火鍛燒和千錘百鍊。

»»»嘗試，嘗試，再嘗試

抬頭望向山的頂峰，在前方有一堵障礙牆。怎麼辦？逆商的高低將決定你是退卻還是想辦法繞過它。

為了繞過障礙，你可以從嬰兒學步中得到一些啟示。嬰兒摔倒——站起——嘗試走路——再摔倒。然後他一遍又一遍地重複這幾個步驟。當他摔倒時也許會哭叫，但他絕不會放棄。嬰兒沒參加過走路學習班，但他有一種天生的嘗試能力，一種繞過學習新事物時遇到「障礙」的能力。

同樣，你也具有這種能力，但這需要你不斷地努力，不斷嘗試著改變你的思想和行為。儘管在這個過程中，你可能也會有動搖和恐懼的時候，但最終你一定會成功。

一次，記者在採訪艾德蒙德・希拉蕊爵士時，有人問他，在成為

第一個攀上珠穆朗瑪峰的勇士的過程中，面對最大的挑戰是什麼。他說，最大的障礙是克服心理上的障礙，最主要的障礙就是未經嘗試就放棄。

通常，我們之所以沒有實現目標，僅僅是因為我們沒有去嘗試！我們透過對自己說「那是不可能的，那是不可能做到的」，於是放棄了嘗試。然而，既然艾德蒙德・希拉蕊爵士登上了珠峰，向世人證明這是能做到的，對別人而言，再登珠峰立刻就變得容易起來。人們看到登上珠峰是可能的，就會對自己說，「我也能！」現在，已經有不少旅遊者也登上了珠峰。正如艾德蒙德・希拉蕊爵士那句響噹噹的話：「我們所要征服的不是山峰，而是我們自己！」

在逆境中，嘗試往往能夠創造奇蹟，許多有價值的成功也離不開不懈的努力和嘗試。當人生遭遇困境，敢於嘗試的人能夠想到更多解決問題的方法。他們不怕失敗，他們總在不斷的失敗中去尋找突破口，他們總在透過不同的方法進行嘗試，直至最後成功地走出困境。而那些畏首畏尾的低逆商者，他們往往瞻前顧後，貌似考慮周密，實則喪失了嘗試的動力和信心，將自己的身心更牢固地緊鎖在困境中，不能自拔。

但嘗試也要掌握技巧，明知前方是死路一條，就沒有必要孤注一擲，不妨進行多方面的思考，這樣將更有利於自己找到目標和出路。

將同樣多的蜜蜂和蒼蠅裝進一個玻璃瓶中，然後將瓶子平放，讓瓶底朝著明亮的窗戶，會發生什麼情況？

你會看到，蜜蜂不停地想在瓶底上找到出口，一直到牠們筋疲力盡；而蒼蠅則會在不到兩分鐘之內，穿過另一端的瓶頸逃逸一空——事實上，正是由於蜜蜂對光亮的喜愛以及牠們的超群智力，才招致牠們無從逃出。

蜜蜂以為，「囚室」的出口必然在光線最明亮的地方，牠們不停地重複著這種合乎邏輯的行動。對蜜蜂來說，玻璃是一種超自然的神

祕之物，牠們在自然界中從沒遇到過這種透明而不可穿透的物質。牠們的智力越高，這種障礙就越顯得無法接受和不可理解。

而那些「愚蠢」的蒼蠅則對事物的邏輯毫不留意，全然不顧亮光的吸引，嘗試著四下亂飛，結果誤打誤撞地碰上了好運氣。這些頭腦簡單者總是在智者筋疲力盡的時候順利脫險，並因此獲得自由和新生。

上面所講的「蒼蠅突圍」案例，是美國密執安大學教授卡爾‧韋克所做的一個絕妙的實驗。韋克是一個著名的組織行為學者，著有《組織的社會心理學》等書。「蒼蠅突圍」的方式很值得人們借鑒。

自古成功在嘗試，即使誤打誤撞，也比在逆境中坐以待斃強得多。不要怕嘗試招致失敗，要知道，那些能獲得成功的人，總是比別人犯的錯誤、遭受的失敗要多得多的人。

第六章

突破逆境，創造卓越

　　成功的人士都能確認成功的方向，掌握成功的方法，善於發現成功的竅門，他們有著與眾不同的思想，常常獨具匠心、別出心裁、獨闢蹊徑，進而突破逆境，步入成功之門。

一、成功的人生離不開思考

在順境中多思考，我們就能保持清醒的頭腦，穩健前進的腳步；在逆境中多思考，我們就會找到失敗的癥結，轉而踏上通往成功的道路。

《《給自己留下思考的空間

一天晚上，英國物理學家盧瑟福走進實驗室，發現這麼晚了，還有一個學生仍然俯身在工作台上。

盧瑟福問：「這麼晚了，你還在做什麼呢？」

「我在工作。」學生隨即回答。

「那你白天做什麼了？」

「我也在工作。」

「那麼你早晨也在工作嗎？」

「是的，教授，早上我也在工作。」學生帶著謙恭的表情承認了，並等待著這位著名學者的讚許。

盧瑟福稍微沉吟了一下：「可是，這樣一來，你用什麼時間來思考呢？」

盧瑟福與學生的對話說明了一個真理：對於我們每個人來說，從實踐到發明創造，除了社會性條件和工作態度以外，還有一個極其重要的條件，那就是能不能為自己留下一片空間，並運用腦筋，認真思考。

誠然，一切成果的取得都離不開實踐。如果只想不做，就算想得再完善，也於事無補；如果脫離實際，只會紙上談兵，還會把事情搞

砸。但從實際出發，在實踐中思考，在思考中實踐，恐怕是思考得越深，就會實踐得越好。實踐是一種磨礪，思考同樣也是一種磨礪，而且是一種更深層次的磨礪。

有了思考空間，才能從司空見慣的現象中有所發現。牛頓把「蘋果從樹上自由落下」留在了思考空間，啟示他探索出了「萬有引力」；瓦特把「壺蓋被開水水汽頂動」留在了思考空間，引導他發明了蒸汽機；伽利略把「不同長度掛燈的搖擺」留在了思考的空間，促使他發現了鐘擺等時性原理。

諸如此類的現象，尋常人司空見慣，唯有具有探求精神的人，才把它留在了思考的空間，並透過孜孜不倦的追求，最終才有所發現，有所發明，有所創造。

有了思考的空間，才能從前人的「定論」中有所突破。亞里斯多德曾斷言，物體從高空落下，「快慢與其重量成正比」。面對早已「蓋棺」的「定論」，伽利略不是「連想都不去想」，而是重新用實踐檢驗它是否是真理。

他拿著兩只大小不同的球，跑到比薩斜塔上一次次往下扔，結果證明亞里斯多德的斷言是錯誤的。不僅如此，伽利略還從中掌握了物體運動的軌跡，將力學的發展向前推動了一大步。

在你眼裡，偉人之所以偉大，是因為你在低處而放棄了自己的思考力。站起身，並拉開一定的距離，你就會發現，偉人也是人，他們由於各種條件的侷限，他們同樣有許多的缺點和不足。

臣服在「電磁波穿過空氣層就會一去不復返」這一「定論」的腳下，馬可尼就不能把信號送過大西洋，開創無線電事業；臣服在牛頓「時間、空間絕對不變」這一「定論」的腳下，就沒有愛因斯坦的相對論。電磁場、原子能的發現，生物進化論、元素周期表的創立，不都是勇於創新思考並向權威錯誤論挑戰的結果嗎？

有了思考的空間，才能對自身實踐進行有理性的提升。在工作順

利時，有些人的頭腦往往被成績裝得滿滿的，失去了思考的空間，其後果不言而喻。其實，成功時要思考的問題仍然很多。成功的條件是什麼？發展的前景是什麼？要繼續開拓前進，還需要做什麼……在這樣的關鍵點上多思多想，才能使我們保持清醒的頭腦。

在遭遇逆境時，更需要有思考的空間。所謂失敗乃成功之母是有條件的。條件便是動腦筋，找出原因，接受教訓。有了思考空間，才能有一個再創造的天地。知識、經驗可以為我們提供思路，使我們輕易地解決許多以前遇到過或未遇到過的問題，並且給我們提供規律。但另一方面，正是這樣的規律太多，則可能給我們提供僵化的教條。

心理學中有個概念叫「定勢」，它是指人們在解決問題時，過於相信從前解決問題所用的方法。當人們習慣於做什麼，就很容易養成一種思想偏見，成為習慣的奴隸，墨守成規，雖然掌握了規律，卻輕視了創造。所以，對待知識和經驗應防止習慣和頑固，在頭腦中留一片思考的空間，讓給創造。

在順境中多思考，我們能保持清醒的頭腦、穩健前進的腳步；在逆境中多思考，我們會找到失敗的癥結，踏上通往成功的道路。

»»» 逆境人生離不開積極的思考

在南太平洋的島嶼中，飛翔著一種有動聽鳴叫聲音的美麗小鳥，叫作鶯鳥。牠們長著形色各異的喙，島嶼上物產豐富的時候，鶯鳥們靠吃多種草籽維生，活得悠遊自在。

然而饑餓不久就來到了。乾旱襲擊了島嶼，整個大地好像是剛剛凝固的熾熱火山，赤紅的土地上看不到一絲綠色。科學家找到從前研究過的鶯鳥，牠們的腿上拴著鐵環，觀測結果發現，鶯鳥們的體重大減，掙扎在死亡線上。

原因是食物奇缺，能吃的都吃光了，唯一剩下的是一種叫「蒺

藜」的草籽，它渾身是鋒利的硬刺，銳不可當，在深深的內核裡隱藏著核仁，好像美味的巧克力封死在鐵匣中。蒺藜還有一個名字叫「鐵星」，象徵著難以攻克，拉丁文的意思是「擠壓和疼痛」。

鶯鳥用自己柔弱的喙啄開一粒鐵星，先要把它頂在地上，又咬又扭，然後頂住岩石，上喙出力，下喙擠壓，直到精疲力竭才能把外殼扭掉，吃到藉以活命的糧食。

島上開始了殘酷的生存之戰。沒有刀光劍影，唯一的聲音就是嗑碎蒺藜的「劈啪」聲。很多鶯鳥餓死了，有些則頑強地生存下來。科學家想，生和死的區別在哪裡呢？

經過詳細的觀察研究發現，喙長11公分的鶯鳥就能夠嗑開鐵星，而喙長10.5公分的鶯鳥就只能望「星」興歎，無論如何也打不開戒備森嚴的生命之門。

0.5公分之差，就決定了鶯鳥的生死存亡！在豐衣足食的時候，一切都被溫柔地遮蓋了。而一旦危機來臨，差別就很容易地顯現出來。

那些餓死的鶯鳥在最後時分尚能思索，一定後悔自己為什麼沒能生就一枚長長的利喙！短喙的鶯鳥是天生的，牠們遭到了大自然無情的淘汰。但人類的喙——我們思考的強度、歷練的經驗、廣博的智慧，卻可以在日復一日的逆境中累積，漸漸地磨練成長，成為我們度過困厄的強而有力支柱。

人的每一種行動都受一種思想、一種強大而不容忽視的力量所控制。所以，你就是你所想、所說的和所做事情的結果。

思想是世界上所有成功、富裕和快樂的來源。歷史上所有偉大的發現和發明，都是思考的結果。思想也是所有失敗、貧窮和不幸的來源，這就是思想的兩個方面：積極和消極的。

思想主導著你的意識，決定著你的個性、職業及生活中的每個層面。許多低逆商者都是被消極思想所主控的。英國詩人約翰·彌爾頓說：「心乃自身之所，它可以創造出地獄中的天堂，也可以挖掘出天

堂中的地獄。」

美國工業鉅子亨利・福特說：「思考是最辛苦的工作，難怪很少有人認真去做。」低逆商者若想提高自己的AQ，就要明瞭一生所有的成功或失敗，很大的程度上是思考的直接結果。

逆商低者認為，人生是一趟悲傷、痛苦而又充滿無望的旅程。他們之所以如此看待人生，原因就在於他們採取了一種相當負面的消極思想來看待自己的生活。

為了證明自己消極的思想是正確的，他們會說：「這世界本來就是如此，看看你周圍的人和事，讀讀報紙上天天上演的慘劇和悲劇，還有電視上所報導的墮落事件，你還希望自己能做些什麼呢？」

不可否認，世界上確實有各種各樣的醜惡存在。然而，你的所見所聞並不代表一切，你應該看到事物的另一方面。很多人往往只注意那些負面的影響，但這並不意味著生活的本來面目就是如此，也不表示人們會有意或無意地把負面、破壞性的消息作為注意的重點，由此導致自己的人生一直處在逆境之中。

愈來愈多的證據表示，積極思考對每個人的生活確實可以產生一種強大的力量。醫學專家的研究已經證實，積極的思考對於抵抗疾病有著非常大的重要性，調整生活態度是使病人治療成功的重要因素，有時甚至是最重要的因素。

一位計程車司機在一次送客中，正好一位企業管理專家坐上了他的汽車。上車一交談，專家就認定自己遇到了一位未來的企業家。

乘車途中，他倆談起各自的經營，司機以一種極其堅定而自信的語氣說：「這部計程車是我自己的，我擁有它，我為自己工作，照我目前的收入，很快我將有兩輛計程車，我的夢想是擁有50輛計程車。我是一位澳大利亞移民，當初我到美國時，不怕您笑話，我口袋裡只有200美元，而現在不管怎樣，我已經開始擁有自己的事業了。」

「你真是了不起，」管理專家說，「你工作一定非常辛苦和努力

吧？」

「哦，不，先生。」司機回答說，「我不僅僅是在從事這份工作，關鍵是我喜歡我所做的事。你看，開車所賺的錢全屬於我自己，而不是屬於老闆或公司，您剛才說得對，我是個企業家，將來我一定會擁有美好的生活。」

很多低逆商的人不會像這位司機這樣思考問題，他們自卑於自己的貧窮，做著不起眼的工作。要想克服這種不良的心態，應該像這位司機一樣，儘管從事著如此平凡的工作，卻能積極思考世界所提供給他的東西，並盡最大努力去獲取，他的內心充滿對未來的期望，這樣堅定信心、有著積極思考的人，最終一定能實現自己的夢想。

低逆商者應該多看看周圍，越來越多的人都想擁有更好、更快樂、更富裕的生活，而且他們認定自己一定可以得到。一個人缺乏積極的思考是很可悲的，而許多低逆商的人正缺乏這一點。

思想消極、意志消沉的低逆商者，以「清心寡欲，所求甚少」、「不要如此拚死拚活」作為不願奮鬥的藉口，於是整天無所事事，讓寶貴的人生變得無足輕重，枉然虛度。

安東尼・羅賓說：「沒有任何事物的力量能夠大於意識的思考。」只要活著，你就會思考。人是肉體與思想的結合體，你可以將自己身體的血液、骨骼和肌肉分解出80%的水分，再加上其他一些化學物質。但是你的思想是無法分離的，它決定你是誰，以及你會活成一個什麼樣子。

你現在所擁有的，其實就是你心裡一直在思考的。

二、改變逆境，不妨先改變自己

　　有時候，在逆境中迫切需要改變的，或許不是環境，而是我們自己。內省是認識自我、改變自我的魔鏡，勇士稱號不僅屬於手執長矛、面對困難所向無敵的人，而且屬於敢於用鋒利的解剖刀解剖自己、改造自己，使自己得到昇華和超越的人。

«««自我省察，認識自己

　　一位頗有成就的大企業總經理，他的工作可謂日理萬機，但他每天晚上的時間幾乎全給自己留著。

　　他說：「第一，我要陪家人吃飯，與他們溝通。其次，我要休息。接下來最重要的是，我要把自己關在書房中兩小時，不接任何電話。我要考慮公司的重大問題，把當天疏失的反省一番，把明天最重要的事務安排好。」

　　有所作為的人，通常都善於反省自己。不要因為忙，就忽略了生命的反省過程。要學會思考和反省，給自己留出一些清洗心靈的時間。

　　自省是自我動機與行為的審視與反思，用以清理和克服自身缺陷，以達到心理上的健康完善。它是自我淨化心靈的一種手段，成功者最善於透過自省來了解自我。

　　自省是現實的，是積極有為的心理，是人格上的自我認知、調節和完善。自省同自滿、自傲、自負相對立，也根本不同於自悔、自卑這種消極病態的心理。

　　從心理上看，自省所尋求的是健康積極的情感、堅強的意志和成熟的個性。它要求消除自卑、自滿、自私和自棄，消除憤怒等消極情緒，增強自尊、自信、自主和自強，培養良好的心理品質。

　　強者在自省中認識自我，在自省中超越自我。自省是促使強者塑造良好心理品質的內在動力。

　　自我省察對每一個人來說都是嚴峻的。要做到真正認識自己，客觀而中肯地評價自己，常常比正確地認識和評價別人要更困難得多。能夠自省自察的人，是有大智大勇的人。

　　哲學家亞里斯多德認為，對自己的認知了解不僅僅是最困難的事情，而且也是最殘酷的事情。心平氣和地對他人、對外界事物進行客觀的分析評判，這不難做到。但這把手術刀伸向自己的時候，就未必能讓人心平氣和、不偏不倚了。

　　然而，自我省察是自我超越的根本前提。要超越現實水準上的自我，必須首先坦誠地面對自己，對自身的優缺點有個正確的認識。

　　在人生道路上，成功者無不經歷過幾番蛻變。蛻變的過程，也就是自我意識提高、自我覺醒和自我完善的過程。

　　人的成長就是不斷地蛻變，不斷地進行自我認識和自我改造。對自己認識得越準確、越深刻，取得成功的可能性越大。

　　在每個人的精神世界裡，都存在著矛盾的兩面：善與惡，好與壞，創造性和破壞欲。你將成長為怎樣的人，外因當然具有作用，但你對自己不斷地反思，不斷地在靈魂世界裡進行自我揚棄、內省所產生的作用也是不可低估的。

　　一個真正成熟的人，應該在充分認識客觀世界的同時，充分看透自己。

　　常會遇到這樣一些人，他們身上有些缺點那麼令人討厭：他們或愛挑剔、喜爭執，或小心眼、善嫉妒，或懦弱猥瑣，或浮躁粗暴……這些缺點不但影響著他的事業，而且還使他不受人歡迎，無法與人建

立良好的人際關係。

許多年過去了，這些人的缺點仍絲毫未改。細究一下，他們人心地並不壞，他們的缺點未必都與道德品質有關，只是他們缺乏自省意識，對自身的缺點太麻木了。

本來，別人的疏遠、事業的失利，都可作為對自身缺點的一種提醒。但都被他們粗心地忽略了，因而也就妨礙了自身的成長。

用誠實坦白的目光審視自己，通常是很痛苦的，因此，也是難能可貴的。人有時會在腦子裡閃現一些不光彩的想法，但這並不要緊，人不可能各方面都很完美、毫無缺點，最要緊的是培養自我省察的能力。

凡屬對自身的審視都需要有大勇氣，因為在觸及到自己某些弱點、某些卑微意識時，往往會令人非常難堪、痛苦。但是，無論是痛苦還是難堪，你都必須正視它。不要害怕對自己進行深入的思考，不要害怕發掘出自己內心不那麼光明，甚至很陰暗的一面。

「勇士」稱號不僅屬於手執長矛、面對困難所向無敵的人，而且屬於敢於用鋒利的解剖刀解剖自己、改造自己，使自己得到昇華和超越的人。

當然，自我省察不僅僅是對自己的缺點勇於正視，它還包括對自己的優點和潛能的重新發現。每個人都有巨大的潛能，每個人都有自己獨特的個性和長處，每個人都可以透過自省發揮自己的優點，透過不懈的努力去爭取成功。

認識自我，是每個人自信的基礎與依據。即使你處境不利，遇事不順，但只要你的潛能和獨特個性依然存在，你就可以堅信：我能行，我能成功。

一個人在自己的生活經歷中，在自己所處的社會境遇中，能否真正認識自我，肯定自我，如何塑造自我形象，如何把握自我發展，如何抉擇積極或消極的自我意識，將最主要影響或決定著一個人的前程

與命運。

換句話說，你可能渺小而平庸，也可能美好而傑出，其最主要取決於你是否能夠反省，充分地認識自己。

認識自我，你就是一座金礦，你就一定能夠在自己的人生中展現出成功者的風采。

≪≪貴在贏自己

一位棋道高手退休後被聘為教練。他培訓年輕選手的方式十分特別，他不教年輕棋手們怎樣去進攻別人，也不教如何運用謀略，他和徒弟們天天對弈，決出輸贏後，讓他們記住對弈時的每一步，然後，讓棋手們仔細推敲自己的每一步落子。

找出自己的失誤，這就是他交代給那些年輕棋手們的作業。找出自己失誤多的，他就稱讚；找出自己失誤少的，他就進行嚴厲的批評。

這樣教的時間長了，那些年輕棋手們紛紛有了意見，大家都說他的教棋方式太單調，缺乏令人信服的理論深度，雖說他過去是個棋道高手，但很明顯他不適合當教練。

別的教練也對他十分不解，怎麼能如此教棋呢？不傳謀略，不傳技巧，只讓棋手自察失誤，怎麼能培訓出一流的棋手呢？

面對種種疑問，他依舊我行我素，還是認真地讓棋手們審視自己對弈時的失誤。有時，他只給他們一個簡單的提醒，更大的失誤，都讓年輕棋手們去自我發現。

剛開始時，每局對弈下來，每個棋手都能找出自己的諸多失誤，甚至許多人覺得自己簡直是個失敗者。但天長日久，那些棋手們的失誤越來越少，有的甚至一局對決下來竟沒有一次失誤。

這個時候，選手們開始向他要求說：「給我們傳授點理論和技巧

吧，對弈，畢竟是要戰勝對手，不是自己和自己決勝負，沒有謀略和技巧怎麼能戰勝對手呢？」

教練一笑道：「棋道，沒有什麼技巧，也沒有什麼謀略。一個對弈高手，最大的技巧就是能夠發現自己的破綻，最高的謀略就是能夠避免自己的失誤。」

後來，他培訓的選手參加大賽，將很多高手擊敗。那些高手們都驚訝不已，個個搖頭歎息說：「這些年輕選手們太厲害了，雖說他們沒有什麼技巧和謀略，但我們絲毫找不到他們的破綻和失誤，他們贏就贏在沒有失誤。」

獲勝之後，那些年輕選手們欣喜若狂地回來向教練報喜，他說：「一個棋手能否贏得別人，技巧和謀略都無關緊要，最重要的是他要贏得自己，杜絕自己的失誤。沒有失誤，就沒有破綻，任何人都對你束手無策。」

自己的失誤，往往就是對手擊敗自己的理由。許多時候，我們並不是敗於對手和外在的環境，而是敗於自己的失誤。

«« 改變自己就能改變逆境

曾經流傳著這樣一個故事：

人們聽說有位大師幾十年來練就一身移山大法，央其當面表演一下。大師在一座山的對面坐下來，然後大叫三聲：「山過來！」但是山並沒有移動，依然「不動如山」。於是，大師就起身跑到山的另一面，然後說表演完畢。

眾人大惑不解，大師微微一笑道：「事實上，這世上根本就沒有什麼移山大法，唯一能移動山的方法是：山不過來，我就過去。」

是啊，山不過來，我就過去！這反映的是一種深刻的生存智慧。山代表客觀的環境，人生就是想辦法改變不順的客觀環境，以順從自

己的意志，但大多情況下是「不動如山」的時候居多。既然人改變不了外部世界，不妨想辦法改變自己本身。就像故事裡的大師，他知道用常規的辦法移動不了大山，他就以改變自己的位置來移動大山。

1930年初秋的一天，東方剛剛破曉，一個只有145公分的矮個子青年從位於日本東京目黑區神田橋不遠處的公園的長凳上爬了起來。

他用公園裡的免費自來水洗了把臉，然後從容地從這個「家」徒步去上班。在此之前，他因為拖欠了房東七個月的房租，已經被迫在公園的長凳上睡了兩個多月了。

他是一家保險公司的推銷員，雖然每天都在勤奮地工作，但收入仍少得可憐，為了省錢，他甚至不吃午餐，不搭電車。

一天，年輕人敲開了一家「村雲別院」的佛教寺廟的門：「請問有人在嗎？」

「哪一位啊？」

「我是明治保險公司的推銷員。」

「請進來吧！」

聽到「請」這個字，年輕人喜出望外，因為在此之前，對方一聽到敲門者是推銷保險的，十之八九會讓來人吃閉門羹，即使有人會讓推銷員進門，態度也相當冷淡，更不要說「請」了。

年輕人走進廟內，與寺廟住持吉田相對而坐。寒暄之後，他見住持無拒人之意，心中暗暗叫好，接下來便滔滔不絕地向這位老和尚介紹起投保的好處來。

老和尚一言不發，很有耐心地聽他把話講完。然後平靜地說：「聽完你的介紹，絲毫沒有引起我投保的意願啊。」

年輕人愣住了，剛才還信心十足的他彷彿膨脹的氣球突然被扎了一針，一下子洩了氣！

老和尚注視著他，良久後接著說：「人與人之間，像這樣相對而坐的時候，一定要具備一種強烈吸引對方的魅力，如果你做不到這一

點，將來就沒什麼前途可言了。」

年輕人啞口無言。老和尚又說了一句：「年輕人，你若要成功，先努力改造自己吧……」

從寺廟裡出來，年輕人一路思索著老和尚的話，若有所悟。

接下來，他辦了專門針對自己的「批評會」，每月舉行一次，每次請五個同事或投了保的客戶吃飯，為此，他甚至不惜把衣物送去典當，目的只為讓他們指出自己的缺點。

「你的個性太急躁了，常常沉不住氣……」

「你有些自以為是，往往聽不進別人的意見，這樣很容易招致大家的反感……」

「你面對的是形形色色的人，你必須要有豐富的知識，你的常識不夠豐富，所以必須加強進修，以便能很快與客戶尋找到共同的話題，拉近彼此間的距離……」

年輕人把這些可貴的逆耳忠言一一記錄下來，隨時反省、勉勵自己，努力揚長避短，以便發揮自己的潛能。

每一次批評會後，他都有被剝了一層皮的感覺。透過一次次的批評會，他把自己身上的缺點一點點剝落了下來。隨著缺點的消除，他感覺到自己在逐漸地進步、完善、成長、成熟。

與此同時，他總結出了涵義不同的39種笑容，並一一列出各種笑容要表達的心情與意義，然後再對著鏡子反覆練習，直到鏡中出現所需要的笑容為止。他甚至每個週日晚上都要跑到日本當時最著名的高僧伊藤道海那裡去學習坐禪。

一次次的「批評」，一次次坐禪，使這個年輕人開始像一條成長的蠶，隨著時光的流逝悄悄地蛻變著。到了1939年，他的銷售業績榮膺全日本之最，並從1948年起，連續15年保持全日本銷量第一的好成績。

1968年，他成為美國百萬圓桌會議的終生會員。

　　這個人就是被日本國民譽為「練出價值百萬美金笑容的小個子」，美國著名作家奧格‧曼狄諾稱之為「世界上最偉大的推銷員」的推銷大師原一平。

　　「我們這一代最偉大的發現是，人類可以經由改變自己而改變生命。」原一平用自己的行動印證了這句話，那就是：有些時候，在逆境中迫切應該改變的，或許不是環境，而是我們自己。

　　人生如水，如果我們不能改變環境，就改變自己。只有這樣，才能克服更多的困難，戰勝更多的挫折，實現自我，無形中就提高了自己的逆商。實際上，如果對自身的不足視而不見，而只是一味地埋怨環境的不利，從而把改變境遇的希望寄託在改變環境上面，這實在是徒勞無益的。

三、逆境與機遇同在

　　機會的大門兩邊寫著「請推開」與「請拉開」，在通往失敗的路上，到處是錯失了的機會。坐待幸運從前門進來的人，往往忽視了從後窗進入的機會。

　　逆商高的人從不仰望天穹，等待機會的到來，只有低逆商者才會等待機會。高逆商者四處尋找並攫取機會，把握機會，創造機會，最終讓自己走出逆境，邁向成功。

＊＊機遇和人，一種雙向選擇的關係

　　長期以來，人們在不知不覺中形成了一個思考模式，即認為機遇是一種客觀存在，究竟誰能和它相遇，全看命運如何。若是能和機遇相撞，那是幸運；若是沒有碰上機遇，就認為命運對自己不公。這其實是對機遇認識的一個盲點。

　　飾演過居理夫人的好萊塢明星葛麗亞‧嘉遜說：「如果你想做成一件事，有三點很重要：合作、嘗試和機遇。合作是基本的，是否去嘗試取決於你自己，至於機遇──據我所知，一直都在那裡。」

　　機遇可以選擇人，這是機遇的必然性；人也可以選擇機遇，這是必然中的偶然。機遇可以改變人，人也可以改變和創造機遇。

　　機遇的類別和特性，決定了機遇和人是一種雙向選擇的關係。

　　機遇從不同角度可以有不同的類別，如從規模大小可分宏觀機遇和微觀機遇；從方位上可分垂直機遇和水平機遇、同向機遇和異向機遇。

　　宏觀機遇即大型的集結性機遇，比如決定命運的考試、擇業、轉

業、職務調動、突然得到鉅額遺產、破格提拔等對人生前途有巨大影響的機遇。

微觀機遇即在日常生活中對整個人生影響不大、價值相對較小的機遇，如偶然買到一件滿意的東西、碰巧考了一次好成績等。

宏觀機遇和微觀機遇是可以相互滲透、相互影響、相互制約和相互轉化的。這與當時的客觀情況、個體對機遇的重視程度和努力程度有關。對一個職員來說，因一次好的表現當選為部門主管，這並不是多麼了不起的機遇。然而，當上主管後，如果工作做得好，管理工作完善，就有可能進一步被提升為經理，甚至更高的職位。這樣，微觀機遇的累積就有可能變成宏觀機遇。

從方位上來分，機遇有垂直方向、水平方向、同向和異向等。垂直機遇或稱縱向機遇，主要指對人生的發展性機遇，如學習機遇、工作機遇等。水平機遇或稱橫向機遇，如交際機遇、愛情機遇等。

同向機遇指與人生目標一致的機遇，以及與人生預定目標大同小異或基本一致的機遇。即通常所說的求之不得、正中下懷、「踏破鐵鞋無覓處，得來全不費工夫」之類的機遇，以及投桃報李、歪打正著、「有心栽花花不開，無心插柳柳成蔭」等機遇。

異向機遇即與人生目標截然不同甚至背道而馳的機遇，如弄假成真、逢凶化吉、遇難呈祥、「山重水復疑無路，柳暗花明又一村」之類的機遇。

機遇具有偶然性和必然性。不期而遇、偶然得知或偶然得識、出人意料等在生活中都是常見的事，這些都是機遇的偶然性。

法國科幻小說家凡爾納被譽為「科學幻想之父」，他走上文學之路就得利於他18歲讀大學時的一次偶然機遇。

那天，他參加一個上流人士的晚會。下樓時，童心猶存的他沿樓梯扶手滑下，撞在了一位紳士身上，此人就是赫赫有名的作家大仲馬。從此，他結識了大仲馬，在其影響下踏上了文學之路，並最終成

為一代文學巨匠。這類偶然事件改變人生之路的故事不勝枚舉。

機遇有偶然性和必然性，在競技場上，實力高人一等的選手在正常情況下金牌在握或穩操勝券就是必然的機遇。平時就成績優異的學生，考上明星大學的機遇顯然大過成績差的學生。

不論哪種機遇，也不論其必然或偶然，在現實生活中，有的人能得到很多機遇，而有的人卻總是感到自己沒有機遇，這就是機遇的選擇性。

機遇可以選擇人，同時人也可以選擇機遇。機遇選擇人，這是一種必然，而人選擇機遇則是一種偶然。必然和偶然不是絕對的，而是辯證的，可以相互轉化的。特別是在逆境下，是否有意識地去尋找機遇，是否具備了「有準備的頭腦」。如果兩者皆備，不僅可捕獲機遇、創造機遇，甚至於在眾多競爭對手中奪得先機。

«««逆境中蘊藏著機會的種子

許多人都在抱怨，機遇從不光顧自己。許多人總在抱怨，他們之所以失敗，是因為不能得到像別人一樣的機會。好的位置已經人滿為患，高級職位已被擠佔，——切好機會都已被他人捷足先登。總之，他們是毫無機會了。

然而，縱觀歷史，凡是做出一番大事業的人，往往不是那些幸運之神的寵兒，而是那些看起來沒有任何機會，而在逆境中掙扎的人。

只有蒸氣船的福爾頓，只有陳舊的藥水瓶與錫鍋的法拉第，只有極少工具的華約特，用縫針機梭發明縫紉機的霍烏，用最簡陋的儀器開創實驗壯舉的貝爾……是他們在逆境中創造機會，抓住機會，既拯救了自己，也推動了世界文明的進步。

「沒有機會」，永遠是那些低逆商者的托詞。

如果將怨天尤人的低逆商者與那個生長在邊際叢林中的林肯換個

位置，讓他們住在曠野中一所簡陋的木製房子中，無窗無門，遠離學校、鐵道，沒有報紙、書籍、金錢，缺少日常生活中的必需品，每天必須步行9里，才能走到將一棟孤零零的木房子做成的簡陋學校去讀書，他們是不是要抱怨沒有任何機會呢？

讓他們不得不在荒野中跋涉50里，才能借到幾本書籍，並在白天勞苦地工作後，到晚上還藉著木柴的火焰去閱讀，他們是不是要感慨沒有機會呢？

讓他們像林肯一樣，在學校裡接受教育不滿一年，就不得不休學而去當工匠，他們是不是覺得一點機會都沒有了呢？

然而，正是這種在他人看來沒有任何機會的惡劣條件下，造就了美國最偉大的總統；正是在這種異常艱難的逆境裡，磨練出了這位世界偉人的崇高人格！

誰說沒有機會？美國有句諺語說得好：「通往失敗的路上，到處是錯失了的機會。坐待幸運從前門進來的人，往往忽視了從後窗進入的機會。」恰恰相反，歷史倒是千萬次地證明：過多的機會，反而會成為一種害處！

一位牧師過橋時掉入河裡，正好岸邊有人經過，如果此刻他喊救命，他是能夠得救的。但他想上帝會救他的，於是沒喊。

當河水把他沖到河流中心時，他發現前面有一根浮木，如果他用力掙扎幾下，是可能把它抓住的，但他想上帝會救他的，於是仍舊隨波逐流。

最後，他被淹死了。牧師死後，他的靈魂憤憤不平地質問上帝：「我對你是如此虔誠，你為什麼就不救我呢？」

上帝奇怪地問：「我還奇怪呢，我給了你兩次機會，為什麼你都沒有抓住？」

伯利說：「每天都有一個對某個人有用的機會，每一天都會有一個前所未有的絕不會再來的機會。」所以，看到機會，我們不能一味

地消極等待；有了目標，就要立即行動。

　　當你處在逆境中，感覺到英雄無用武之地時，不要總是喊：「請給我機會！」其實，在每個人的生活中，每時每刻都充滿了機會。只有那些抱怨的人才總是歎息自己沒有機會，抱怨自己沒有時間，抱怨自己懷才不遇，抱怨機會稍縱即逝。

　　你曾在秋高氣爽的日子裡在小溪旁散過步嗎？溪流中央有很多隨波逐流的落葉，有的飄忽而過，很快就不見蹤影，而靠近河岸邊的落葉，卻慢慢地飄蕩著，有的被捲入漩渦裡，有的則飄到靜水處，動也不動。

　　人生就像流水，有的在一個地方打轉，有的乘著急流往下游奔騰。你乘著這道流水，也許就在岸邊優哉游哉，好幾年才移動那麼一點點，甚至完全靜止不動。

　　隨波逐流的落葉只有聽天由命，是無可奈何的。它的前途完全由風向與流水方向決定。然而，你卻可以自己決定前途，不必老待在靜止不動的靜水處。你可以向流水中央游去，乘著急流，去尋找你的機會，你所需要的，就是用自己的力量向著急流游去。

　　自信的高逆商者總能挺身接受考驗，毅然跳進未知的世界中，在人生的海洋遨遊。他們知道，只要不懈努力，必定可學到新的經驗，必定能找到成功的機會。而低逆商的人，只好躲在原來的安全地方，眼巴巴看著他人尋覓到一個又一個成功的機會。

　　一切的成功和業績，只屬於那些富有奮鬥精神的人們，而不是那些一味消極等待機會的人。成功者從不仰望天穹，坐等機會掉進懷裡，只有弱者才會等待機會。優秀的人不會等待機會的到來，而是尋找並攫取機會，把握機會，創造更好的機會，透過自己的努力達到既定的目標。

≪≪≪機會靠自己創造

　　所謂機遇，就是人一生的命運。機會絕不會花費氣力去找尋那些浪費時間的懶惰者，機會總是落在那些忙得無暇照料自己成就的人身上。機會是一種想法和觀念，只為那些有夢想和實施計畫的人顯現。

　　機遇對每一個人都是公平的，不存在厚此薄彼。就像陽光雨露播散到大地上的每一塊地方，面對機遇的陽光雨露，你究竟能不能真正地把握住。

　　我們總以為機會是活的，會動的，它會主動找到那些願意迎接機會的人。事實上，剛好相反，機會是一種想法和觀念，它只存在於那些善於認清機會的人的心中。

　　英國著名電視女明星約翰娜在成名之前，只能在電視中扮演配角，儘管她當時已經具備了相當好的藝術修養。為了給自己創造機會，她每拍完一部片子，就找主角一起拍照，然後將照片印成劇照，註明片名和演播日期，並用大字標出自己扮演過的角色。

　　後來，當她聽到某電影公司將攝製一部新片，就把這些劇照寄給物色演員的製片人，自我推薦。製片人看到她為那麼多名演員配過戲，在那麼多電視劇中擔任過角色，就認定她是個很不錯的演員，從而選中了她。

　　就這樣，她找到了這次難得的機會，終於擔任了主角，繼而一步一步成長為家喻戶曉的明星。

　　亞歷山大在攻下了敵人的一座城邑之後，有人問他：「假使有機會，你想不想把第二個城市也攻佔了？」

　　亞歷山大怒吼道：「什麼？機會？我不需要機會！我可以製造機會！」

　　不斷地創造機會，正是亞歷山大能成為歷史上最偉大帝王的原因，也唯有不斷創造機會的人，才能建立轟轟烈烈的豐功偉績。

世界上到處需要而恰恰缺少的，正是那些能製造機會的人！

人不僅要把握機遇，更要創造機遇。培根說：「智者所創造的機會，要比他所能找到的多。」成就大事的高逆商者從不怨天尤人，從不會為自己尋找藉口，他們總是大步向前，審時度勢，以尋求有利於自身發展的機會。他們更不會等待別人的援助，他們自助；他們不等待機會，而且自己製造機會。

反之，低逆商者在等待機會，進而甚至成為一種習慣。工作的熱情與創造的激情，就是在這種等待中消失的。他們之所以沉迷於逆境中，是由於對待機會的態度——總是眼界太高，欲望太奢，往往因為一心要摘取遠處的玫瑰，反而將近在腳下的菊花踏壞。

«« 時刻準備著，當機會來臨時你就成功了

從最主要的方面講，人是機遇的產物。我們在評價一個人的能力以及他的成就時，我們不能完全忽略機遇的重要性。在時間的重要性和價值之間沒有均衡，一個出乎意料的5分鐘，就可能決定一個人一生的命運。

但是，人不是靠偶然撞在木樁上的兔子獲得成功的。事實上，通常我們所說的命運轉捩點，只是綜合我們之前的努力所取得成績的機會。美國哈佛大學的著名校訓就精闢地詮釋了勤奮、機遇和成功三者之間的關係：時刻準備著，當機會來臨時你就成功了。

麥克阿瑟將軍說過：「召集軍隊上戰場的軍號聲對於軍人來說，就是一種機會。但是，這嘹亮的軍號聲，絕不會使軍人勇敢起來，也不會幫助他們贏得戰爭，機會還得靠他們自己來把握。」

促使一個人抓住機遇並走向成功的，正是他的個性及個人能力，偶然的機會只對那些勤奮工作的人才有意義。

流傳甚廣的奧爾‧布林的一件軼事能夠更好地說明這個道理。這

位傑出的小提琴家，多年以來一直堅持不懈地練習拉琴。透過不斷地練習，他的琴藝早已登峰造極，但是他始終還是沒沒無聞，不為大眾所知。

一次，當這個來自挪威的年輕樂手正在演奏的時候，著名女歌手瑪麗‧布朗恰巧從窗外經過。奧爾‧布林的演奏使她如醉如癡，她從來沒有想到小提琴能夠演奏出如此優美動人的音樂，她趕緊詢問了這個不知名樂手的姓名。

隨後不久，在一次影響力極大的演出中，由於瑪麗‧布朗突然與劇場經理發生了分歧，就臨時取消了自己的節目，奧爾‧布林被派到前台救場。

面對慕名而來的大批觀眾，奧爾‧布林演奏了一個多小時，就是這一個多小時，使奧爾‧布林登上了世界音樂殿堂的巔峰。對於奧爾‧布林而言，那一個小時便是機遇，只不過，他早已為此做好了多年的準備！

成功的祕密在於：當機遇來臨的時候，你已經做好了把握住它的準備。機會對每個人都是平等的，你可以沒有開槍的機會，但機會來時，你不能沒有子彈。

對於那些懶惰者來說，再好的機遇，也不會降臨到他的頭上；再大的機遇，也只會彰示他的無能和醜陋，使他變得荒唐可笑。只有堅持不懈的努力者，他的運氣才遲早會到來。

公司管理者總是喜歡辦事認真、不出差錯的員工。如果一個木匠必須親眼看著徒弟的工作，才能肯定他沒有做錯的話；或是一個銀行經理必須親自核對他的職員的帳本，方能肯定準確無誤的話，那麼與其讓別人來做，還不如自己親自來做！所以，老闆會馬上炒這些不稱職員工的魷魚，更不用說給他們機會了。

當一個人「撞上」了一個好職位的時候，並不僅僅是因為他利用了什麼有利的條件，而是因為他已經為得到那份工作做了多年的準

備。

　　每一天，都要盡心盡力地工作，每一件小事情，都要力爭高效地完成。嘗試著超越自己，努力做一些份外的事情，不是為了看到公司老闆的笑臉，而是為了自身的不斷進步。即或是在同一個公司或同一個職位上，機遇沒有光臨，但在你為機會的來臨而時時準備的行動中，你的能力已經得到了拓展和加強，實際上，你已經為未來某一個時間創造出了另一個機遇。

　　謹記哈佛校訓：時刻準備著，當機會來臨時你就成功了！

四、逆境中，有時需要選擇放棄

　　在人生的追求之路上，總會遇到一些挫折和厄運，我們便會告訴自己堅持下去，不要放棄，終會獲得成功。其實，很多時候，我們也應該學會放棄。

　　古羅馬有一則寓言：兩條河流從源頭出發，相約流向大海，它們穿過山澗，最後到了沙漠的邊緣。它們一籌莫展，討論著怎麼辦。

　　其中一條河說：「我一定要流過去，找到大海。」

　　另一條河則說：「不如回去再等機會吧，如果前進，我們可能走不出沙漠就乾涸了。」

　　結果，一條河執著地前進，直到消失在沙漠裡。另一條河則放棄前行，就此停下，積蓄能量，等待良機，等到雨季到來後，最終流向了大海。

　　古代傳說中有一種叫「泥魚」的動物。每當天旱，池塘裡的水逐漸乾涸時，其他魚類都因失水而喪失了生命，泥魚卻依然悠然自得，牠只要找到一塊足以容身的泥灘地，便把整個身體藏進泥中不動。

　　由於牠躲藏在泥中動也不動，處於一種類似休眠的狀態，所以可以待在淤泥中半年、一年之久，而不會死亡。

　　等到天下了雨，池塘中又積滿了水，泥魚便慢慢從泥中鑽出來，重新活躍在池塘中。其他死去魚類的屍體成了牠最好的食物。這時牠很快繁殖，成為池塘中的佔有者和統治者。

　　物競天擇，適者生存。由於泥魚有這種適應天道的能力，所以成為有不死之身的奇魚。

　　泥魚的聰明之處就是懂得適時放棄的應變之術。人在逆境之中，能不能隨著外界的變化及時調整自己的行為，以維護自身的利益，這是聰明和愚蠢的分別。不管具體情況如何，抱著既定的框架，不調整變革，一條道路走到底，這是蠢人的作法。以自身利益為核心，以外界環境的變化為參數，本著靈活機動、具體問題具體分析的原則，進退自如，隨機取捨，這才是聰明的行為。

　　百折不撓的精神雖然可嘉，但如果面前望得見的目標是一片陡峭的山壁，沒有可以攀援的路徑時，我們最好選擇放棄，換一個方向繞道而行。為了達到目標，暫時走一條與理想相背馳的路，有時也是大智慧的展現。

　　逆境中，不要逞匹夫之勇，圖一時之快碰壁而歸，你完全可以運用你的智慧和耐心，不妨暫時屈就你所不喜歡的職業，你可以暫時應付一下你所討厭或輕視的人，你可以暫時走進一個黑暗的隧道，只要你不忘記從它的另一端鑽出來。

　　只要你時刻知道這一切都僅僅是手段，而不是你的終極目標，你就用不著灰心和難過，也不用在意他人的批評和嘲笑。

　　法國作家勒農曾說過：「你不要焦急，我們所走的路是一條盤旋曲折的山路，要繞許多彎，兜許多圈子，我們時常覺得好似背向著目標，其實，我們總會越來越接近目標。」

　　的確，我們時常必須把目標放在背後，而耐心地去做披荊斬棘、鋪路修橋的艱苦工作，我們時常必須在嘗試去走很多條看來非常晦暗無望的道路之後，才發現距離目標越來越近了。因此，只要我們記住自己理想的方向，就算多兜幾個圈子又能怎麼樣呢？

　　執著有些時候將導致失敗，而放棄則走向了成功。鍥而不捨的奮鬥精神固然值得讚賞，但要成就一番事業，放棄和鍥而不捨並不矛盾。

　　放棄是剪刀，生命之樹剪除病枝贅葉後，更顯勃勃生機。拒絕放

棄，只會作繭自縛，在生活的網中束縛致死。

　　放棄有痛，宛如壯士斷臂，但放棄將給你一個更美麗的開端。放棄已不再愛你的戀人，你會多一個好朋友，苦苦糾纏，你反而多了一個仇人；放棄屈辱留下的仇恨陰影，你的眼睛裡滿是和平陽光，鳥語花香。

　　放棄是一種明智，是一種寬容。當面對暫時的傷痛，放棄需要一種忍辱負重、毀譽不悲的精神，需要直面淋漓鮮血的豪邁氣概，所以敢於放棄的人也是堅毅頑強的人。

　　記住，拿起再放下，是為了更好地把握；鬆開你緊握的拳頭，你會擁有更多！

五、生活在贏，不在快

專心一意奔向目標，在行動中糾正自己的行為，我們無暇旁顧。但是，讓潛力變成爆發力，有一個對於速度的心態問題。走得慢但堅持到底的人，才是真正走得快的人。

»»» 成功不在於快慢

一個孩子上自然課時聽老師說蝴蝶的成長過程，由卵變為幼蟲，由幼蟲變為蛹，由蛹變成蝴蝶。在返家途中，他在一棵樹上發現了一個蛹，於是把它取回家中，細心觀察蛹蛻變成蝴蝶的過程。

過了幾天，蛹上出現了一道小裂縫，一隻昆蟲的頭部突了出來。小孩心裡想，難道牠不是美麗的蝴蝶的蛹嗎？過了幾小時，昆蟲仍然在掙扎，並沒有破蛹而出。孩子為了要幫這隻小昆蟲一把，於是拿剪刀把蛹剪開，把牠救了出來。

可是，從蛹內爬出來的，並非孩子心目中美麗的蝴蝶，而是一隻醜陋不堪的昆蟲。小孩驚叫起來說：「怪物，怪物！」

孩子的父親從書房跑出來，看見兒子奇異的表情，再仔細地看了小昆蟲一會兒，最後對兒子說：「孩子，這並非怪物，而是一隻未成形的蝴蝶，只是因為你善意的一剪，所以牠不能從掙扎中成長起來變成蝴蝶。你想幫牠，卻反而害了牠。」

在生活中要成長，不要怕時間慢，只要自己努力，有所突破，慢慢就會成熟、成功，就好像蛹蛻變成蝴蝶一樣。

一則眾所周知的寓言也說明了「成功不在於快慢」的道理。烏龜與兔子爭論起一個問題：究竟誰跑得更快呢？兔子對這個問題不屑一

顧，兔子一定比烏龜跑得快，這還需要爭論嗎？

　　但烏龜卻不服氣，表示一定要進行一場公正與公平的比賽，才能夠做出最終的結論。於是，烏龜與兔子約定，在某一天進行一場龜兔賽跑。

　　森林的動物都非常驚奇，難道烏龜有什麼致勝的法寶嗎？

　　當這一天來臨的時候，賽場周圍十分熱鬧，各種動物都跑來了。兔子於是得意洋洋地跑了起來，果然，過不了幾分鐘，就將慢吞吞的烏龜甩得遠遠的。

　　兔子不禁高興起來，又蹦又跳，到後來，覺得有些累了，就躺在路旁的草叢中休息起來，心中還想，烏龜離自己有這麼遠，自己躺一會兒再起來跑，就可以將牠拋得遠遠的。

　　哪知道兔子一覺睡下去便不知時間的長短了，而烏龜就一直努力爬著，雖然慢吞吞，卻漸漸爬到兔子的身邊。此時，兔子還在呼呼大睡。

　　一步又一步，烏龜雖然花費了全身的氣力，終於爬過了終點，而兔子仍然還在路旁睡大覺。

　　事實上，烏龜確實爬得慢，但那又有什麼關係呢？只要一直在爬，就完全可以爬到勝利的終點！

　　你在森林中看見過一隻急匆匆或者怒氣沖天的烏龜嗎？沒有。在烏龜的世界裡，從來都是有規有矩，不慌不忙，不緊不慢的，天大的事情，烏龜們都是以一種輕鬆自然的方式去應付。

　　烏龜們之所以能成為動物中的長壽之星，肯定與牠們恬靜自然的生活態度有關。相反，作為萬物之靈的人類卻沒有那麼放鬆了。也許只是一件很小的事情，在我們的眼中，卻變成了大事情，有時候，我們都會懷疑，人類的眼睛是否就是一個放大鏡。

　　跑得很快，反應靈敏，也善於趕時間，相信這都是當代人的重要特徵。但如果一開始就有錯誤，那麼，跑得越快，就錯得越遠。正如

一個成功者所說的那樣，無論你跑得有多快，只要方向錯誤，最終的結果還是失敗。

一個發條上得十足的錶不會走得很久，一輛速度經常達到極限的車會容易壞，一根繃得過緊的琴弦往往容易彈斷，一個心情煩躁、緊張、鬱悶的人容易生病。因此，善用錶的人不會把發條上得過緊，善駕車的人永不把車開得過快，善操琴的人不會把琴弦繃得過緊，世間所有事皆是如此，無論身邊的變化有多快，請記住一個道理：生活在贏，不在快。

面對愈來愈快的生活節奏，人類的身心也被迫著緊張起來。在緊張忙碌的生活中，在人生漫長的「遷徙」旅途中，每個人都有身心疲憊的時候，每個人都需要休養身心的時間和空間。適當的時候，你是否讓自己的心靈稍作休整？是否讓自己的腳步慢下來，歇上一口氣後再度上路？

每天進步一點點

成功雖然不在乎快慢，但慢下來容易使人產生倦怠感，磨滅了自己的鬥志和銳氣。慢下來不要緊，但必須慢著去成功，而不是慢著走向失敗。因此，即使慢，也要使自己的每一個慢步中能有收穫，能得到進步。

全世界找到最大一顆鑽石的人，他的名字叫索拉諾。

的確，很多人都知道索拉諾的名字，因為他找到了一顆名為「Librator」（自由者）的全世界最大的鑽石。可是，沒有人知道索拉諾在找到這一顆鑽石以前，他已經找到過100萬顆以上的小鵝卵石，最終才找到這樣一顆全世界最大的鑽石。

成功不是靠一步登天，而是靠一步一個腳印走出來的，是經過長年累月的行動與付出累積起來的，就像「羅馬不是一天造成的」一

樣。房屋是由一磚一瓦堆砌成的，足球比賽最後的勝利是由一次一次的得分累積而成的，商店的繁榮也是靠著一個一個的顧客逐漸壯大的。所以，每一個重大的成就，都是一連串的小成績累積而成的。

每天進步一點點，是使潛力變成爆發力的必經之路。

雖然失敗者也會有行動，但成功者卻是每天都多做一點點，多付出一點點，所以他比別人更早成功。成功者總是願意在別人還沒起床時先起床，在別人休息時先行動，在別人走了一公里路時走了兩公里路，在別人讀一本書時讀了兩本書。

當超越了別人之後，下一個就是要超越自己。今天拜訪了15個顧客，明天就要多一個；今天讀了一小時書，明天他還要多讀一小時；今天走了兩公里路，明天就要比今天再多走一點點；在他每天想休息的時候，他就告訴自己再多做一點點。

日本企業所生產的產品向來以品質卓越而著稱。日本人為何對於品質有如此高的要求呢？原因在於美國的品質大師戴明博士。

第二次世界大戰結束後，戴明應日本企業之邀，幫助重振日本經濟。戴明博士到了日本之後，對日本企業界提出「品質第一」的法則。他告訴日本企業界，要想使自己的產品暢銷全世界，在產品品質上一定要持續不斷地進步。

他認為，產品品質不僅僅要符合標準，而是要無止境地每天進步一點點。當時，有不少美國人認為戴明博士的理論很可笑，但日本人完全照做。今天日本企業的產品在世界上取得了輝煌成就，他們將功勞歸於戴明，甚至頒贈先進企業的獎項也稱為「戴明獎」。

美國福特汽車公司一年虧損數十億美元時，他們請戴明博士來企業演講，戴明仍然強調要在品質上每天進步一點點，持續不斷地進步，一定可以使企業起死回生。結果，福特汽車照此法則貫徹三年之後，便轉虧為盈，一年淨賺60億美元。

前洛杉磯湖人隊的教練特雷利也善用這一法則，他在湖人隊最低

潮時，告訴12名球隊的隊員說：「今年我們只要每人比去年進步1%就好，有沒有問題？」

球員一聽，「才1%，這太容易了！」

於是，在罰球、搶籃板、助攻、攔截、防守一共五個方面都各進步了1%，結果那一年湖人隊居然得了聯賽冠軍，奪冠而且輕鬆容易。

有人問特雷利教練，為什麼這麼容易得到冠軍呢？教練說：「每人在五個方面各進步1%，則為5%，12人一共60%。一年進步60%的球隊，你說它能不贏得冠軍嗎？」

特雷利教練的說法雖然不夠精確，但這並不影響其道理的精確性。

每天讓自己進步1%，只要每天進步了1%，就不用擔心自己不成功。在每晚臨睡前，不妨自我分析一下：今天我學到了什麼？我有什麼做錯的事？今天我有什麼做對的事？假如明天要得到我要的結果，有哪些錯不能再犯？問完這些問題，你就比昨天進步了1%。無止境的進步，就是人生卓越的基礎。

在人生中各個方面都應該照這個方法做，持續不斷地每天進步1%，一年便進步了365%，長期下來，你一定會收穫到一個高品質的人生。

事實正是這樣，我們不求一次大幅度的進步，一點點就夠了。不要小看這一點點，每天小小的改變，會有大大的不同，而且很多人一生當中，連一點進步都不一定做得到。人生的差別就在這一點點之間，如果你每天比別人差一點點，幾年下來，就會差一大截。將這個信條用於逆境人生的各個方面，你將會變得非常成功！

第七章
逆商的修練

通常，逆商能幫助個人增進經受日常生活挑戰的能力，不論發生什麼情況，始終對自己的原則和夢想堅定不移。

在明尼蘇達電廠，逆商幫助領導者突破由調整帶來的逆境，縮短昂貴的過渡期，加快調整的周期。

面對本行業的多變性，ADZ通訊公司用逆商加強競爭優勢，用逆商幫助高層銷售經理沿著雄心勃勃、永不停息的兩位數的成長道路穩定前進。

在學校裡，逆商幫助教師培養學生的彈性和毅力，向他們傳授生活的意義和目的。

在卡易拜國家森林，逆商使得其工人和領導者具有實現他們雄心勃勃的遠景目標所需的嚴格與堅毅。

瑪里庫帕社區人用逆商培養教職員工在較小工作空間做出更多貢獻的能力。

在一個高海拔的奧林匹克集訓中心，逆商用於預測一個游泳運動員從狀態降低或失敗中恢復的能力。

逆商已在各個領域得到充分的應用，並取得了巨大的成果。

你想提升自己的逆商嗎？那麼，就開始進行自我修練吧。

一、避免災難化反應

透過一些逆商修練的技巧，你會發現，自己看待逆境及對之做出反應的方式都會發生改變，你採取準確行動的能力也將隨之得到提高。你會改變看待自己和他人的方式，你將能承受起任何巨大的打擊和挫折！

在對逆境的所有反應中，感到災難化是最令人灰心喪氣的。當人們讓日常生活中的一些不便轉化為障礙，又由障礙轉化為災難時，災難化就不由自主地發生了。

災難化常常包括對壞事件所做的破壞性的反覆思考。一個人對壞事件思考得越多，它彷彿就會變得越壞，它的後果也就顯得越發嚴重。這種思考有時代表你將一些最危險的事情同自己聯繫在一起。

災難化同你對逆境的控制力有關。當你讓一個壞事件的影響像野火一樣蔓延，破壞了你生活的其他方面時，災難化就發生了。

舉個簡單的例子，你收到了一份財務透支的罰單。一個高逆商者的反應是不會讓這件事的影響擴散。一張罰單只是一張罰單而已，不意味著別的事情，你可能會馬上想辦法解決這個問題。

而一個逆商極低者的反應可能會使事情災難化，使之無情地擴散到他生活的其他方面。「哦，全完了！我不能及時交錢，我的銀行徵信系統就會留下污點，我可能就不能貸款買房子，沒房子，這婚還怎麼結？女朋友一定要離開我了，媽媽還不得氣死啊！那樣，我活著還有什麼意思！」

災難化開始時，是在你思想中點燃一團小小的火焰，然後就開始煽動它，將一個很容易控制的逆境，變成一場無法控制的災難。這場

災難的火焰能夠吞噬它所蔓延的道路上的一切東西。

當一名護林員發現了野火後，第一件必須做的事情是什麼呢？當然是防止火勢的蔓延。他會藉由一系列行動來阻止其蔓延，如挖防火溝、消滅火苗等。當你發現了災難化的趨勢時，你也應該這麼做，你必須阻止它的蔓延。

在你的大腦中，災難化和其他對逆境的反應沒什麼兩樣。它只是一個潛意識層面的神經反應模式。為了打破這種模式，你必須在其神經傳導的途中將其中斷。你可用一些技巧來完成這種神經中斷，使自己遠離嚴重的災難化，迅速擺脫逆境，減小損失。

你可以將注意力集中到無關的事物上。

將注意力集中到無關事物上，執行起來比較安靜，因此比較適合於公眾場合，如會場、教室及其他人多的地方。

這項中斷技巧需要你細心一些，拿起一枝鋼筆或鉛筆，用三十秒的時間盯著它，試圖發現至少一項你以前未發現的細節，如印字、顏色、尺碼、形狀等等。

此時，你可能很容易就發現了一些鋼筆的細節。透過將注意力強烈地集中於無關物體上，你就達到了分心並阻止災難化的目的。這項技巧有很大的靈活性，你可以在任何地方使用它。

你還可以進行一些積極的娛樂活動。

有時，強迫自己從逆境中分神出來是非常有效的，這可以有效地防止小的災難化，讓你從現在的情緒中擺脫出來。當你的精神狀態好轉時，再去重新面對它。它延遲了你的激烈反應，讓你有時間來考慮一切因素，以便採取有效的行動。

有許多娛樂方式能防止災難化。與其對壞事情反覆思考，不如去聽一場音樂會，看一場電影，或去參加任何一項能使你發笑的娛樂活動。這些活動不但能打破你舊的固有模式，還能有效地改變你的生理和心理狀態。

災難化可以使你免疫系統的功能降低，它是透過釋放神經介質來實現的。情緒的波動可由你的血液流動顯現出來。當你看到電影中的激動場面時，就可感覺到自己身體的變化。你緊張、放鬆、發笑，對你所看到的一切都做出反應。娛樂不僅能改變你的反應，還能改變你的生理狀態。

你甚至可以透過運動來改變你的狀態。

這時，我們需要打破這個循環，而此時最有效的方法，就是將你的能量投入到運動中去。從你的椅子中站起來，去走路、跑步、騎車、射箭，或者其他你喜歡的任何運動。大部分人只需堅持二十分鐘運動就可以從中獲益。

透過體育運動來減輕緊張感，可使身心同時受益。這種益處有很多，不妨列出幾項：

你感覺自己好多了。

你改變了腦內神經介質的數量，提高了免疫系統的功能。

你可能感到心情平靜了。

肌肉的疲勞使神經的緊張得以釋放。

有時，你還可以重新建構你看待逆境的模式。

重新建構是透過把逆境推向將來，以幫你中斷災難化。災難化是一個內在的自我放縱過程。你的注意力變得強烈的內化，你創建了一個只有你認為存在的臨時現實。重新建構讓你重新看待事情的發展方向，讓你重新以另一種眼光來看待逆境。

讓自己變小起來，也能使自己暫時擺脫逆境。

當你反覆思考時，會有兩個後果。一是將問題扭曲到完全不能解決的程度，二是將注意力高度集中到自己身上或事情的後果上，便不能展望未來。

　　所謂變小，就是不斷地把自己放在這樣一個環境裡，在這個環境中你顯得十分渺小。如果你喜歡山峰，對你來說，沒有什麼能比站在一座14000英尺高的山腳下更能讓你從逆境中解脫出來。

　　類似的，你還可去海灘散散步、凝視星空等。當你面對無邊無際的星空、大海，將自己融入宇宙時，你會感到自己是多麼渺小，你遇到的麻煩是如此的無關緊要！

　　在任何情況下，換一個環境都是打斷你逆境反應的一個有效方式。有時坐在機場裡或其他人多的場合也很有成效。你靜坐在那裡，喝著一杯飲料，看著人來人往，車水馬龍，看著人們的各種各樣的表情，聽著他們的言語，頗有一種超凡脫俗之感。每個人都有遇到麻煩的時候，但這一切終會過去的。

　　有時你可以到一個比較嚴肅的場合去試一試，例如去看一場著名的歌劇，或聽一場交響音樂會，其宏偉的氣勢也可讓你感到自己是何等渺小！

　　變小是一個很有效的方法。它常使人感到人之存在於宇宙如滄海一粟，不論你每天做些什麼，宇宙常恆。人生只有短短幾十年，這幾十年就彷彿宇宙眨了一下眼，這幾十年同宇宙比起來是如此微不足道。充分利用你的時間，去做一些有意義的事吧，不要再為小事而煩惱。

　　嘗試著去幫助別人，也是一種比較有效的方法。

　　毫無疑問，使你從逆境中解脫出來而把眼光放在未來，一個最有力的工具就是幫助那些比你遇到更大麻煩的人。

　　是的，當我們看到別人的不幸後，我們就能夠更加清醒地看待自己的不幸，更能把自己的著眼點放在未來。做善事不僅能使你從自我封閉中走出來，還能對自己的身心產生積極的影響，提高你的精神狀態和免疫系統的功能。

　　在逆境生活中，你可以將這些技巧結合起來使用。當你觀察你的

反應時，一旦發現有災難化的苗頭，馬上使用這些中斷技巧，這可使逆境不至延伸到你生活的其他領域。經多次練習，你擺脫逆境的能力和你的逆商都能得到很大程度的提高。

使用了這些技巧之後，你會發現，自己看待困難及對之做出反應的方式都會改變，但它的巨大作用要在以後才能逐步地顯現出來。

隨著時間的發展，你發現逆境的能力、發現你對逆境的結果擁有的能力、分析逆境及採取準確行動的能力都將得以逐步得到提高。你會改變看待自己和他人的方式，你將能承受起巨大的打擊。

也就是說，你將變成一個具有高逆商能力的人！

二、認識逆境的可及範圍

可及範圍決定著對現有問題的感知能力有多大，或者其明顯的程度。出現的問題越大，由其導致的恐懼、無助、冷漠和怠惰潛在性也就越大。而越小、越容易處理的挑戰，越是不會出現被弄得一團糟的傾向，同時對一個人解決或超越某些障礙的影響也越強。

所謂逆境的可及範圍，即在工作和生活領域逆境可抵達的範圍。

可及範圍決定著對現有問題的感知能力有多大，或者其明顯的程度。出現的問題越大，由其導致的恐懼、無助、冷漠和怠惰潛在性也就越大。而越小、越容易處理的挑戰，越是不會出現被弄得一團糟的傾向，同時對一個人解決或超越某些障礙的影響也越強。

在大難臨頭時，如果你允許逆境像一把野火那樣在情緒上熊熊燃燒，在被控制前允許其覆蓋相當大的精神面積，那它就會即時爆發。

一位美國石油公司的系統分析師和妻子一起外出度假，他在旅行的飛機上看一份《華爾街郵報》，這份報紙的封面上刊出了英國石油公司和Amoco（美國石油公司）合併的大字標題，在他讀到標題的一瞬間，馬上抬頭驚呼道：「這將涉及到我們整個部門，他們要裁掉幾千名員工！這可真是場災難！」

他轉過身對妻子說：「Amoco毀了我們整個假期。」

如果人們真正面對著日益成長的逆境數量，那麼超過一次逆境的災難就會使你對一些事情無能為力。逆境所付出的代價，會比我們以為所必須的還要深遠。

但想像一下，如果那位飛機上的乘客擁有更強的反應能力，那他的逆商可能會下意識地做出以下的反應：「這確實是個重要消息，好

吧，感謝上帝，我們正在度假，在我去上班之前有這麼一大段時間遠離工作，我可以想像得出上班之後一定會有更多的事情要去處理，所以，讓我們盡情享受這個美妙的假期吧。」

這種反應將提供許多益處：他的身體將保持著體力充沛，他的態度將依然保持樂觀，而他的假期也不會受到任何影響，他和妻子的關係也將透過她給予他的尊敬和他回饋給她的感激中得到增強。他們共同度過的時光因為前方不確定的將來而變得更加珍貴，他也將從當前的兼併中積極尋找將來的機會。

可及範圍同時也是造成人際關係緊張的最常見緣由，你可以把接受新項目當成一項令人愉快的挑戰，它將測試和增強部門的戰鬥力，也許有的同事會堅持認為新項目是一項不可能完成的任務，這會毀了整個部門，這一衝突的結果可能就會傷害到團隊的合作精神。

你有兩名同事也許會在新經濟低迷時期從電視上收看到同樣一則商業報導，一名同事可能真的會把經濟低迷當成一顆一閃而過的流星，一名同事就有可能把它視為末日的開始——這種隱藏的病毒將慢慢吞噬著經濟震盪時代的人們的靈魂。

逆商不僅僅有關於你整天臉上掛著微笑，或者對別人說些快樂的事，它還有關於改變映射在你大腦中的反應模式，這樣你的語言和行為就會因高逆商反應模式而獲得自然而積極的結果。提高逆商首先可以消除或者至少可以減少抱怨的趨向。

高逆商能限制逆境的可及範圍和衝動行為，改善可能會出現的結果。

可及範圍同時也是一種可引起最大恐懼和擔憂的元素，恐懼和擔憂是一對雙胞胎——都建立在對當前事件的消極設想之上。那些整日杞人憂天的人，經常在腦海中充滿擔心和恐懼——所有的壞事可能或是「確鑿無疑」地接踵而至！

這種悲傷所帶來的令人啼笑皆非的後果，是由於一件事情引起的

失眠要大大超過以前遭遇的絕大多數事情。這種慢性恐懼和擔心會讓一個人變得非常懦弱，根本沒有能力去採取最佳的應對行動。

三、掌握對逆境的控制反應力

控制反應力是任何人都可以掌握的能力，它不同於禁欲，後者與被動的漠不關心有關。控制反應力不是激情的刺客，事實上，抑制反應力是寶貴激情的忠實守衛者，它可以削弱我們遭遇的無數逆境。

«««控制力的基本類型和作用

對逆境的控制力反應有兩大基本類型。

一種叫作延時控制力——這是最常見的一種形式。你可能有過這種時刻，因為生氣而大發雷霆，做出一些以後會懊悔的事情來，或者在失去控制的瞬間，發生了一些無法預料的事情。在爆發之後，你會逐漸恢復理智，並能更理性地做出反應，這就是延時控制力。

從情緒大爆發，甚至是從程度較輕的怒氣發作中復原，當然要比根本沒有控制力好得多。不幸的是，一些很重大的傷害，會在反應和復原間形成裂口，儘管它有可能只不過持續了幾秒鐘。你很有可能一直記著某個人曾對你說過的幾句最具殺傷力的話，雖然這幾句話可能非常短，但對許多人來說，卻要花很長時間去說一番冗長的道歉和藉口。

有人出了一個主意，卻為一位同事突然迸出的一句話大受刺激：「什麼時候你才有頭緒？」或者：「花了那麼長時間，你就做出來這個？根本沒有任何價值！」

疲勞、擔心、生氣、誤解和錯誤的設想，都是導致情緒大爆發強而有力和可行的藉口，但它們很少能消除諸如爆發而導致的創傷。

　　至於一些情緒大爆發是如何與可感控制力相關的，心理學家弗恩・利伯特解釋說：「習慣性的破口大罵，會給人留下一個精神狀況不健康的跡象，」她說，「當人們感到無法控制自己的境遇時，往往會發出咒罵，罵聲越響，可感到的控制力就越強。」

　　而現實的情況是，這些情緒大爆發經常會給人們帶來高昂的代價。

　　理想狀況是，你能在消極思想形成的時刻馬上控制它們，這些思想將決定著你的語言和行動，現在缺乏的理想一步，是在還沒有透過語言或是行為釋放它們前就抑制住負面反應的能力。

　　你可以有可怕的個人想法或是內心反應，但你必須在它脫離你的頭腦之前，就抑制、評估和改變成某種公開的形式。

　　自發控制反應力是控制力的最終形式，它可在你最意想不到的環境下提供幫助。

　　馬克和妻子查琳娜正在赴一個重要約會的路上，他們以每小時75公里的速度行駛在州級公路上，突如其來的一塊巨大的黑色冰塊擋住了去路，汽車在原地急速打轉，然後「砰」的一聲撞向了路旁的防護欄。

　　馬克立刻把車轉向到應急車道上，轉過身來問查琳娜：「你怎麼樣？沒事吧？」

　　「我沒事。」她回答道。

　　馬克走到車前，看到車子只不過有點擦傷，就走回車內，重新將有無身體傷害的對話繼續下去。

　　查琳娜不由對馬克的冷靜頭腦大感驚奇：「你竟然一點都不慌張！」

　　馬克解釋說：「一旦我知道你沒事後，還有什麼好擔心的？擔心又不能修復汽車，如果我們驚惶失措，我們可能早遇害了，對嗎？」

　　馬克是對的。如果他從方向盤上脫手，對旋轉驚惶失措，或是對

汽車將報銷惶恐不已，那麼他們可能在這寶貴的幾秒鐘裡就雙雙喪命了。他的自發控制反應力救了他們夫妻的性命。

控制反應力是任何人都可以掌握的能力，它不同於禁欲，後者與被動的漠不關心有關。控制反應力不是激情的刺客，事實上，抑制反應力是寶貴激情的忠實守衛者，它可以削弱我們遭遇的無數逆境。

激情經常被認為是青春的禮物，而它就像充沛的體力和所有年輕人的特性一樣，隨著時間的流逝慢慢死亡，可能有人認為這並不是個問題。

如果你希望在生命的最後時光仍然充滿活力，你就必須保護青春的禮物，比如激情。快樂、充沛的體力、熱情、驚奇、好奇心、驚異和激情，都非常容易因生活的磨難而被扼殺。而一旦熄滅，這些火花很難再被重新點燃——因此，具有自發控制反應力是非常重要的。

這一能力可以減輕每一次逆境對你心靈造成的傷害，保留本質的特點。在你改善控制反應力時，你將增強激情、快樂、創新意識、樂觀主義和希望。

透過自發控制反應力，你可以立即與積極的反應相聯繫。此外，你可以從一切例外的源頭或迴響中提取、甚至是選擇自己的反應。最終，這些想法會變成語言，積極地影響著你身邊的人、你的團隊和你的公司，創造出一個強大的富有活力的環境。

«««增強你對逆境的控制力

研究顯示，重視和增加對逆境的控制力，在我們的前景、表現、健康和長期成功中是至關重要的因素，而後天無助則成了人們努力的毒瘤。

正像馬丁・塞利格曼指出的那樣，後天無助就是堅信不管你做什麼都無法產生作用，它使一切都變得無足輕重。

研究顯示，那些感到最能控制自己體育運動項目的人，極少會感到疲勞；而那些感受到最小限度控制力的人會因此帶來身體的不適，這些人會感到更累，並最有可能中途退出。

在生活中，確實有不少事情是我們不能控制的：死亡、自然災害、戰爭、天氣和疾病，這是不受控制名單上最常見的幾個。但是，在每一個不能控制的對象中，我們肯定至少能影響到它的某些方面。

如果你深愛的一個人被診斷出患有絕症，你可能不會阻止、甚至是控制他（她）的死亡。實際上，想像一下你所做的所有事情，都可能會影響到他（她）剩下的日子、心靈的平靜和瞑目一刻的安詳。在生命中的最後幾個月、幾個星期甚至幾天裡，你可以幫助他（她）有尊嚴地度過餘日，使其感到這段日子比以往的任何歲月更有意義。

控制力全部從逆境中得出，逆境越艱難，潛在的代價就越大，而從積極的影響和控制反應力中獲得的益處就越意義深遠。

1999年，一些未能從戰爭中逃離的波士尼亞難民，發現自己的身心健康和其他方面的安寧都噩夢般被改變了。

一個電視節目中播出了這樣一段場景，有個波士尼亞難民失去了孩子，還親眼目睹自己的妻子遭到強暴，他自己的手臂也被地雷炸飛了。他告訴記者：「我們會有新生活，看看我們周圍。」

他掃了一眼難民營，說：「現在，這些孩子都需要我們，他們是我們的未來，我們必須相互支持和幫助，不管情況多麼惡劣，我們都得活下去！」

同一時期另有一則新聞報導，一個和那個波士尼亞難民差不多年紀的男人，在戰爭中除了家人外什麼都失去了，而他的言語裡卻滿是沮喪：「他們毀了一切……什麼都沒有了……沒法活了……我們什麼都做不了……。」

從這些反應中，我們可以大膽地推論出一個論據，如果一個人可感受到的影響能超越恐怖事件的話，那兩者的區別將會有多麼大的不

同！

　　順著他們的思路想像一下一個月之後兩人各自的生活。一個從幫助那些受難者中發現了新的生活目標，而另外一個則一直沉浸在損失和痛苦中不能自拔，「受害者」這個詞像紋身一樣緊緊地追隨著他，悲慘的烙印使他自卑自憐，止步不前。他們類同的境遇，竟然會引起如此迥然不同的命運——一切的源由都來自對逆境的反應，逆商不同，對逆境的反應自然大不相同！

　　簡而言之，通常有一些方法可以使某一情形變得更好些，這就是對逆境的控制力。集中精力，將一些不能改變的事情變得可以改變，這就叫作反應能力。反應能力不僅可以增強你的作業系統，而且還提供一道病毒防火牆，去抵抗恐慌、衰弱和無助的入侵。

　　我們可以在一些微妙、甚至是攻擊性的話題上，發現控制力各方面的實際反應，因為它直接挑戰我們為自己的怠惰或是平庸而說出的藉口和解釋。

　　來聽聽以下一些反應：

　　我扭傷了膝蓋，所以沒法來上班。

　　他們這裡不提拔女性。

　　我新陳代謝很慢，所以我一直很胖。

　　我被診斷出有學習障礙，所以我無法做這些題目。

　　我的電腦水準向來很差。

　　我眼睛疲勞，頭又痛，所以無法閱讀。

　　看看這幅景象！這些都是為懶惰而尋出的種種懦弱的藉口！你能做的最好的事情，就是阻止為自己的脆弱辯解，那樣你才能用一種積極的方法去認識、提升和改變某些情形。當你這樣做了，你即使不能消除，那至少也可減少身上的侷限性，因為侷限性只會把你禁錮在平

庸的籠子裡不能突破。

ADP公司總裁約翰‧霍根曾說過：「我沒時間去害怕，甚至在最艱難的情形下，一旦我有了計畫，我就知道一切都會好起來的。所以，我從不浪費時間去操心什麼是我們做不了的。」

經常讓人感到驚奇的是，儘管眼前就是一片開闊地，但狗還是舒舒服服地待在牠們的籠子裡，不往外挪一步。同樣，儘管前面有無限的機會，但人們還是只願意安逸地待在自己的小天地裡，小天地不管從字面上還是從比喻義上，其意思都是不言而喻的。

確實，侷限性經常會帶來舒適，雖然機會誘惑著心靈，但同時也預示著風險。這一控制我們對逆境的反應能力，能夠促使我們迎接和創造新的機會。

四、個人逆商提高技巧

我們能透過改變我們的思維和習慣來達到成功。只要我們能對舊的模式產生質疑，並在意識層面形成新的模式，改變就產生了。

消極的生活是由於受到逆商的根本影響，在影響行為的無數模式中，一些像後天無助之類的模式，會引導你放棄，但在其他高逆商者影響你感知時，你便傾向於堅持。

從微觀看來，逆商影響著體內每一個細胞的化學過程和功能。這些化學資訊和反應，就好像在一張內部網路或內部區域網中一樣，在人的體內傳遞。

實際上，大腦與傾向逆境的自然偏好相連，在聽到逆境消息時，比你聽到好消息反應還要強烈，數量還要多。這一遠古的生存機制在保持你的敏捷性方面扮演著一個重要的角色，它解釋了為什麼逆商的所有模式是成功的最全面預言者。

逆商還影響到一個公司的進程和發展，它決定著你拓展自己適應明天需求的能力。低逆商的領導人不知不覺地會被引入一種可怕的預言，而這一可怕的預言最後真的會變成一種結果，進而使他們萎縮了集體的能量。同樣，低逆商的同事也會連累到團隊的進步和業績。

二十世紀九〇年代，美國心理學家保羅・史托茲制訂了一系列技巧，對於人們提高逆商十分有效，他將其稱為逆商的「提高技巧」。

這些技巧基於這樣一個概念：我們能透過改變我們的思維和習慣來達到成功。只要我們能對舊的模式產生質疑，並在意識層面形成新的模式，改變就發生了。

首先，觀察你對逆境的反應。

　　你睡過了頭，你的牙膏用完了，你期盼的郵政快件沒有及時到達，一個重要的會議被取消了。在通常情況下，這些都是很正常的，但現在你想改變對逆境的反應，你必須能覺察到這些逆境。

　　你首先要學會的技巧，就是對逆境立即覺察的能力。沒有這個能力，其他技巧都是空談。這就像一個森林防護員在剛一起火就覺察到火的存在，一名員警能比普通市民更早地覺察到事件的危險性。你透過訓練，也可以在逆境惡化之前覺察到它的存在。

　　你是否注意到，當你買了一輛新車以後，你突然能認出路上每一輛與你類似的車來。這是一種潛意識的行為，即使你沒有期望，你也擁有了這個能力，這時你再給大腦足夠的訓練，這種能力就會變得越來越強大！

　　有意識地去發現身邊的逆境，一旦你訓練過你的頭腦後，它就會保持一種警戒狀態，每一個潛在的逆境都會進入你的意識，讓你有足夠的時間調整你的反應。

　　只有在意識層面，你的逆商才可以被改變。因此，剛開始時注意一些小的、相對弱的逆境是非常有用的。只要你堅持練習，當逆境真的來臨時，你可能會驚奇於你覺察逆境的能力了。

　　一旦你能有意識地覺察到逆境，你就能立即衡量你的反應是屬於高逆商還是低逆商。高逆商者總是設法去解決逆境，低逆商的人卻總是在逆境面前退縮不前。

　　假設你的硬碟壞了，假如你的逆商很低，你可能馬上做出這樣的反應：「哦，天哪！我死定了。所有資料都丟了，對電腦我永遠是個外行，現在我們不能及時完成任務了，我想我們得和客戶說再見了。」

　　你如何提高逆商並提高你的反應呢？首先，執行提高技巧的第一步，是觀察你對逆境的反應──你很容易地觀察到了低逆商的反應。然後是第二步，找出逆境所有起源及你對結果的擁有。

現在，依次問自己三個逆境起源的問題：

什麼是這個逆境可能的起源？
這些起源中哪些是由我引起的？
哪一些是我應該能做得更好的？

在你腦中或一張紙上列出所有可能的起源。你要列的不是那些你主觀上認為有可能的起源，而是那些客觀上有可能的起源。這樣做是有意義的，因為你至少有一部分錯誤，但你傾向於忽略其他的起源，這樣易使你受到沒有起因的責備。

那麼，硬碟壞掉的可能起源有哪些呢？這可能有許多因素——一次工廠失誤、軟體毛病、突然斷電、系統故障等。

上述因素哪些是你的錯誤？也許你沒有提供一張靜電地毯，沒有按時檢查，沒有及時備份，這樣的話你也許有部分失誤。當然還有許多其他因素，如果你預料到的話，也可降低硬碟壞掉的可能性。事後我們能認識到，你應該早點進行一次檢查，進行系統備份，買一張靜電地毯等。於是你學到了經驗，變得更加聰明了，以後碰到諸如此類的逆境，你就能從容應付了。

能夠不斷地學習過去的經驗和教訓，是你能不斷提高的原動力，你不斷提高你各方面的能力，對於你的前進至關重要，前進的道路上要求你不斷提高你應付逆境的技巧。

你應擁有結果中哪部分或哪些方面？你也許沒有因硬碟壞掉而自責，但你可能覺得應對結果高度負責。如果你擁有了這個結果，你就覺得有責任去採取行動解決這個問題。

另外，你要學會分析有關逆境現實的證據。

回到硬碟壞掉的例子，一個極端的反應可能是：「啊，全完了！所有工作毀於一旦，另外，這種事有一就有二。努力也沒有用，我想

我的升職沒機會了。」這種反應充斥著失敗、惡化和無望的味道。

在這個或其他的不那麼極端的反應中，你可以問自己三個相關的問題：

一個問題是：哪些證據我未加控制？

答案是「沒有」。但在理論上卻可能有。在本例中沒有「無助」等證據存在。現存的事實是硬碟壞了，電腦不能正常工作，其他的都只是猜測而已。

另一個問題是：哪些證據使逆境滲透到生活其他領域？

低逆商的人總是對「骨牌效應」提出質疑，他們看不見由壞事件引起的連鎖反應，這使他們很容易被逆境所打垮。他們傾向於用壞的假設來代替現實，而他們往往不能承受這種假設帶來的打擊。因此，你必須把你的假設和你所知的事實分離開來。

事實上，當逆境影響了你生活的其他領域時，事先並沒有證據表示一定要如此。所以這個問題的答案也是「沒有」。

還有一個問題是：哪些證據使逆境比實際存在了更長的時間？

總有一些原因使逆境持續得更長久，但卻少有證據能證明確定如此。所以這個問題的答案也像前兩個問題一樣：沒有。

還是回到硬碟壞掉的這個例子，你的反應可能是：「啊，完蛋了！所有工作毀於一旦，另外，這種事有一就有二。努力也沒有用，我想我的升職沒機會了。」

乍看之下，似乎有許多證據支持你的這種反應，而仔細分析一下你會發現，一定會失敗的證據其實根本就沒有。

最後，你有必要去採取積極的行動。

像前面的步驟一樣，要採取行動，可以向你自己提出六個精心設計的問題：

我還需要一些什麼資訊？我怎樣得到？

我怎樣做才能對逆境開始有一點控制？

我怎樣才能控制逆境的擴散？

我怎樣才能縮短逆境持續的時間？

我應首先採取上述行動中的哪一個？

我何時採取這個行動？哪一天的哪一刻？

讓我們再回到那個硬碟壞掉的例子，你可以採取好幾個行動來降低損失。上述六個問題可以幫助你組織你的行動。在採取行動時，你要確保逆商的每個角度都被考慮到了，並且你已消除了所有消極的反應。

在這個例子中，假設你已完成提高技巧中的前三步：觀察你對逆境的反應，並發現它有點低；找出逆境所有起源及你對結果的擁有，並發現你過度自責，且缺乏對結果的擁有；再分析證據，並發現幾乎沒有證據支持你的低逆商反應。那麼下一步，就是採取行動——在紙上寫出你要採取的行動，然後立即執行它。

就這樣，你的逆商提高了，你也就一定能戰勝那些看起來很容易對付的逆境了。

五、如何提升修習逆商

　　如今，任何在當前遍布逆境的情況下不懈努力並獲得成功的商業與機構中，逆商毫無疑問承擔了舉足輕重的角色。

　　逆商研究專家透過對許多工業部門和組織的研究發現，高逆商的組織比低逆商組織在諸多方面具有更大的優勢，如表現、生產、創造力、健康、耐力、彈性和組織生命力等。

　　事實上，與個人相同，逆商定義了組織抵禦與攀登及超越逆境的能力，從而使組織獲得成功。當外在環境發生改變時，逆商能極大地影響組織的警覺性、耐受性與持久力，也影響到組織的學習、創造性、生產力、業績、長期發展、動機、風險承受、進步、能量、精力、抵抗力、健康與成功。

　　幾年來，迪洛特與泰齊公司作為一家核算專業的大型公司，採用一個特別嚴密的流程，用於選擇公司內誰將被提升為合夥人。

　　經過初步的幾輪提名、實踐與會談後，最終的候選人被要求參加一次競選大會。他們作為合夥人的行動與業績能力，將在那裡被精細地評判。一些候選人會成功，另一些人被淘汰。他們承受的壓力顯而易見。

　　許多候選人把大會當作緊張的新兵集訓，他們自始至終都感到如同處於冰冷的槍口之下。評委會看著他們作為團體如何一起交談、提議、會談與工作。

　　合作候選人被安排為6至8人的團體，團隊的專案要求成員們通宵工作，設計方案、蒐集資料並準備演示材料與最終的報告。他們必須迅速、精細並專業化地滿足假想客戶的需要。在此過程中，有的人變

得沮喪、憤怒、痛苦與退縮，但其他人以最大的決心與注意力迎接了挑戰。

他們最終的考驗是向評委會（作為客戶的身分）遞交報告的過程。

在第二個不眠之夜的中途，還有兩個小時就要遞交報告的時候，選舉委員會的一個成員走進室內，那裡一個小組正非常瘋狂地做著遞交報告的最後衝刺。他宣布了一個新資訊，如果新資訊可靠，團體直到此刻所做的一切努力就毫無價值。

然後，他離開那裡，回到主席台等著看即將揭曉的反應。

一位候選人立刻絕望了——

「天啊，我們全完了！我們再也沒有時間了，而我們過去所做的一切都毫無意義！他們毀掉了我們所有的工作！」

災難化是傳染性的，另一個候選人加入進來，氣憤難平地扔掉了手中的鉛筆：「我簡直不能相信！我們全完了。你們這些人不明白嗎？我們在很久以前為什麼都能做到，但我們現在完成不了工作，我們全都失敗了。」

正當人們的反應看來要失控的時候，布魯斯‧湯普森站了起來。

「等一會兒，諸位。幾秒鐘前，我們還覺得我們的報告非常棒。我想它真是棒極了！這會不會是他們給我們設計的圈套，由此來看看我們會如何反應？如果我們絕望了，那我們就真的完了。如果我們保持頭腦清醒，我們能稍做調整，趕完遞交報告。我認為我們應該堅持自己的方向，並向他們表示我們是什麼樣的人。」

並沒有意識到自己受到了與他人相同的考驗，布魯斯的團隊統一起來，突破了逆境。而其他團隊表現得就沒有這麼好。

一個團體就這樣完成了自我毀滅，儘管他們富有才智與經驗，但他們無法跨越擺在面前的障礙。而布魯斯與他團隊中的許多人則被提升為合夥人。那些表現出低逆商的組織，包括被嚇住的候選人，都失

敗了。選舉委員會當時是在考查他們認為的所有合作技能中的最本質部分——對逆境的反應與應對能力。

迪洛特與泰齊公司意識到，只有那些在無情追殺的逆境面前能夠不懈努力與創新，並維持住工作熱情與幹勁的人，才能最終獲得成功。任何在當前遍布逆境的情況下不懈努力並獲得成功的商業與機構中，逆商毫無疑問承擔了舉足輕重的角色。

在最低限度上，具有一定高水準逆商組織裡的人們表現出樂意翻越障礙的能力。他們被新的挑戰所鼓舞，個體都努力透過不確定與困難時期，擁護改變並採取必要的冒險以獲得進一步的晉升。當面對挫折與失望時，這個組織表現出強大的對逆境的耐受性。

如果你想要提高你所在組織的逆商，你就應該藉由坦誠的對話，向你的組織成員明確地指出那些較差的組織規範。例如：

在情況不好的方面胡亂浪費時間。

在沒有考慮周全之前，就讓某個想法急急地浮出水面。

製造悲觀主義思想氛圍。

把主動權交給別人。

人們在相互責備中大發議論，或是被迷惑。

在相互誠信方面沒有什麼進展。

總是反對冒險。

讓別人來決定你的命運。

習慣在面對棘手的問題時無助地獨自承受。

到逆境來臨時變得聽天由命，甚至是置身事外。

當情況惡化時感到大難臨頭。

把每一個問題都擴大負面思考。

頻繁使用低逆商語言，如「不可能」、「沒辦法」、「永遠」、「什麼都是無用的」等。

　　讓組織成員不記名地列出他們認為潛在的低逆商規範，是一個很不錯的方法，能夠避免尷尬而得到真實的資訊。把這些列表分發下去，組織成員進行討論，分別指出兩三個非常有威脅的和普通的規範。

　　接下來，把特殊的高組織規範形成制度。實例包括：

　　關注並討論那些我們能夠控制的方面。

　　監控任何可能變化的情況。

　　把「應付能力」納入組織議程的討論項目中。

　　制訂特殊的策略，延緩逆境的到來；

　　在走出逆境後，讓組織時刻預想到可能的困難。

　　制訂特殊的策略，使組織盡可能快地走出逆境。

　　討論我們學到了什麼，下次可能做得更成功。

　　在逆境中盡可能發掘深藏的機會。

　　把這些行為加到為組織特製的增強逆商的行為列表中，這會使組織在完成特定的專案時熬過困難時期，或者防止困難問題的出現。

　　與個人逆商的提高技巧一樣，組織逆商的提高也可以運用那些程序。

　　當逆境來臨時，聽聽組織成員的反應，找出低逆商的部分，也就是現在你能夠討論的內容。

　　然後，透過詢問建立責任。例如：「誰負責把這件事做得更好？」或者，「在哪方面我們能取得進步，即使是最小的進步？」

　　接著再分析與最嚴重的問題相關的各方面的事實。例如：「如果這方面做得不好，嚴重的問題就會變成現實。儘管所有的事實似乎都表示我們注定會這樣，但是有什麼證據說明我們會惹惱顧客、品質等

級下降或者歇業呢？」

　　最後就是行動！

　　例如：「要明確，我們能做些什麼來減少顧客對我們不滿的機會呢？還有其他的什麼嗎？要明確，我們該做些什麼來保證我們的品質等級？做些什麼能夠確保繼續營運，而且在逆境中還會盈利？」「在這些行動中，哪一項是我們認為應該先做的？這項工作我們什麼時候著手做，什麼時候完成？為了完成任務，我們每一個人都該做些什麼？」

　　如果你的組織有了一套完整的行動列表，那就立刻行動起來！相信吧！一個高逆商的團隊一定能在不可預料的逆境中創造輝煌！

後記

在當今這個瞬息萬變、險象環生的多元化時代，人們隨時隨地會陷入逆境。因此，學會應對失敗、走出逆境是時代變化的迫切需要，是人們贏得成功的首要條件。但是，有人成功地戰勝了失敗，走出了逆境，有人卻始終直不起腰、抬不起頭，這是為什麼呢？

實際上，要克服逆境，獲得成功，最關鍵的是要提高逆商。逆商是一個強而有力的理論，一個有意義的措施，一套銳利的工具，能幫您在面對挑戰時披荊斬棘，勇往直前，並激發您去重新考慮自己的成功公式。

對付當前逆境的挑戰，僅有思想和理論是不夠的，還必須掌握一套行之有效的方法。毫無疑問，開發和提升逆商，對每個人的職業生涯和個人生活具有相當重要的意義。對於那些陷入逆境正努力奮鬥、渴望改變自己命運的人們，逆商的培訓和修練尤為值得關注。

逆商是一個比較抽象的概念，因此，有關逆商的書籍專業化、理論化都比較強，為方便讀者閱讀和向更多的人普及逆商知識，本書在保持逆商理論精髓的基礎上，力求將其編譯得深入淺出，讓各個層次的讀者都能輕鬆地走進奇妙的逆商世界。

本書在編譯的過程中採用了有關論著的一些資料和觀點，在此向原資料的創作者表示誠摯的感謝。由於時間倉促，書中難免會有疏漏之處，希望讀者不吝賜教，批評指導。

<<< 附：本書參考著作

1. 《AQ逆商數》，（美）保羅‧史托茲著，姜冀松譯。
2. 《逆境智商》，（美）保羅‧史托茲著，喬健、姚志剛譯，。
3. 《比IQ、EQ更重要的是AQ》，文西編譯。
4. 《EQ情商：決定個人命運的最關鍵因素》，譚春虹著。
5. 《逆商：通向成功的挫折教育》，陳泰中編著。

健康養生小百科好書推薦
彩色圖解版

圖解特效養生36大穴

NT：300（附DVD）

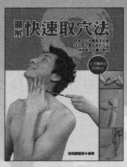

圖解快速取穴法

NT：300（附DVD）

圖解對症手足頭耳按摩

NT：300（附DVD）

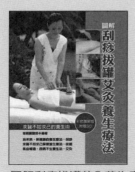

圖解刮痧拔罐艾灸養生療法

NT：300（附DVD）

一味中藥補養全家

NT：280

本草綱目食物養生圖鑑

NT：300

選對中藥養好身

NT：300

餐桌上的抗癌食品

NT：280

彩色針灸穴位圖鑑

NT：280

心理勵志小百科好書推薦

全世界都在用的80個關鍵思維
NT：280

學會寬容
NT：280

用幽默化解沉默
NT：280

學會包容
NT：280

引爆潛能
NT：280

學會逆向思考
NT：280

全世界都在用的智慧定律
NT：300

人生三思
NT：270

國家圖書館出版品預行編目資料

全世界都在學的逆境智商 / 譚春虹作. -- 初
版. -- 新北市：華志文化，2012.09
面； 公分. --（心理勵志小百科；11）

ISBN 978-986-5936-09-9（平裝）

1. 成功法　2. 自我實現　3. 挫折

177.2　　　　　　　　　　　　　101014590

系列／心理勵志小百科 [0] [1] [1]

書名／全世界都在學的逆境智商

華志文化事業有限公司

作　　　者　譚春虹

執行編輯　林雅婷

美術編輯　黃美惠

文字校對　陳麗鳳

企劃執行　康敏才

總　編　輯　黃志中

社　　　長　楊凱翔

出　版　者　華志文化事業有限公司

電子信箱　huachihbook@yahoo.com.tw

地　　　址　116台北市文山區興隆路四段九十六巷三弄六號四樓

電　　　話　02-22341779

總經銷商　旭昇圖書有限公司

地　　　址　235新北市中和區中山路二段三五二號二樓

電　　　話　02-22451480

傳　　　真　02-22451479

郵政劃撥　戶名：旭昇圖書有限公司（帳號：12935041）

電子信箱　s1686688@ms31.hinet.net

售　　　價　二八〇元

出版日期　西元二〇一二年九月初版第一刷

版權所有　禁止翻印

Printed in Taiwan

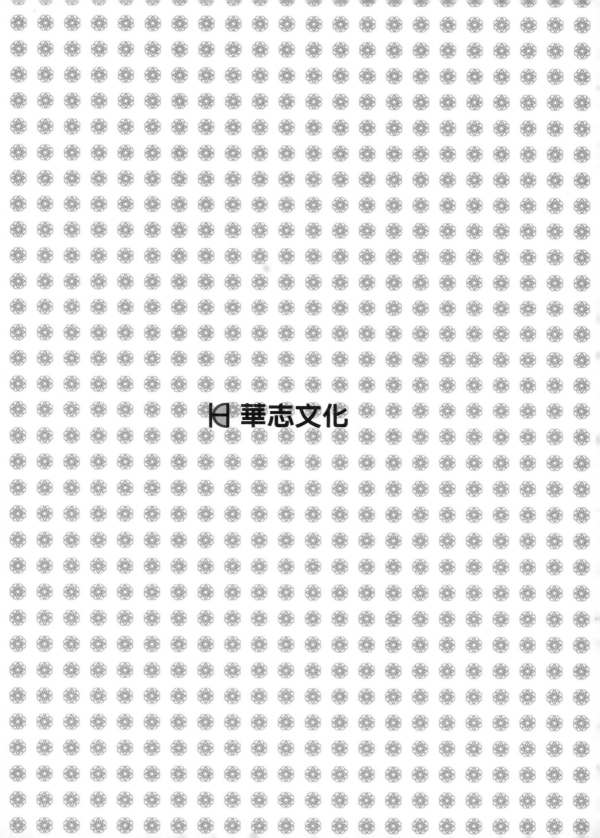